JEDEN TAG KREATIV SEIN

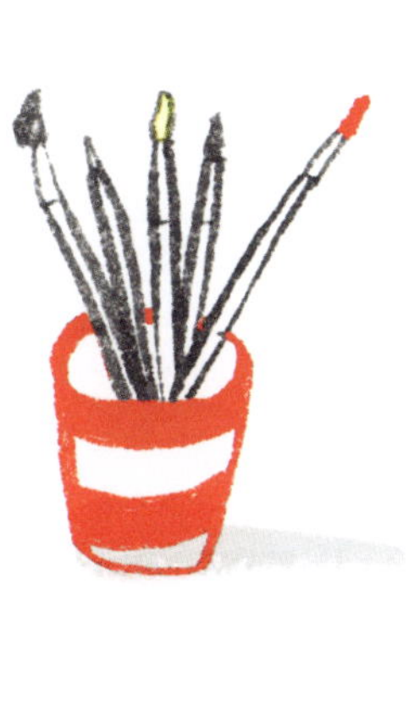

DIE AUTORIN

Marion Deuchars, Autorin des Bestsellers *Let's Make Some Great Art*, im Midas Verlag erschienen als *Malen und Zeichnen wie die großen Künstler*, ist eine in Schottland geborene, preisgekrönte Illustratorin mit einem weltweit verbreiteten Stil. Ihre Handlettering- und Illustrationsarbeiten waren in Kampagnen von Samsung und HP bis hin zu Postern für die Formel 1 und Briefmarken für die Royal Mail zu sehen. Ihre Bücher wurden mit sechs internationalen Preisen für Design und Illustration ausgezeichnet. Sie ist Mitglied der Alliance Graphique International und A Royal Designer for Industry. Deuchars lebt mit ihrem Mann und ihren zwei Kindern im Norden Londons.

www.mariondeuchars.com

DANK

Ich hätte dieses Buch nicht schreiben können, ohne einige der großartigen Lehrerinnen und Lehrer zu würdigen, die mir auf meinem Weg geholfen haben. Ich habe viele von ihnen in diesem Buch erwähnt. Besondere Anerkennung gebührt meinen Tutoren am Royal College of Art, darunter Quentin Blake und Dan Fern. Die Philosophie dieses Kurses, in dem es darum ging, die eigene Stimme zu finden und die Neugierde zu fördern, hat mich stark geprägt. Ich möchte auch Angus Hyland danken, meinem Ehemann und Vorbild, und auch Zara Larcombe, Roly Allen, Sara Goldsmith, Felicity Awdry, Vanessa Green von Urban Ant Ltd, Elizabeth Sheinkman PFD und Henrik Kubel von A2/SW/HK.

MARION DEUCHARS

JEDEN TAG KREATIV SEIN

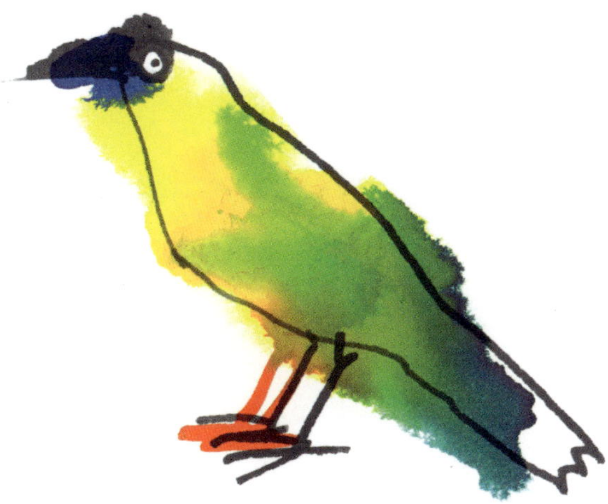

MIDAS

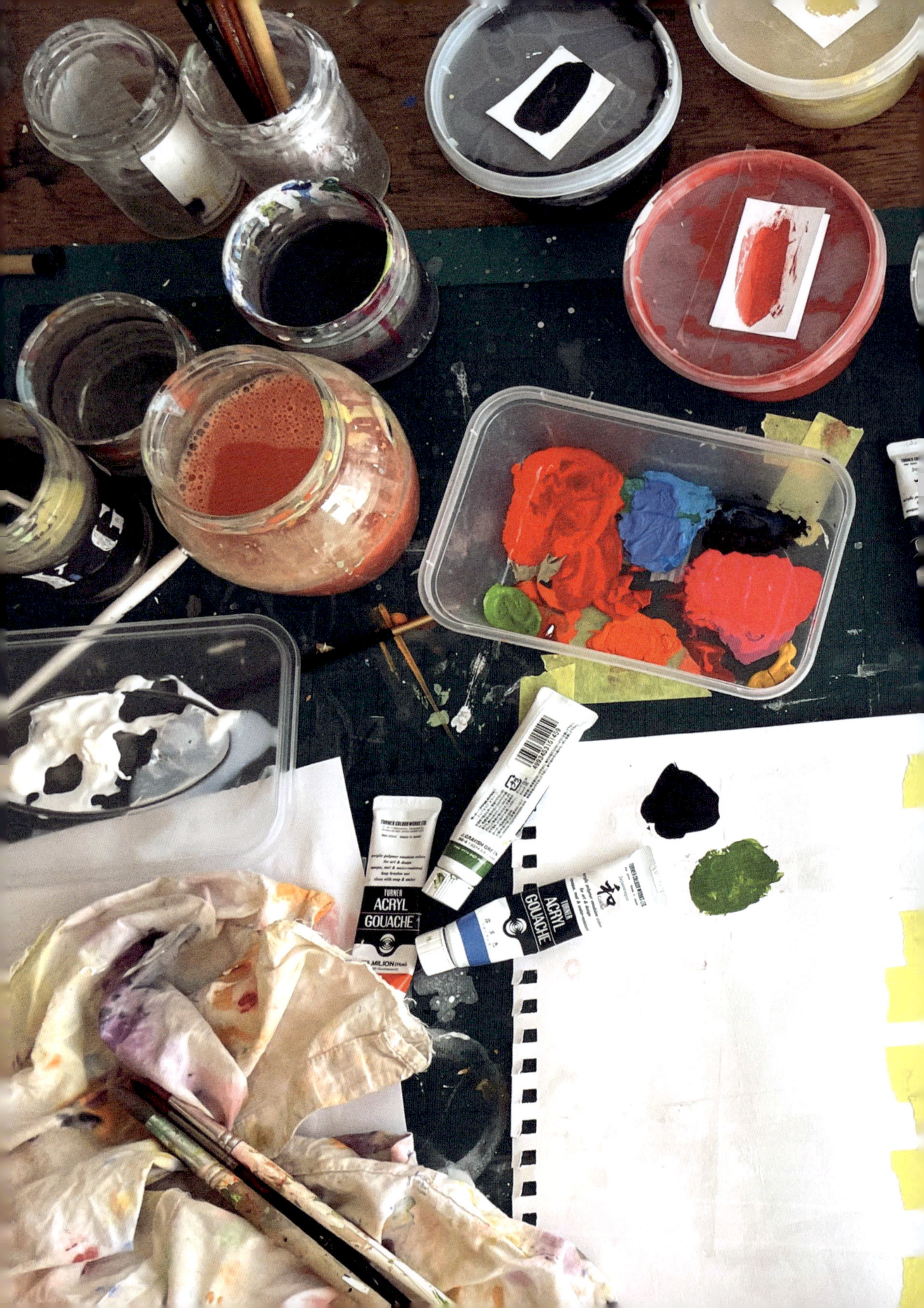
TURNER
ACRYL
GOUACHE
TURNER
ACRYL
GOUACHE

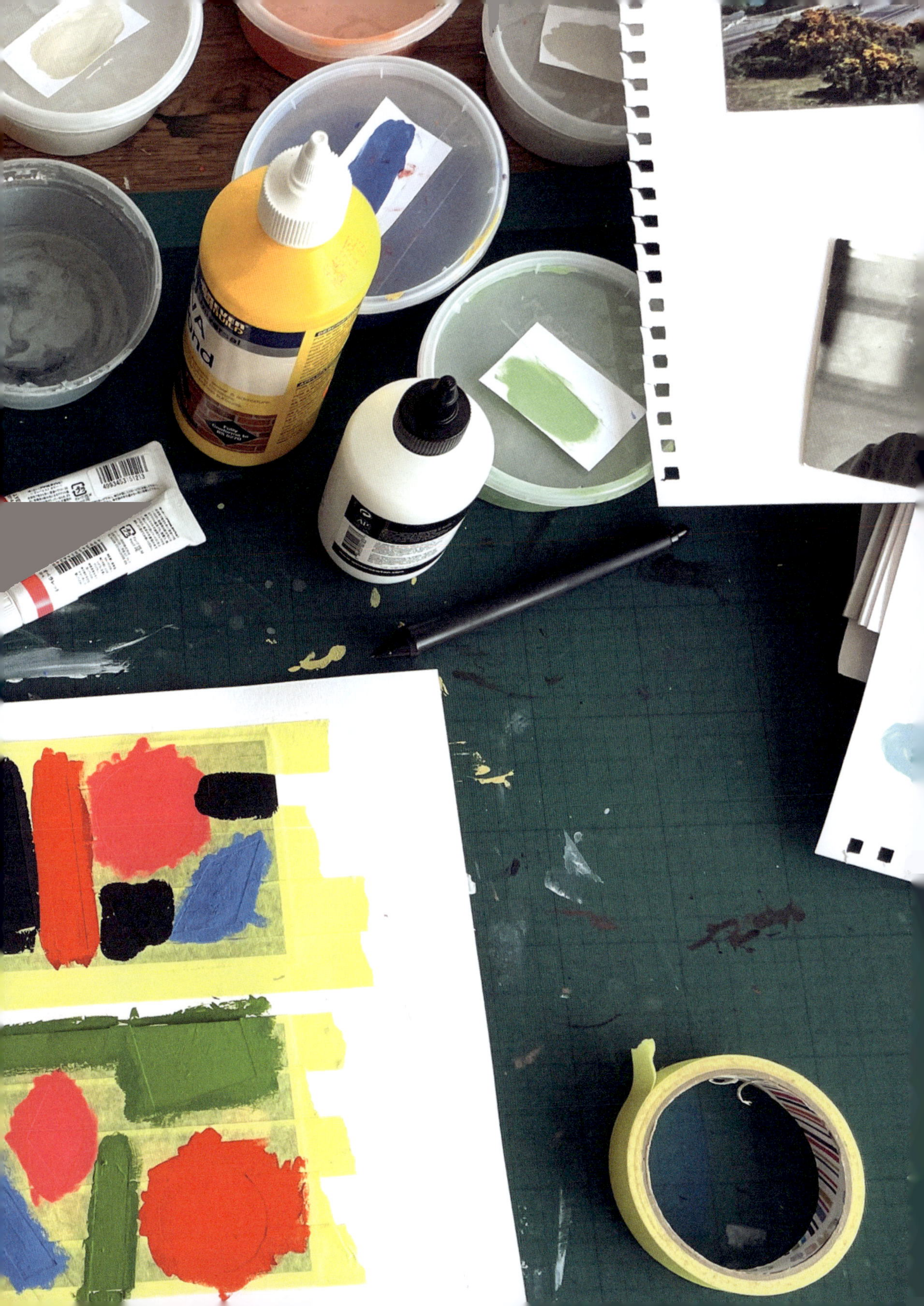

INHALT

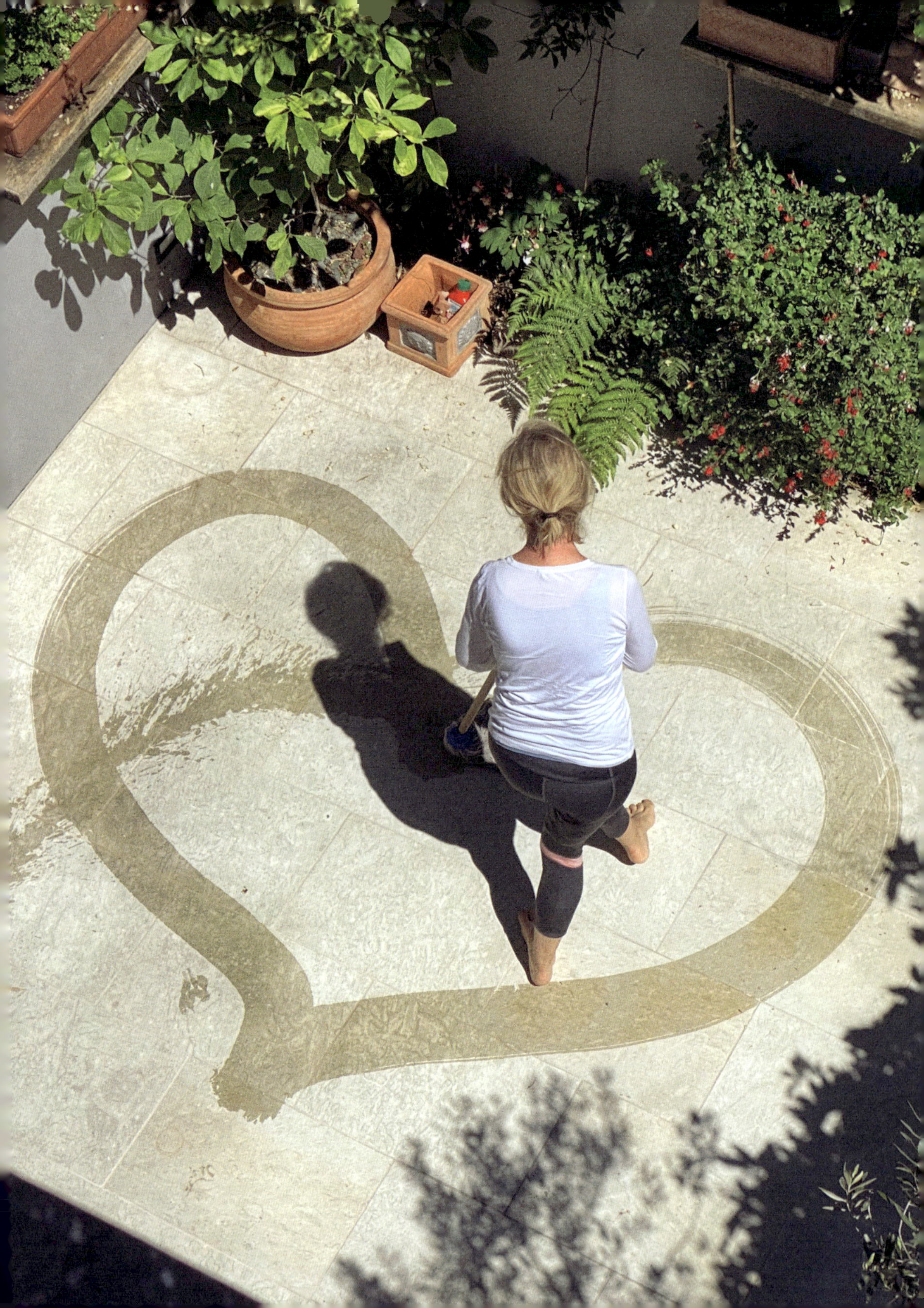

KUNST, DIE ALLE KÖNNEN

Jeder Mensch ist von Geburt an kreativ, aber es ist leicht, an seinen Fähigkeiten zu zweifeln. Die folgenden Seiten können helfen, Ihre Kreativität zu wecken und zu nähren. Auf meiner eigenen künstlerischen Reise in den letzten 25 Jahren habe ich erkannt, dass drei Dinge den Kern meines kreativen Prozesses ausmachen: Neugierde, Beobachtung und Spiel.

Die Neugier ist der Funke, der die Kreativität entfacht. Sie ist der Prozess, sich für neue Ideen, Perspektiven und Denkweisen zu öffnen. Sie bildet die Grundlage für Experimente. Beobachtung ist die Kunst, wirklich zu sehen, nicht nur zu schauen. Wenn Sie der Welt um sich herum mehr Aufmerksamkeit schenken, insbesondere dem Alltäglichen, können Sie das Außergewöhnliche im Gewöhnlichen entdecken. Spielen bedeutet, zu erforschen, ohne sich durch Ängste oder Erwartungen einschränken zu lassen. Es geht darum, Fehler mit ganzem Herzen anzunehmen und den inneren, kindlichen Sinn für Abenteuer wiederzufinden.

Die größte Herausforderung besteht darin, den ersten Schritt zu tun, aber das ist auch am einfachsten. Der Künstler Jasper Johns drückte diese Idee wie folgt aus: »Nimm ein Objekt / Mach etwas damit / Mach etwas anderes damit.« Betrachten Sie dieses Buch als Ihren Leitfaden. Blättern Sie, finden Sie ein Bild oder eine Idee und beginnen Sie von dort aus. Sie können dies täglich, wöchentlich oder in Ihrem eigenen Tempo tun.

Für die ersten vier Übungen in diesem Buch brauchen Sie nichts weiter als Papier und Bleistift. Und wenn Sie einmal angefangen haben, machen Sie weiter. Machen Sie einen täglichen Spaziergang und konzentrieren Sie sich auf eine einzige Farbe oder schauen Sie sich Wolkenmuster an. Halten Sie ein kleines Notizbuch und einen Stift bereit, um Gesprächsfetzen, faszinierende Gesichter oder ungewöhnliche Klänge festzuhalten. Diese Gewohnheiten werden Ihre kreative Reise beflügeln. Wenn Sie nicht weiterkommen oder blockiert sind, schauen Sie auf den gelben Seiten nach – sie sind Ihr kreativer Coach. Sie können jeden Tag kreativ gestalten. Beginnen Sie am besten gleich damit.

AUFWÄRMEN MIT BLEISTIFT

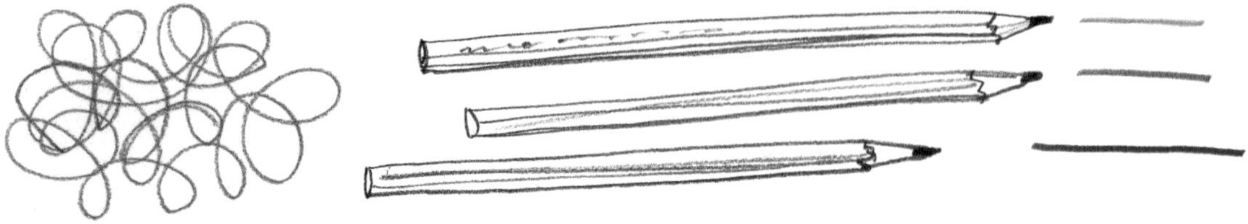

DAS BASISWERKZEUG

Manchmal reichen ein Bleistift und ein Blatt Papier, um eine ganze Welt zu erschaffen! Das kann aber auch Angst einflößen, deshalb ist es gut, mit einer Aufwärmphase zu beginnen. Nehmen Sie einige Bleistifte mit verschiedenen Härtegraden: HB ist normal, H ist hart, B ist weich, 6B ist sehr weich. Nehmen Sie sich nicht vor, etwas Bestimmtes zu zeichnen – kritzeln Sie einfach und genießen Sie es. Nehmen Sie sich einen Moment Zeit, um die Vielseitigkeit des einfachen Bleistifts zu entdecken.

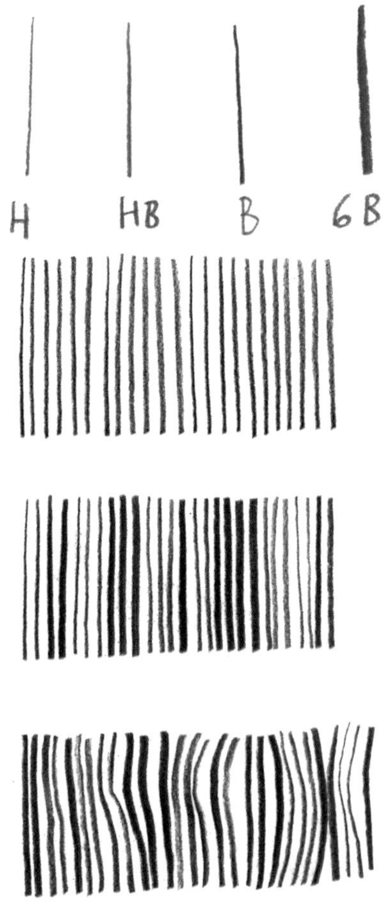

Kreative Übung

Probieren Sie aus:

1. Zeichnen Sie enge, gerade Linien. Ändern Sie dann den Farbton und fügen Sie Wellen hinzu.
2. Kreuzschraffur für den Farbton: Überlappen Sie vertikale, horizontale und diagonale Linien.
3. Schattieren Sie dunkel zu hell.
4. Füllen Sie eine Seite mit Gekritzel und Linien.

Kreative Inspiration

Linienzeichnungen von Paul Klee und Julie Mehretu.

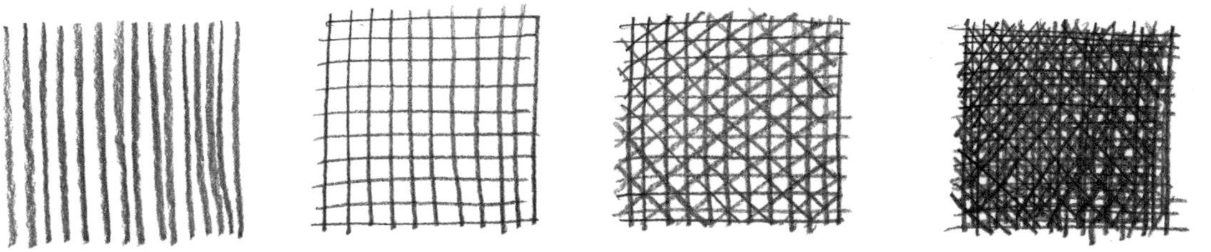

2

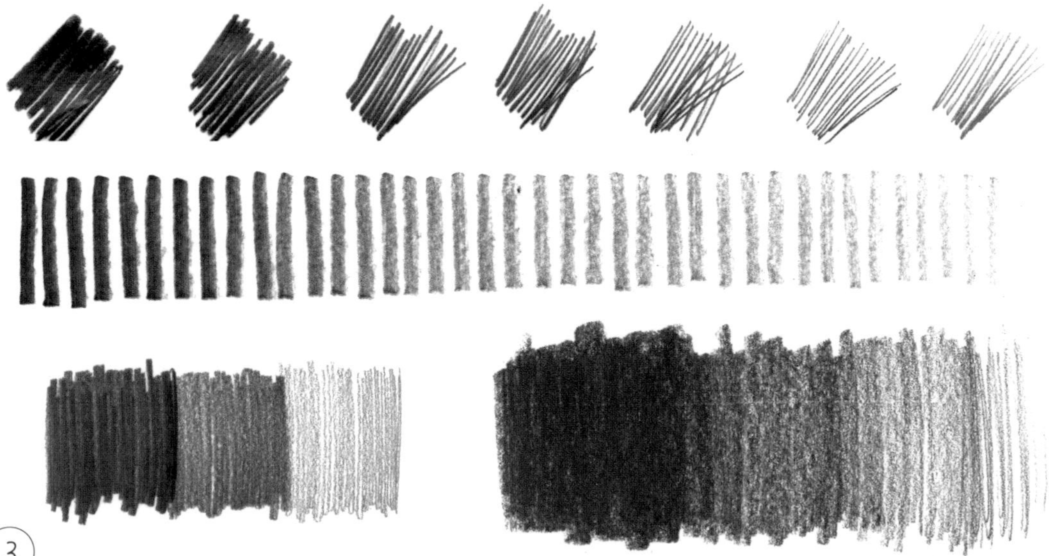

3

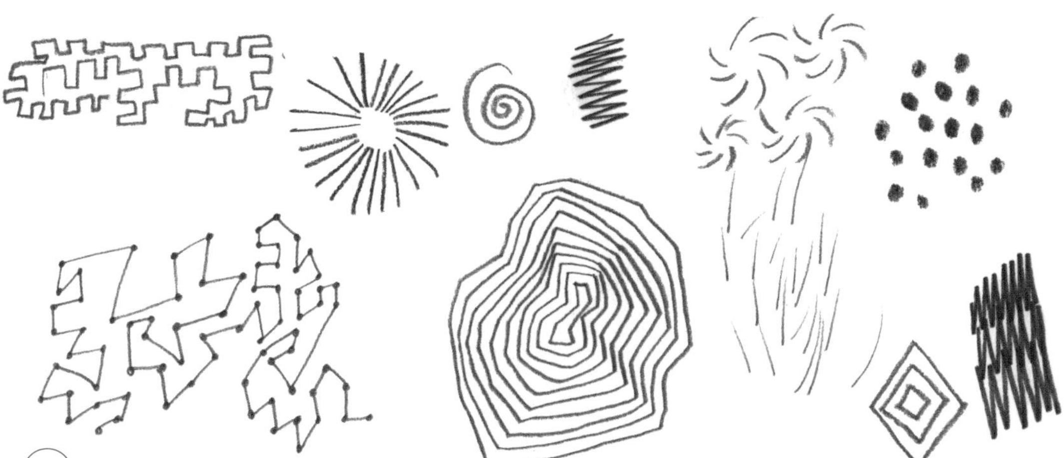

4

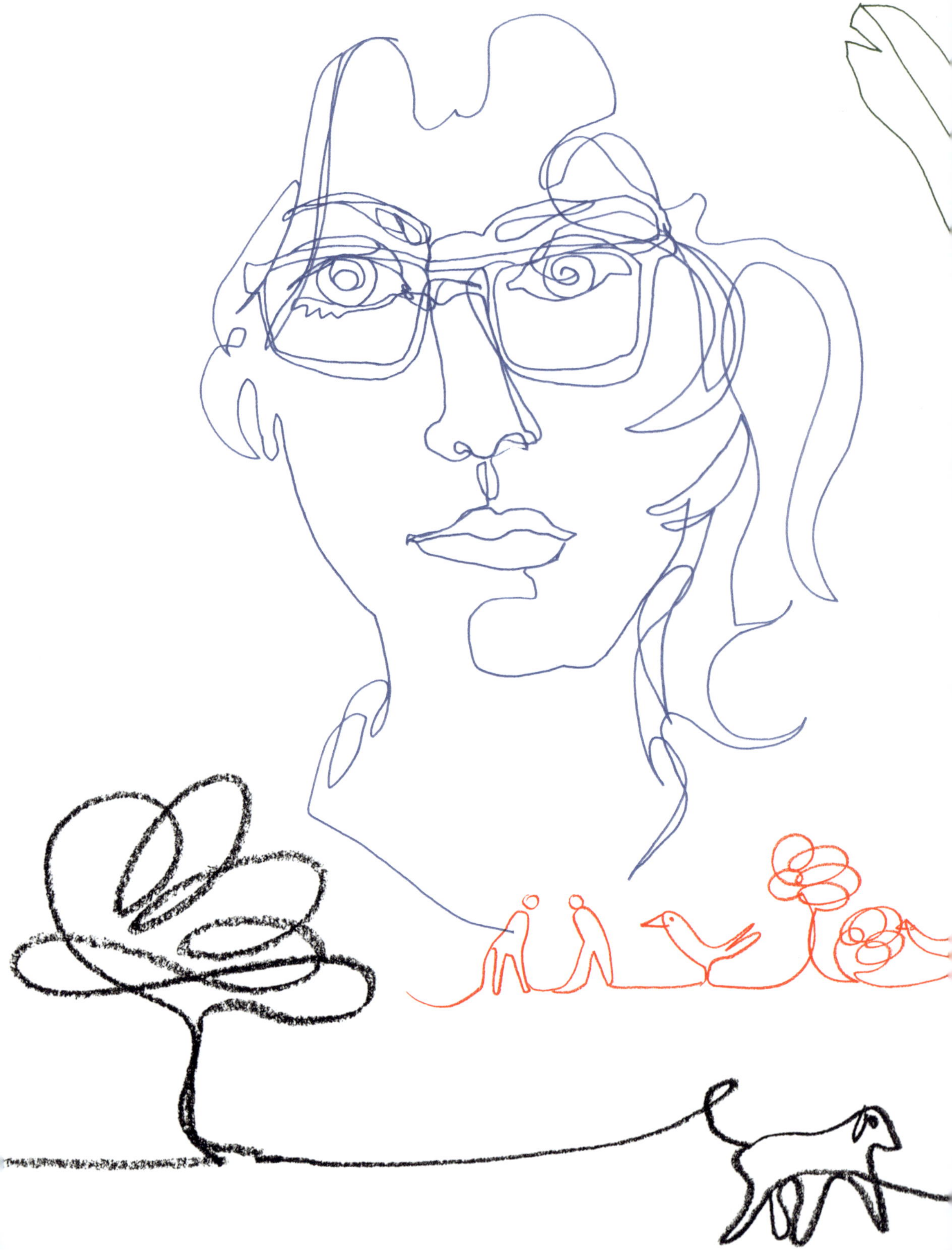

MIT EINER LINIE SPAZIEREN GEHEN

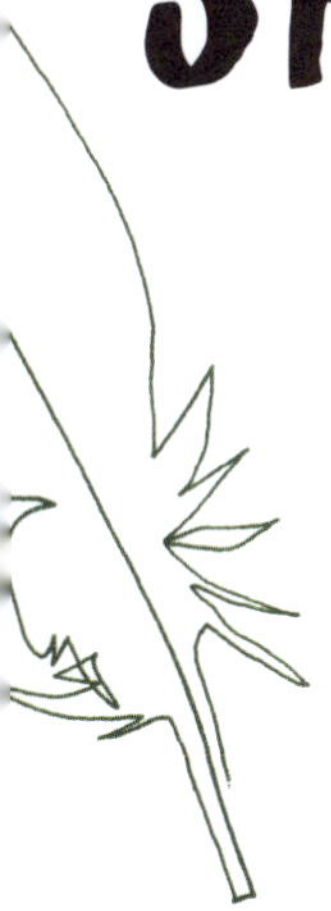

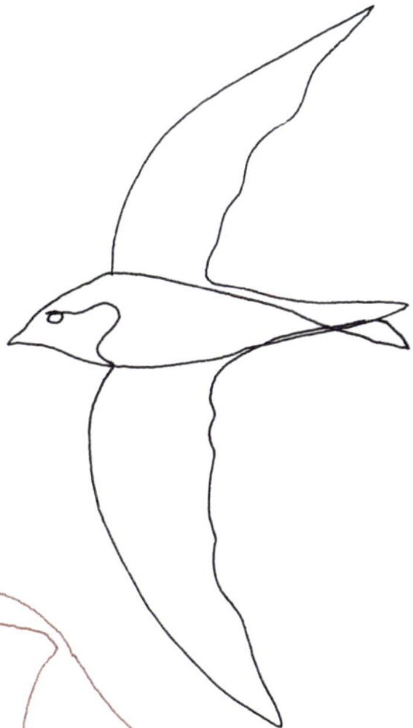

DURCHGEHENDE LINIENZEICHNUNG

Zeichnen Sie einige Gegenstände aus Ihrer Umgebung oder aus Ihrer Fantasie mit einer durchgehenden Linie. Heben Sie den Stift nicht ab, bevor die Zeichnung fertig ist. Dies fördert ein flüssiges und intuitives Zeichnen und erfordert Ihre volle Aufmerksamkeit, was zu einer meditativen Erfahrung werden kann. Es macht auch viel Spaß, und die unerwarteten Ergebnisse können Ihr Selbstvertrauen beim Zeichnen stärken.

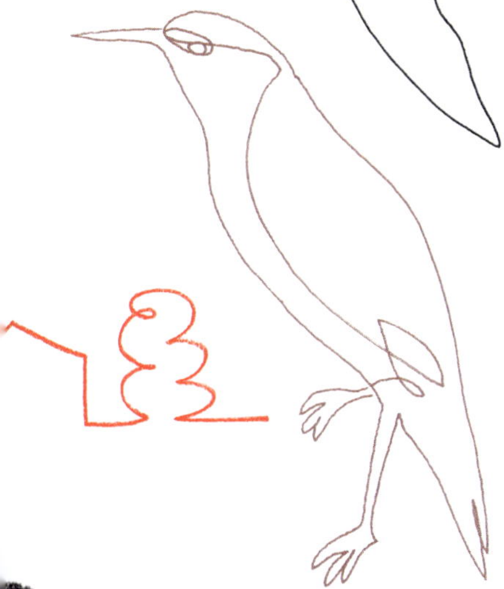

Kreative Übung

Zeichnen Sie mithilfe eines Spiegels ein Selbstporträt mit durchgehenden Linien. Beginnen Sie mit einer dreiminütigen Zeichnung und zeichnen Sie dann für 10 Minuten. Diese Übung zwingt Sie, genau zu beobachten, fördert die Auge-Hand-Koordination und stärkt das Vertrauen in Ihre Instinkte.

Kreative Inspiration

Die Zeichnungen von Paul Klee, Quentin Blake und Shantell Martin.

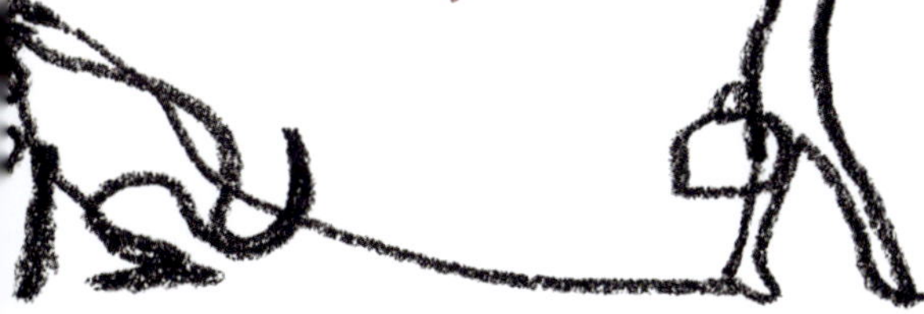

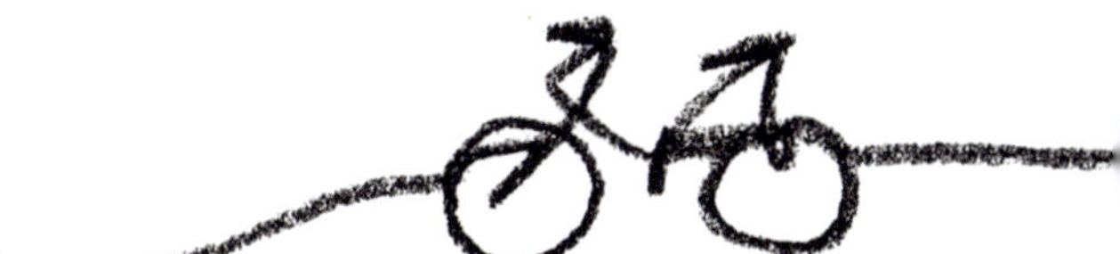

GROß UND KLEIN ZEICHNEN

MAßSTAB VERÄNDERN

Wählen Sie einen kleinen Gegenstand in der Nähe aus. Vergrößern Sie ihn auf das größte verfügbare Papier und versuchen Sie, die Seite zu füllen. Kohle oder Pinsel und Tinte eignen sich besser als ein Bleistift. Für David Hockney ist Zeichnen eine »verbesserte Art des Sehens«, und diese Übung lässt einen wirklich hinschauen. Ich dachte, ich wüsste, wie ein Bleistiftspitzer aussieht, bis ich versucht habe, ihn zu zeichnen.

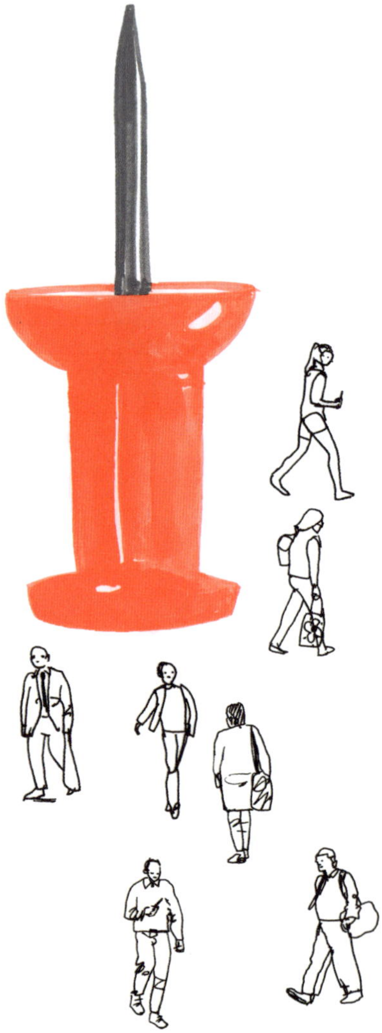

Kreative Übung

Zeichnen Sie kleine menschliche Figuren mit Stift oder Bleistift. Die geringe Größe konzentriert den Aufwand und die Verwendung einfacher Medien setzt Grenzen. Die Menschen stehen nicht aufrecht – sie faulenzen, schwanken, lümmeln. Fangen Sie Bewegungen für realistische Figuren ein. Ich habe Londoner Straßenfotos für diese Zeichnungen verwendet.

Kreative Inspiration

Die Arbeiten von William Kentridge und Andrea Bowers.

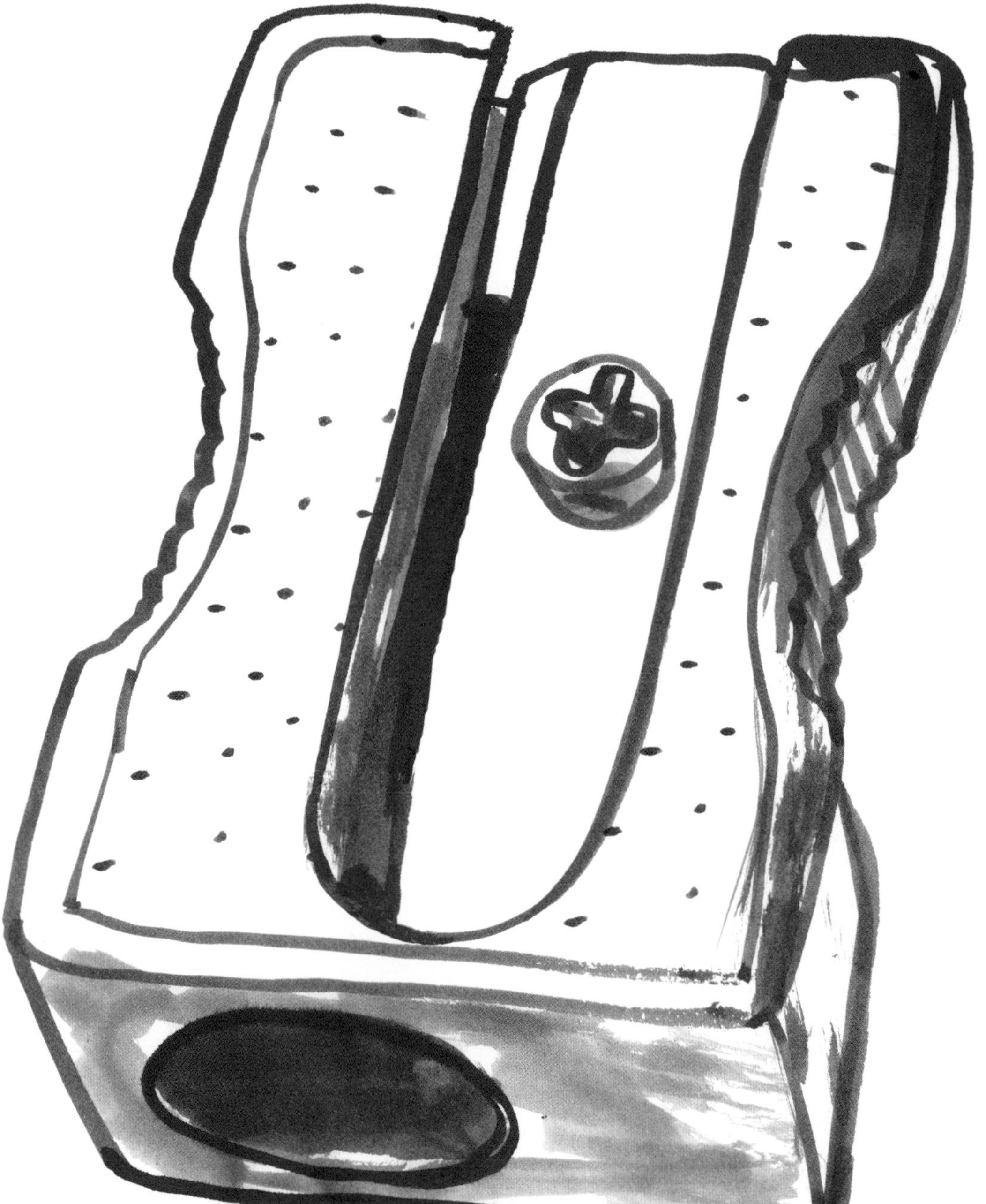

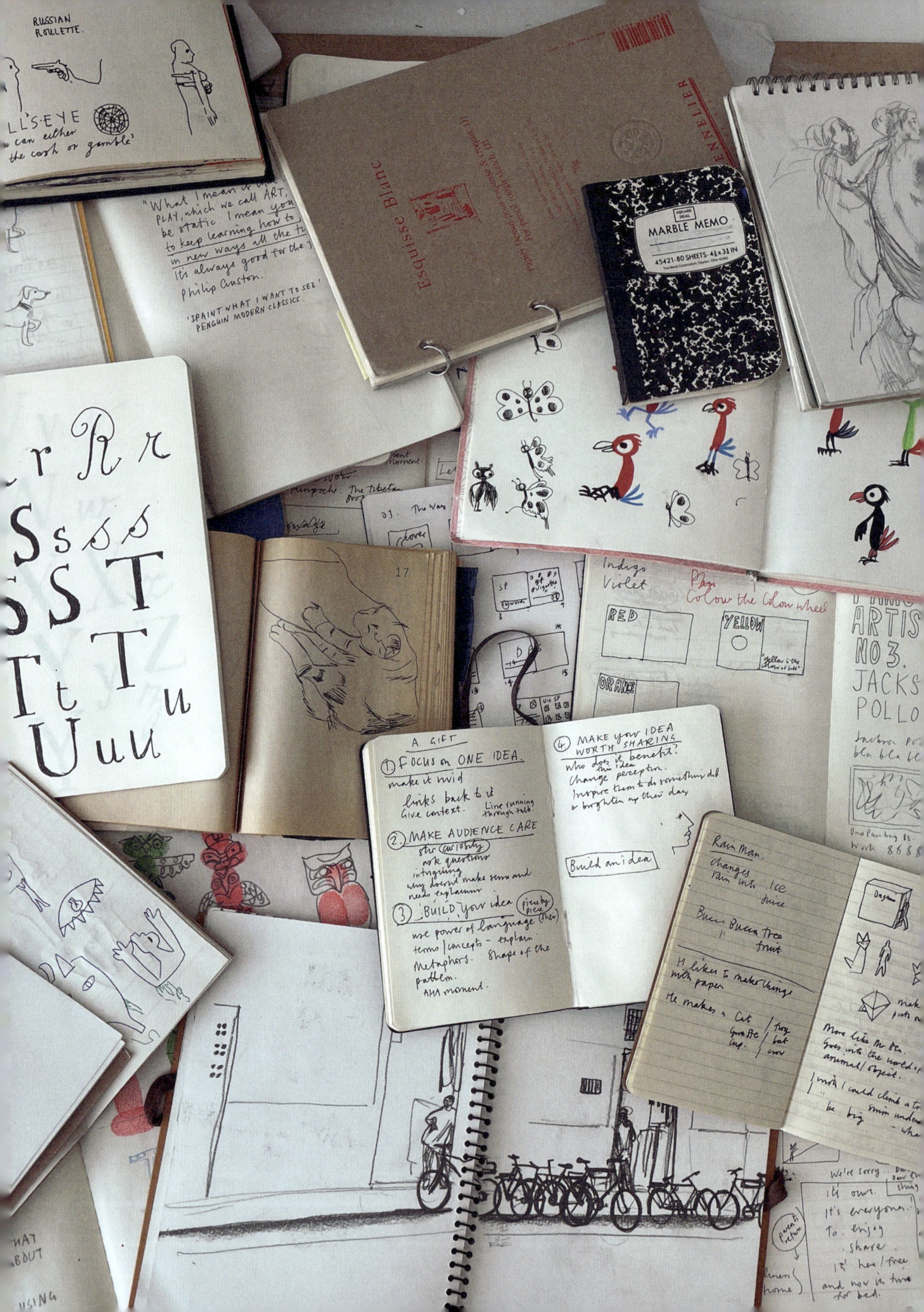
RUSSIAN ROULETTE.
"What I mean is what we call ART, PLAY, which we call ART, I mean you be static. I mean you to keep learning how to in new ways all the time. It's always good for the ..."
Philip Guston.
'I PAINT WHAT I WANT TO SEE' PENGUIN MODERN CLASSICS
Esquisse Blanc
MARBLE MEMO
45421-80 SHEETS
Indigo
Violet
Colour the Colour wheel
RED
YELLOW
ORANGE
A. GIFT
1. FOCUS on ONE IDEA.
make it vivid
links back to it
Give context.
2. MAKE AUDIENCE CARE
ask questions
intriguing
3. BUILD your idea
use power of language
Metaphors. Shape of the pattern.
AHA moment.
4. MAKE your IDEA WORTH SHARING
Change perception.
Build an idea
Rain Man.
changes Rain into Ice
Bucca Bucca Tree
He likes to make things with paper
He makes, Cut
It's ours.
It's everyone's.
To enjoy
share

SKIZZENBUCH

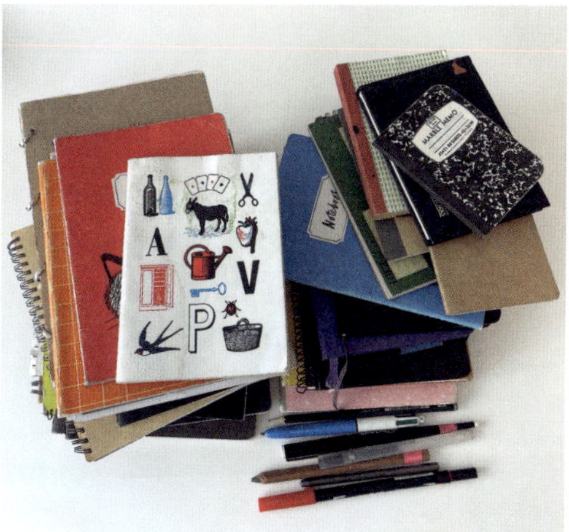

TÄGLICHE ÜBUNG

Ich bin selten ohne Skizzen- oder Notizbuch unterwegs. Es ist nicht wertvoll, und ich mache nicht unbedingt schöne Zeichnungen darin, aber es ist eine Möglichkeit, meine Gedanken, Ideen und Beobachtungen festzuhalten. Skizzenbücher können auch als visuelles Tagebuch dienen. Ich finde es toll, dass sie oft Einkaufslisten, Zahnarzttermine und allgemeine Dinge enthalten, die zu erledigen sind. Um Kunst zu machen, ist es wichtig, seinen »Ideenschatz« aufzufüllen, und das ist ein guter Anfang. Die meisten meiner Werke sind aus einer Notiz oder Skizze entstanden.

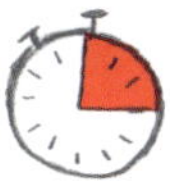

15 Min.

Kreative Übung

Zeichnen oder schreiben Sie eine Woche lang jeden Tag 15 Minuten lang in Ihr Skizzenbuch. Machen Sie sich keine Sorgen, wenn es nicht »wichtig« ist – Kritzeleien, Markierungen, Collagen oder sogar Beschreibungen von Filmen oder Büchern sind großartig. Der Akt des Dokumentierens ist wichtig.

Kreative Inspiration

Die Skizzenbücher von Ed Fella und Frida Kahlo.

EIN SPIELTISCH

Schaffen Sie in Ihrem Zuhause einen Raum für Kreativität. Es kann ein Zimmer, eine Ecke, ein Schreibtisch oder eine Kiste sein, aber es muss Ihnen gehören. Ich nenne einen Schreibtisch meinen »Spieltisch«. Er enthält viele verschiedene Farben, Stifte, Bleistifte, Buntstifte, Kreiden usw. Dadurch kann ich mit gefundenen Materialien, Pigmenten, Stiften und Malutensilien aller Art arbeiten, wie es die Menschen seit Jahrtausenden getan haben. Brian Eno sagte, dass »Kinder durch Spielen lernen, aber Erwachsene spielen durch Kunst ... Ich glaube nicht, dass wir aufhören zu spielen. Wir machen einfach weiter, aber wir tun es durch diese Sache, die sich Kunst nennt.«

KREIS-DRUCKE

DRUCKEN MIT DECKELN

Ich drucke gerne mit recycelten Dingen, wenn ich sie einfärben kann. Hier habe ich viele verschiedene Deckel von Gläsern und Flaschen gesammelt, sie in Schälchen mit Farbe und Tinte getaucht und auf ein weißes Blatt Papier gedrückt. Die flächigen Kreise werden von der Oberseite der Deckel gedruckt, die linearen von der Unterseite. Probieren Sie es aus, drucken Sie zuerst die helleren Farben, bauen Sie langsam Schichten auf und fügen Sie dann die dunkleren Farben hinzu.

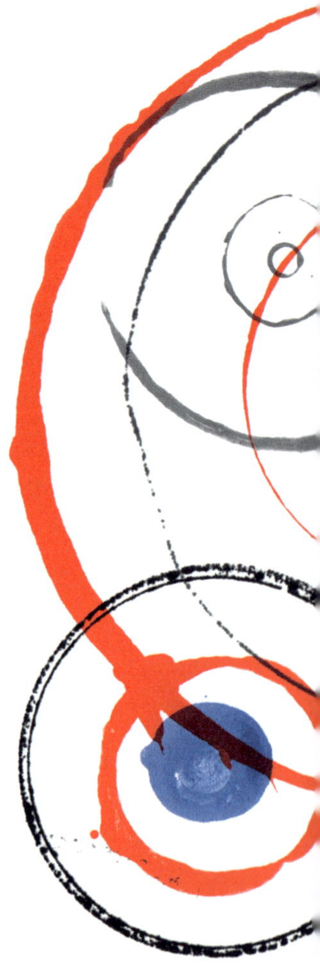

Kreative Übung

Malen Sie ein Motiv direkt auf den Deckel eines Glases. Drücken Sie Papier auf den Deckel, um die Farbe zu übertragen und einen einzigartigen Einmaldruck zu erstellen.

Kreative Inspiration

Die Werke von Sonia Delaunay, Sophie Taeuber-Arp und Howardena Pindell.

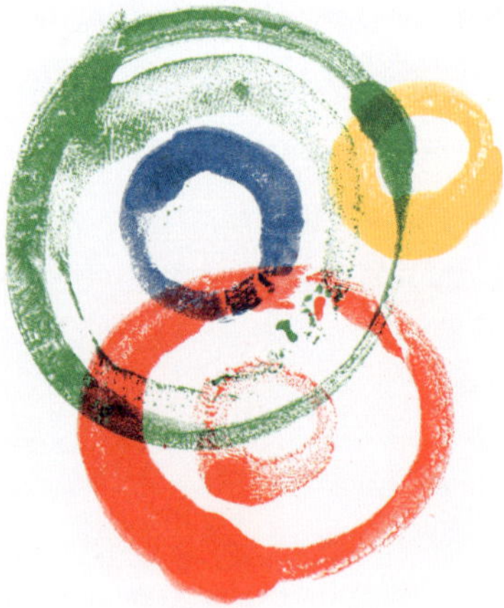

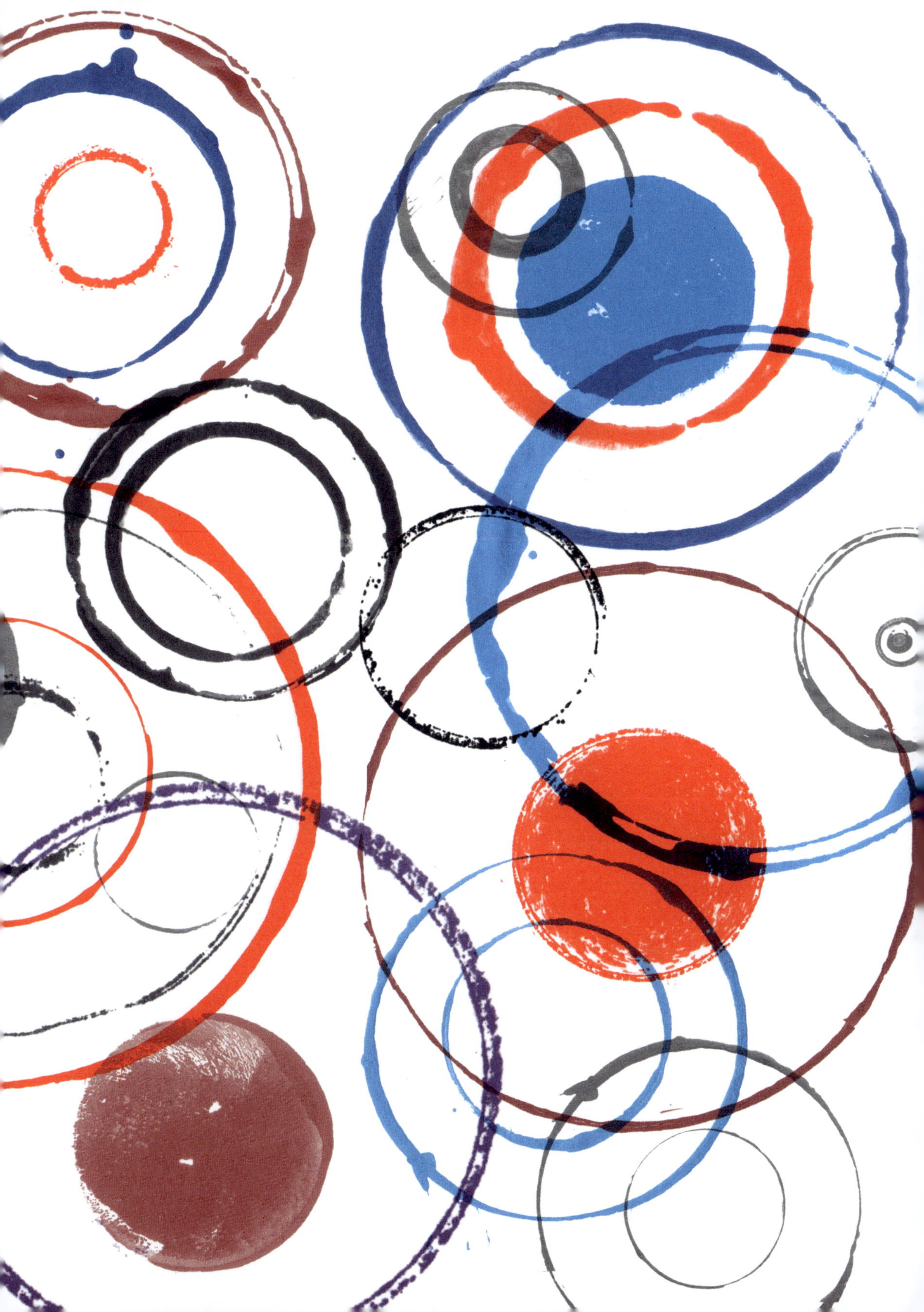

PINSEL-LIEBE

EIGENE PINSEL HERSTELLEN

Mir hat es ebenso viel Spaß gemacht, diese Pinsel zu basteln, wie sie zu benutzen. Sammeln Sie Blumen, Gräser und andere Dinge und befestigen Sie sie mit Klebeband, Schnur oder Gummibändern an Stöckchen. Ich habe einen Bambusstab aus dem Garten in etwa 15 cm lange Stücke geschnitten.

Von links nach rechts: Büroklammern, Pflanze, Gras, Zeitung, getrocknetes Bambusblatt, Wolle, Stängel, Pappe, Ohrstäbchen, Rosmarin, Gänseblümchen, Jeansstoff, Blatt.

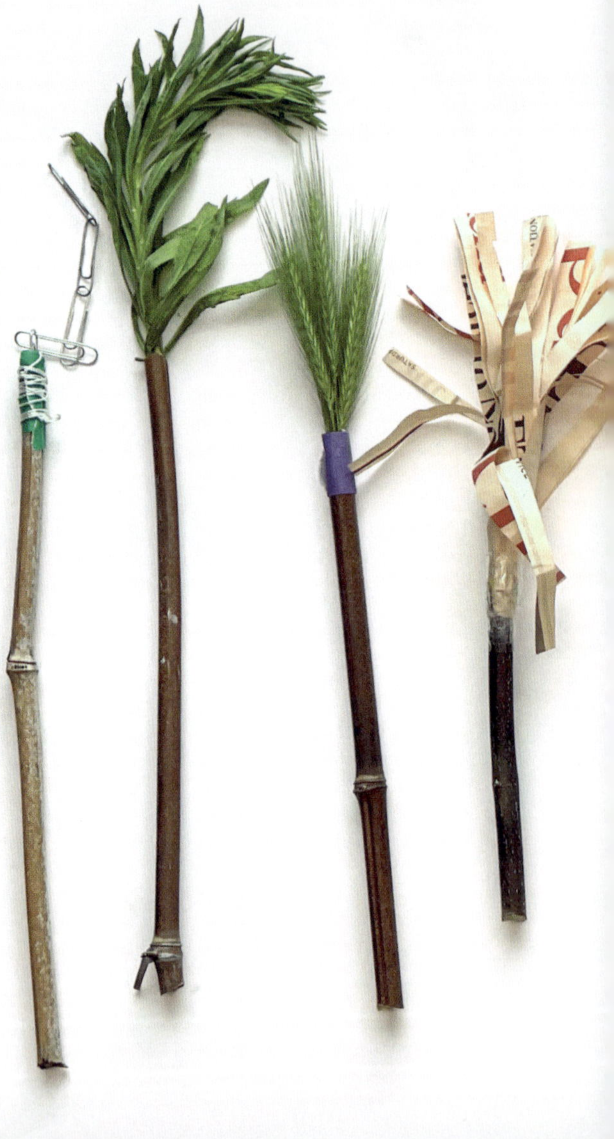

Kreative Übung

Tauchen Sie Ihre handgefertigten Pinsel in Tinte oder Farbe und versuchen Sie, mit ihnen zu zeichnen. Auf den folgenden Seiten sehen Sie, wie ich meine Pinsel für einige Zeichen und Handlettering verwendet habe. Die Unvorhersehbarkeit macht diese Pinsel so interessant!

Kreativer Schnellschuss

Schneiden Sie von einem alten Haushaltspinsel die Borsten ungerade ab. Tauchen Sie ihn in Farbe und schauen Sie mal, welche Spuren er hinterlässt.

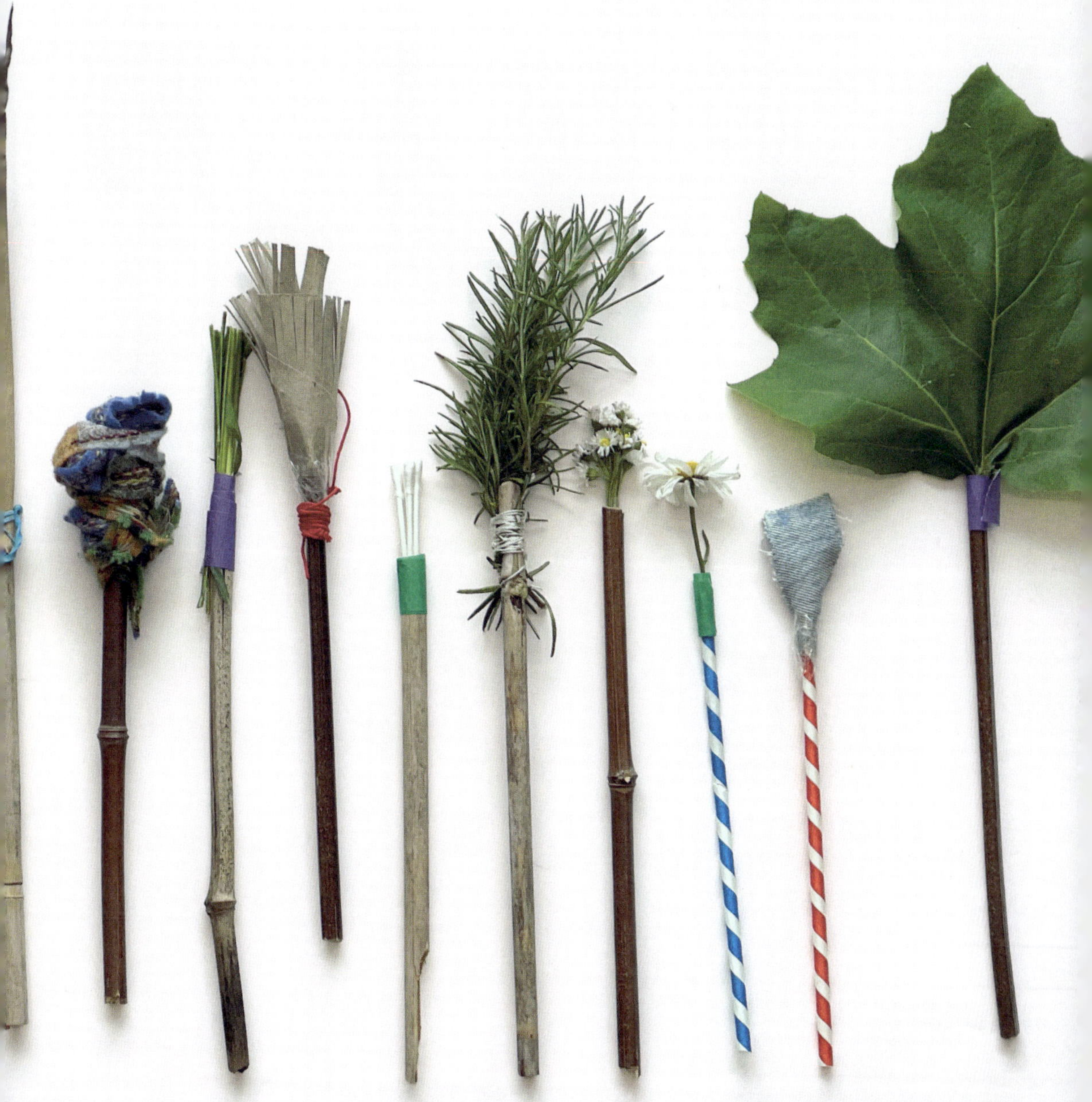

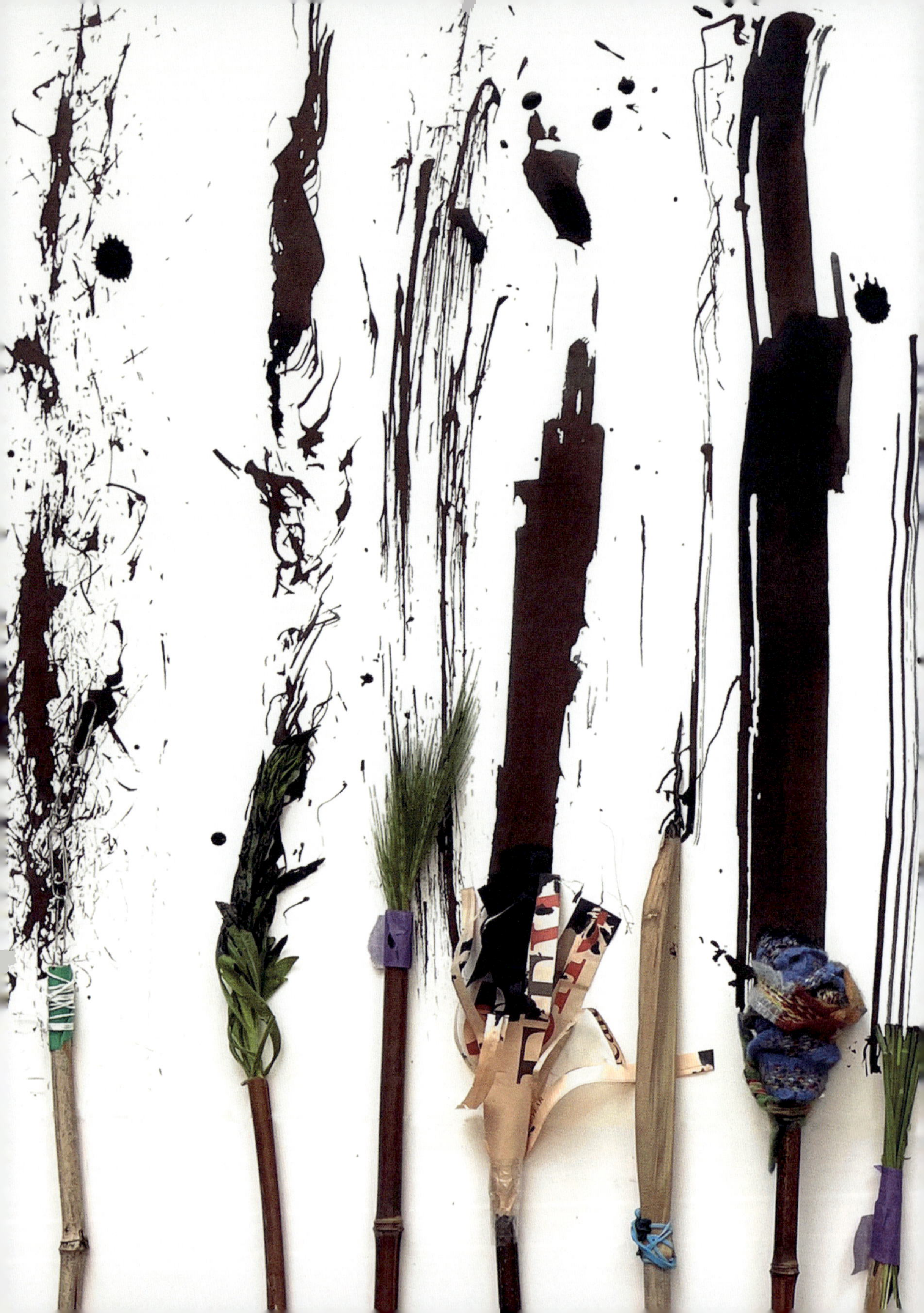

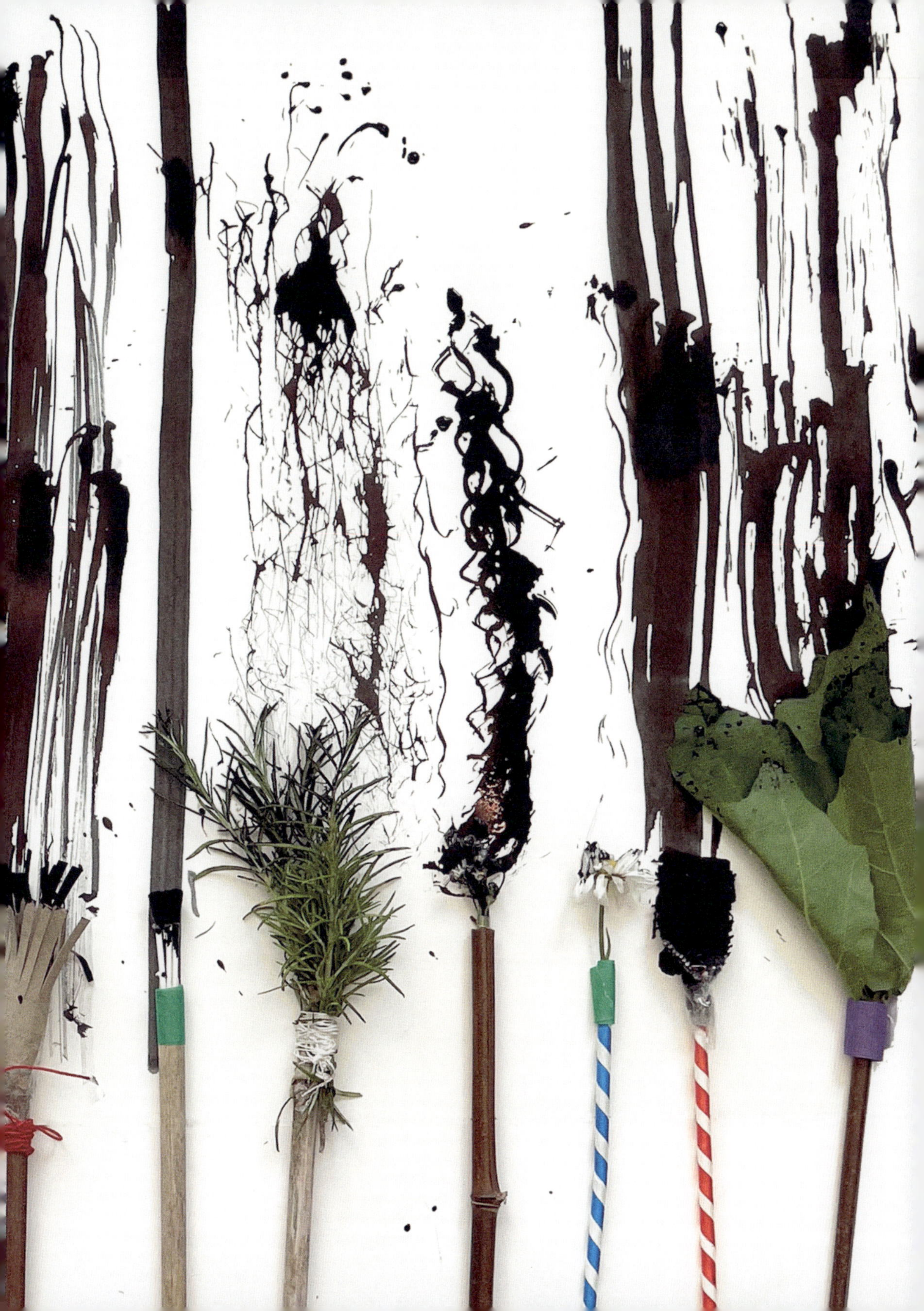

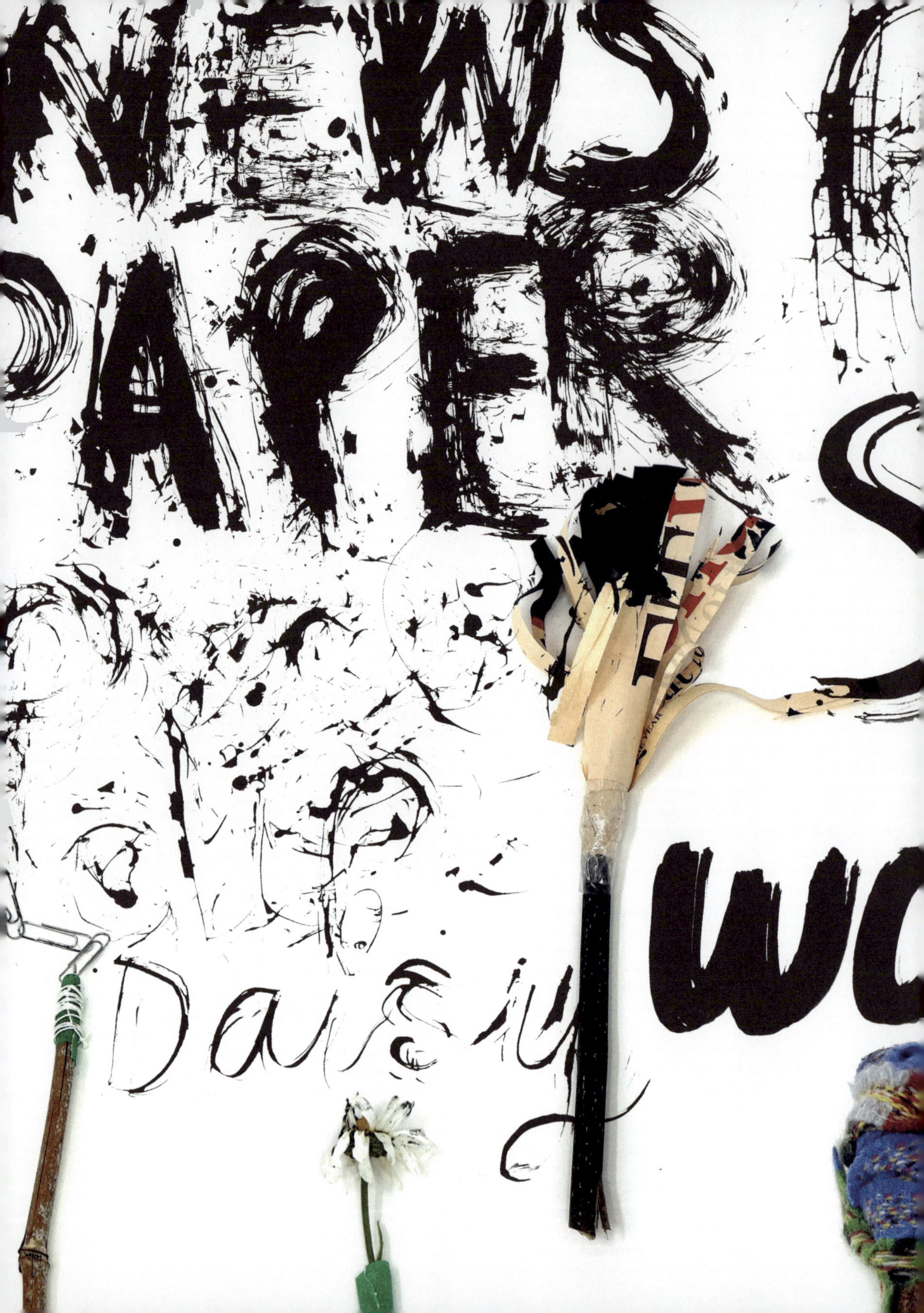
NEWS
PAPER
Daisy

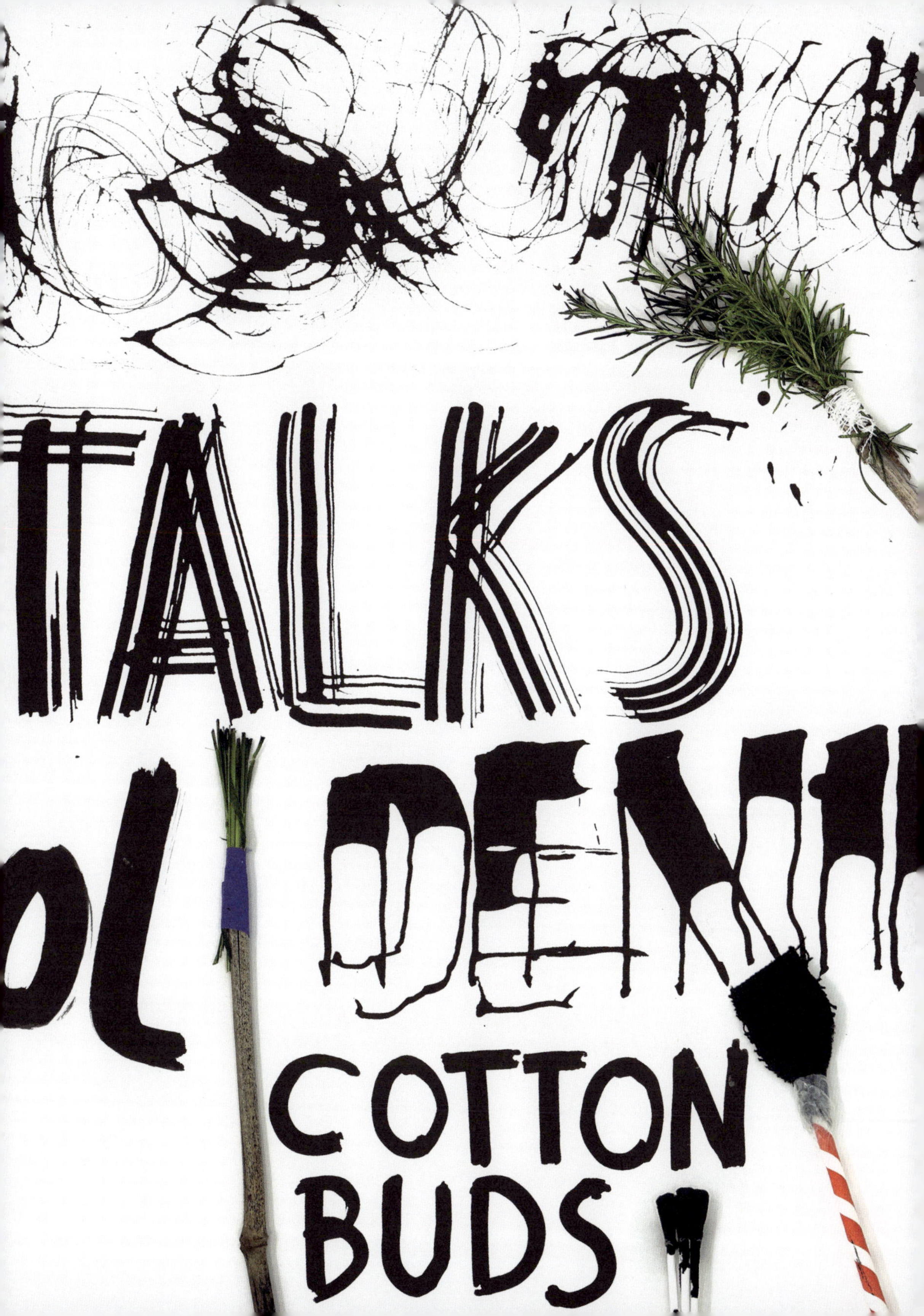
TALKS
COTTON
BUDS

PAPIER-SCHNITT

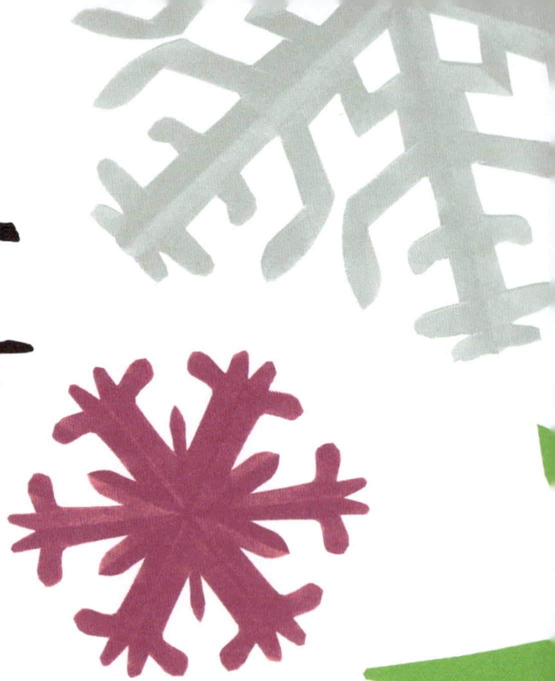

NICHT NUR DIE SCHNEEFLOCKE

Als Kind habe ich gern Papierschneeflocken gebastelt, und es gibt keinen Grund, als Erwachsene damit aufzuhören. Das ist für alle interessant und fördert die Konzentration und Geschicklichkeit. Anfänger können mit einfachen Mustern beginnen, während Fortgeschrittene mit komplizierteren Kompositionen experimentieren. Das Schöne daran ist ihre Einzigartigkeit – kein Muster gleicht dem anderen.

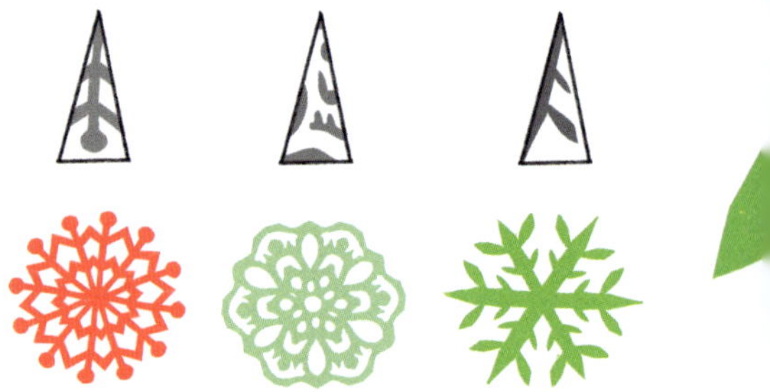

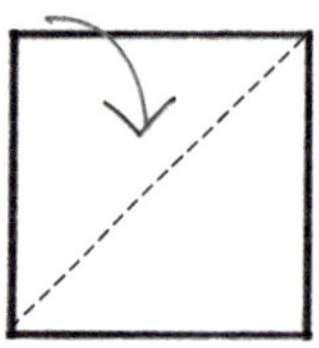

1. Falten Sie ein Papier-Quadrat zu einem Dreieck.

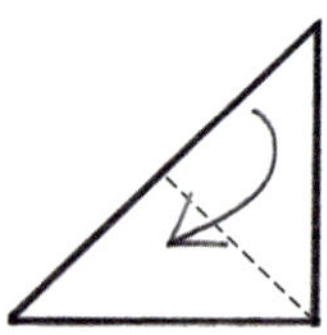

2. Falten Sie es erneut, um ein kleineres Dreick herzustellen.

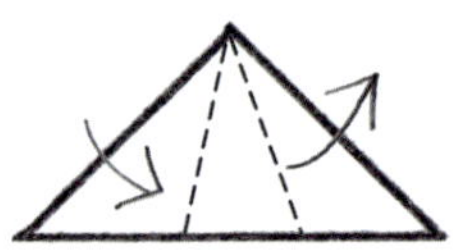

3. Dritteln Sie es und falten Sie das linke Dreieck nach vorn und das rechte nach hinten.

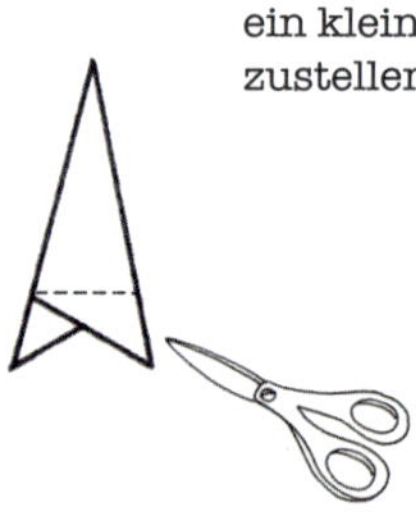

4. Schneiden Sie überstehendes Papier ab.

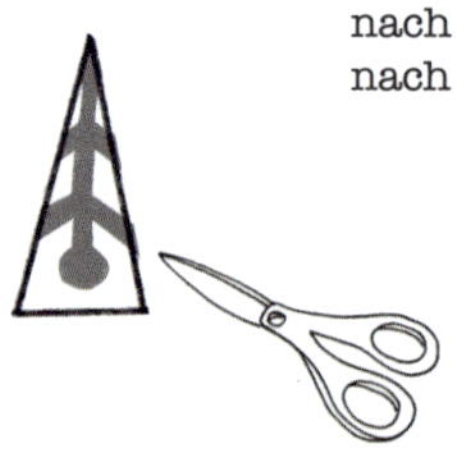

5. Zeichnen Sie Formen entlang der Ränder und schneiden Sie sie aus. (Hier wurden die weißen Teile ausgeschnitten.) Falten Sie die Schneeflocke auseinander.

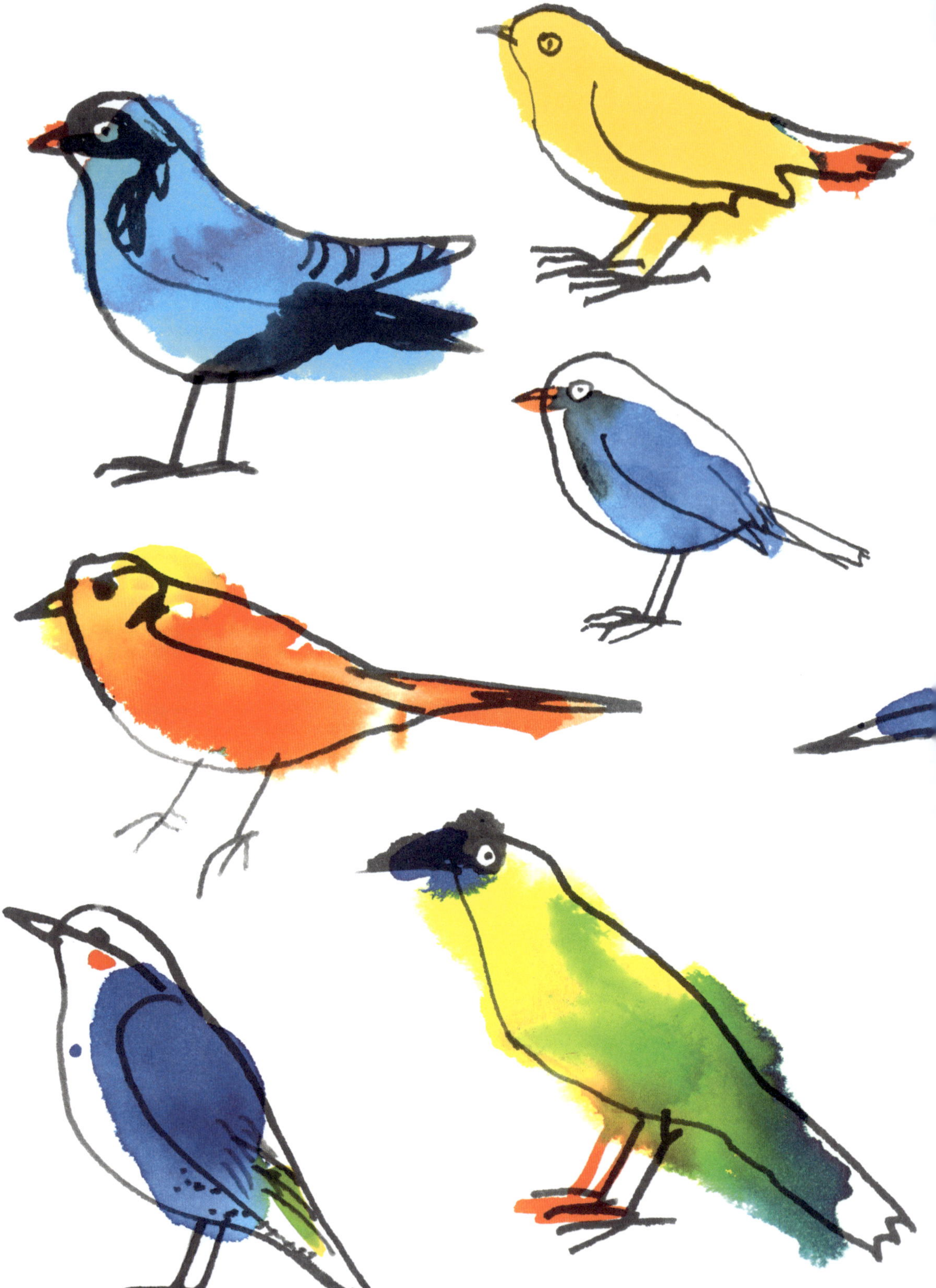

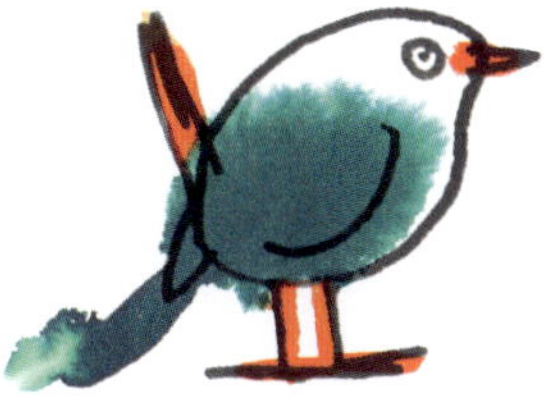

VÖGEL KLECKSEN

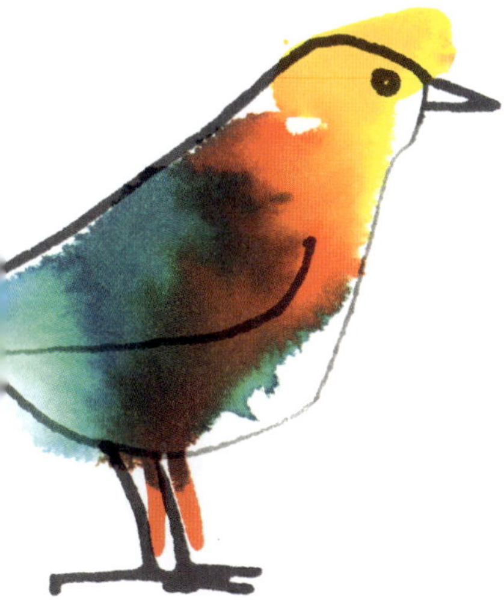

VERSPIELTE FARBEN UND TINTE

Ich zeichne gerne Vögel, weil mir die Vielfalt der Formen und Farben, aus denen ich wählen kann, unendlich groß ist und kleine Fehler leicht zu verzeihen sind! Normalerweise beginne ich auf Mixed-Media-Papier, füge Wasserflecken hinzu und tropfe farbige Tinte darüber. Nach dem Trocknen zeichne ich den Vogel mit schwarzer, wasserfester Tinte. Oder ich beginne mit der Tuschezeichnung und drehe den Prozess um. Das Unvorhersehbare ist Teil des Vergnügens.

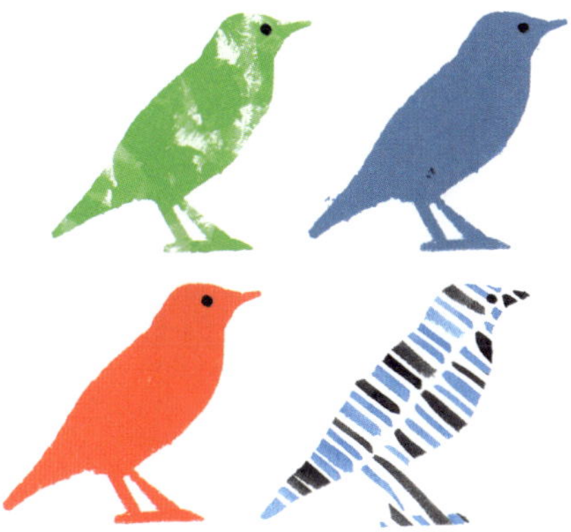

Kreative Übung

Zeichnen Sie die Vogelformen auf dickem Papier oder Schablonenpapier nach. Schneiden Sie den Vogel aus (machen Sie die Beine nicht zu dünn!). Verwenden Sie einen kleinen, harten Pinsel und dicke Farbe, um die Vogelformen auf ein Blatt Papier zu schablonieren. Sie können auch versuchen, die Schablonenform mit Tupfen und Mustern zu versehen.

Kreative Inspiration

Vogelbilder und -zeichnungen von Edward Lear, Georges Braque und Pablo Picasso.

MERKWÜRDIGE KREATUREN

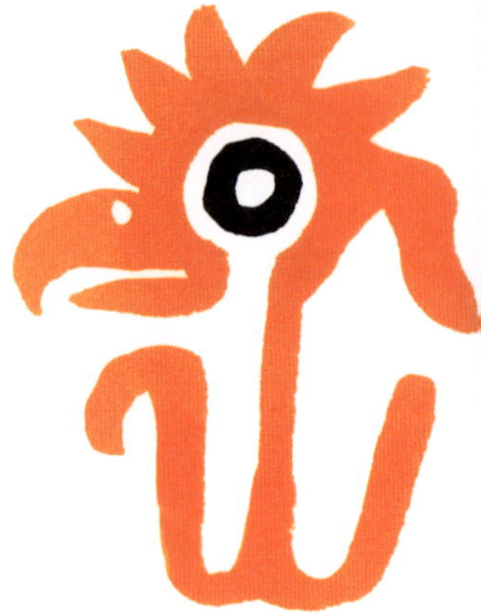

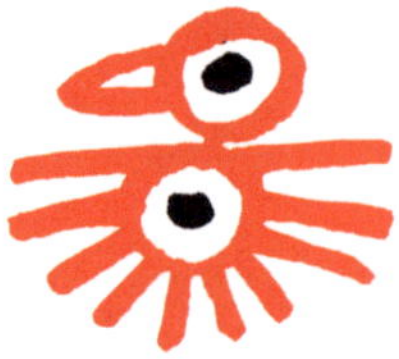

INSPIRATION AUS DER FERNE

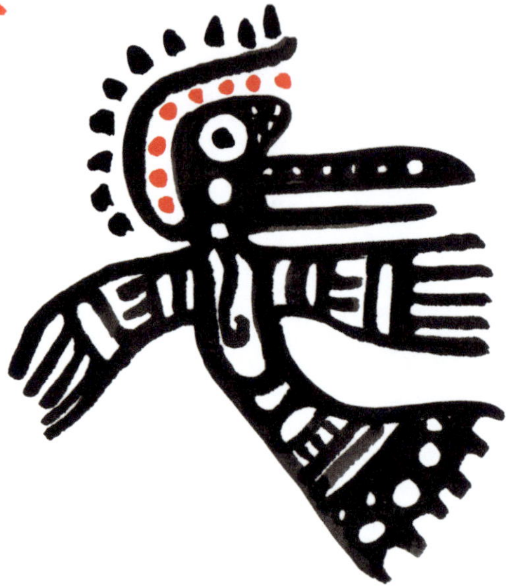

Schauen Sie über Ihre eigene Kultur hinaus. Ich habe mir geschnitzte mexikanische Kreaturen angesehen und meine eigenen Versionen gezeichnet und koloriert. Ich zeichne gerne Vögel und war daher von den Vogelinterpretationen fasziniert – die Schnitzereien wiesen ungewohnte Merkmale und Methoden des Zeichnens auf, auf die ich selbst nie gekommen wäre. Versuchen Sie, andere Quellen zu erforschen, z. B. mittelalterliche Manuskripte, Kunst der indigenen Völker Australiens oder peruanische Skulpturen.

Kreative Übung

Malen oder zeichnen Sie ein neugieriges Wesen an einer passenden Stelle in Ihrem Haus: vielleicht über einem Lichtschalter oder versteckt unter einem Tisch. Verwenden Sie Farbstifte oder Farben auf Wasserbasis. Geben Sie ihm einen Namen und schreiben Sie eine kurze Geschichte dazu.

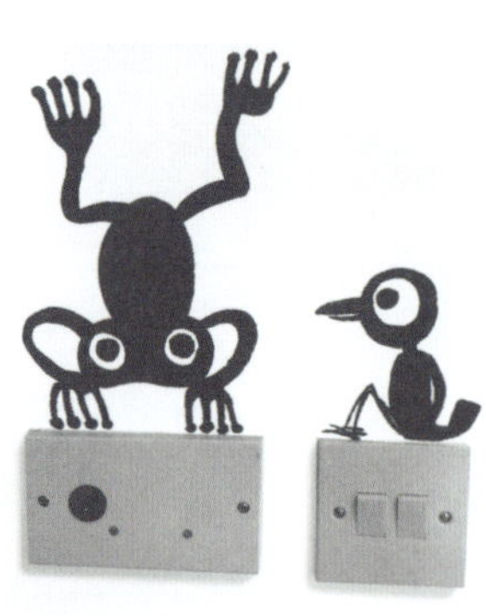

Kreative Inspiration

Aztekische Wandschnitzereien und Alebrijen: Mexikanische Volkskunst, Skulpturen von Fantasietieren.

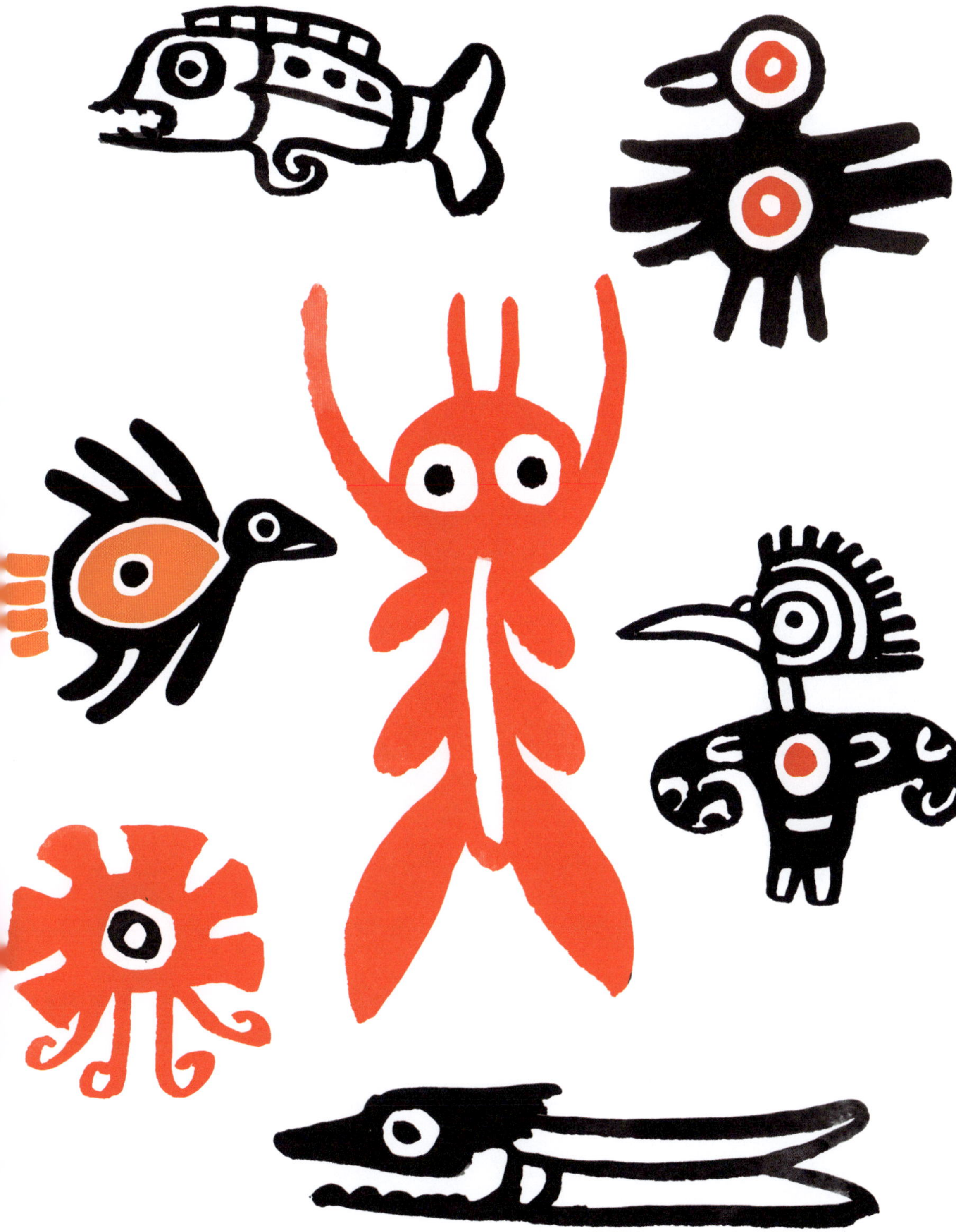

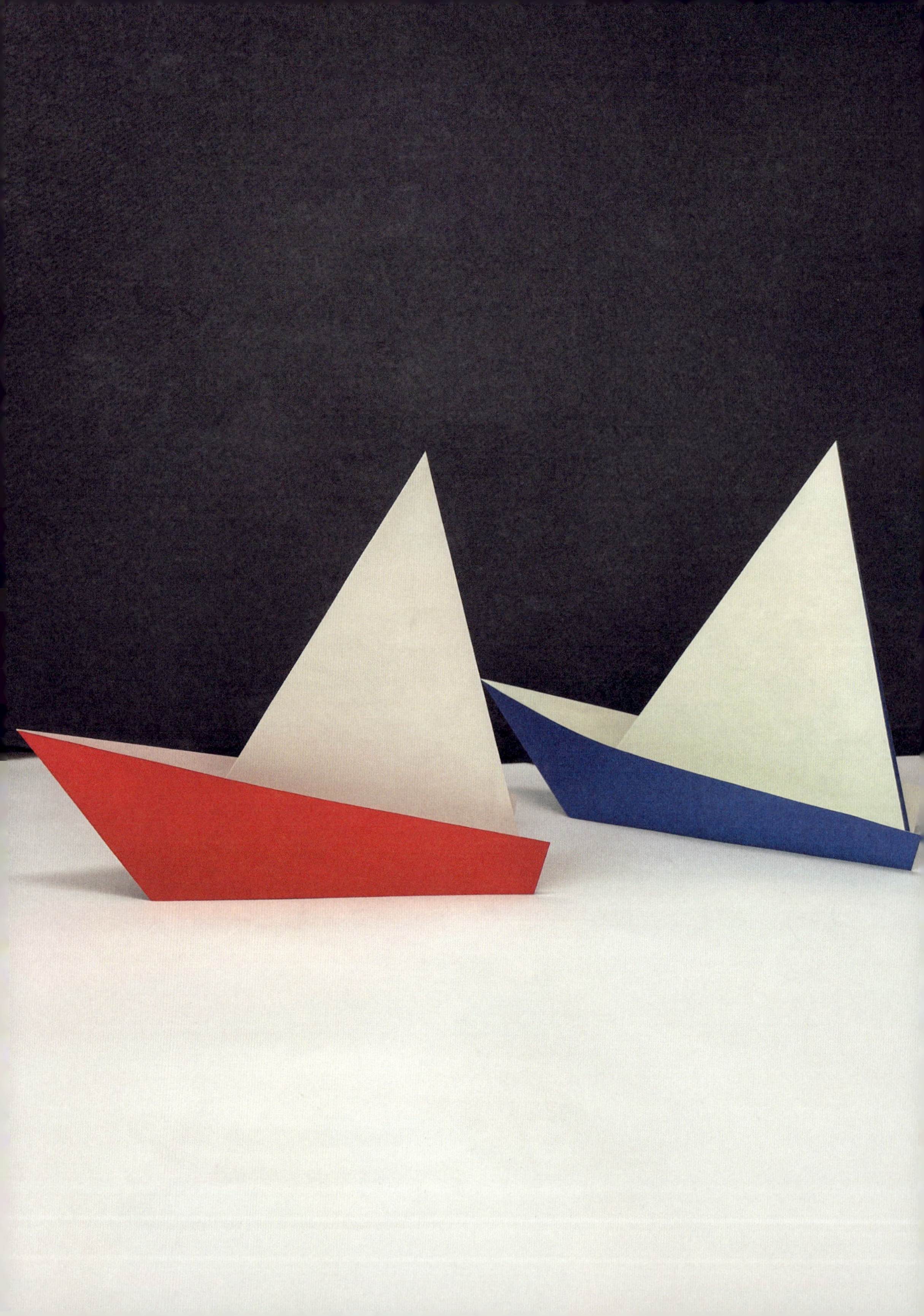

PAPIERJACHT

EINFACHES ORIGAMI-BOOT

Diese kleinen Boote sind sehr einfach herzustellen, aber sehr elegant. Ich habe eine ganze Flotte von ihnen in vielen Farben in meinem Atelier. Sie machen Spaß!

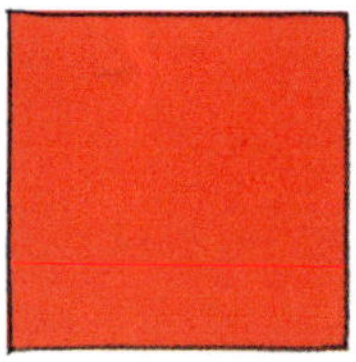

1. Beginnen Sie mit einem Papierquadrat, einseitig farbig.

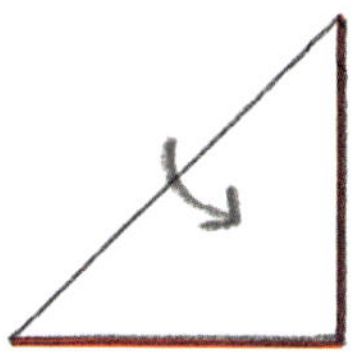

2. Falten Sie das Blatt diagonal.

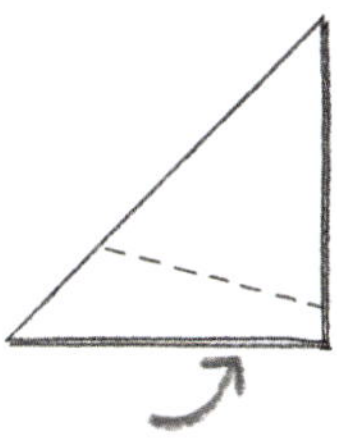

3. Falten Sie die untere Kante für den Rumpf nach oben.

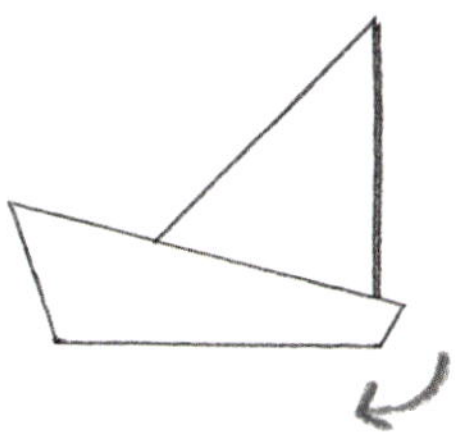

4. Machen Sie die Faltung rückgängig.

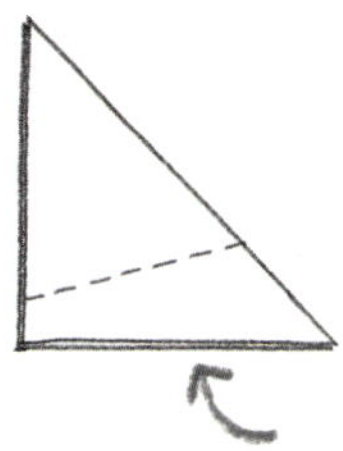

5. Drehen Sie das Papier um und wiederholen Sie Schritt 3.

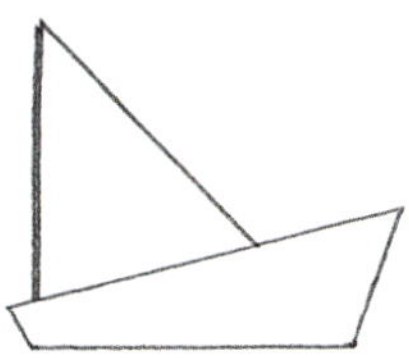

6. Falten Sie das gesamte Blatt auseinander. Legen Sie es flach mit der weißen Seite nach oben hin. Legen Sie den Faltenverlauf wie im nächsten Bild zu sehen.

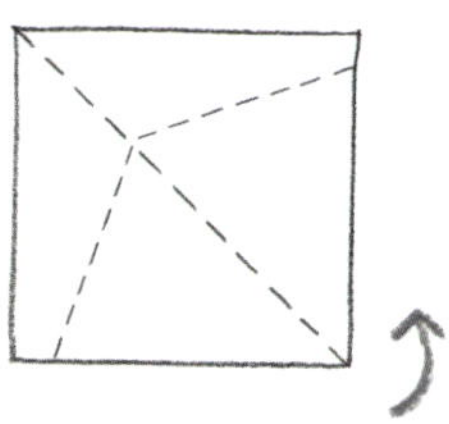

7. Klemmen Sie für den Bug die linke obere Ecke zusammen und schieben Sie die rechte untere Ecke nach oben, damit die mittlere Falte aufsteht.

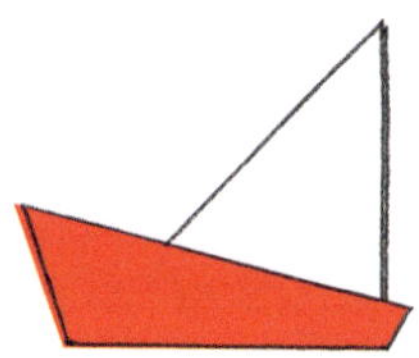

8. Drücken Sie das Boot jetzt flach. Die Vorderseite ist geschlossen und die Rückseite ist offen. Viel Spaß mit der fertigen Papierjacht!

SCHNEIDEN UND KLEBEN

COLLAGE MIT PAPIER UND FUNDSTÜCKEN

Sammeln Sie alte Postkarten, Briefmarken, buntes Papier, Fotos und Souvenirs, die Sie in Trödelläden oder zu Hause finden. Spielen Sie mit den Elementen auf einem Blatt Papier herum. Auf der nächsten Seite habe ich ein altes Stück Karton als Hintergrund verwendet. Es ist gut, ein »Zentrum« bei etwa einem Drittel des Bildes zu haben: kräftige Farben, Buchstaben oder Figuren eignen sich gut dafür.

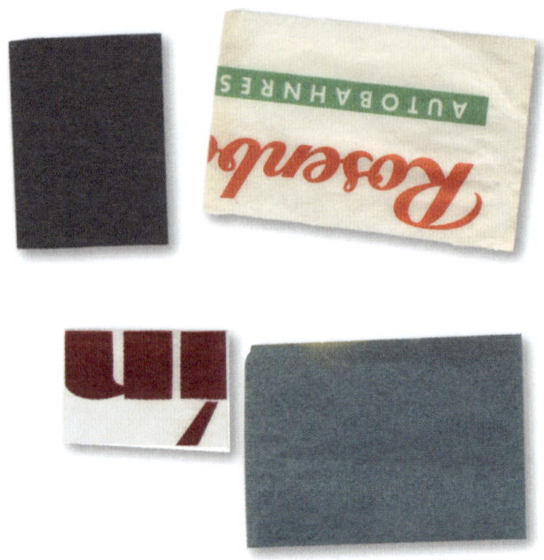

Kreative Übung

Sammeln Sie Gedrucktes. Mit ablösbarem Klebeband können Sie die Collage zusammenstellen und schließlich mit einem Klebestift fixieren,wenn sie Ihnen gefällt. Machen Sie jetzt ein Mixed-Media-Werk daraus, indem Sie zeichnen oder malen.

Kreative Inspiration

Die Werke von Kurt Schwitters, Robert Rauschenberg und Joseph Cornell.

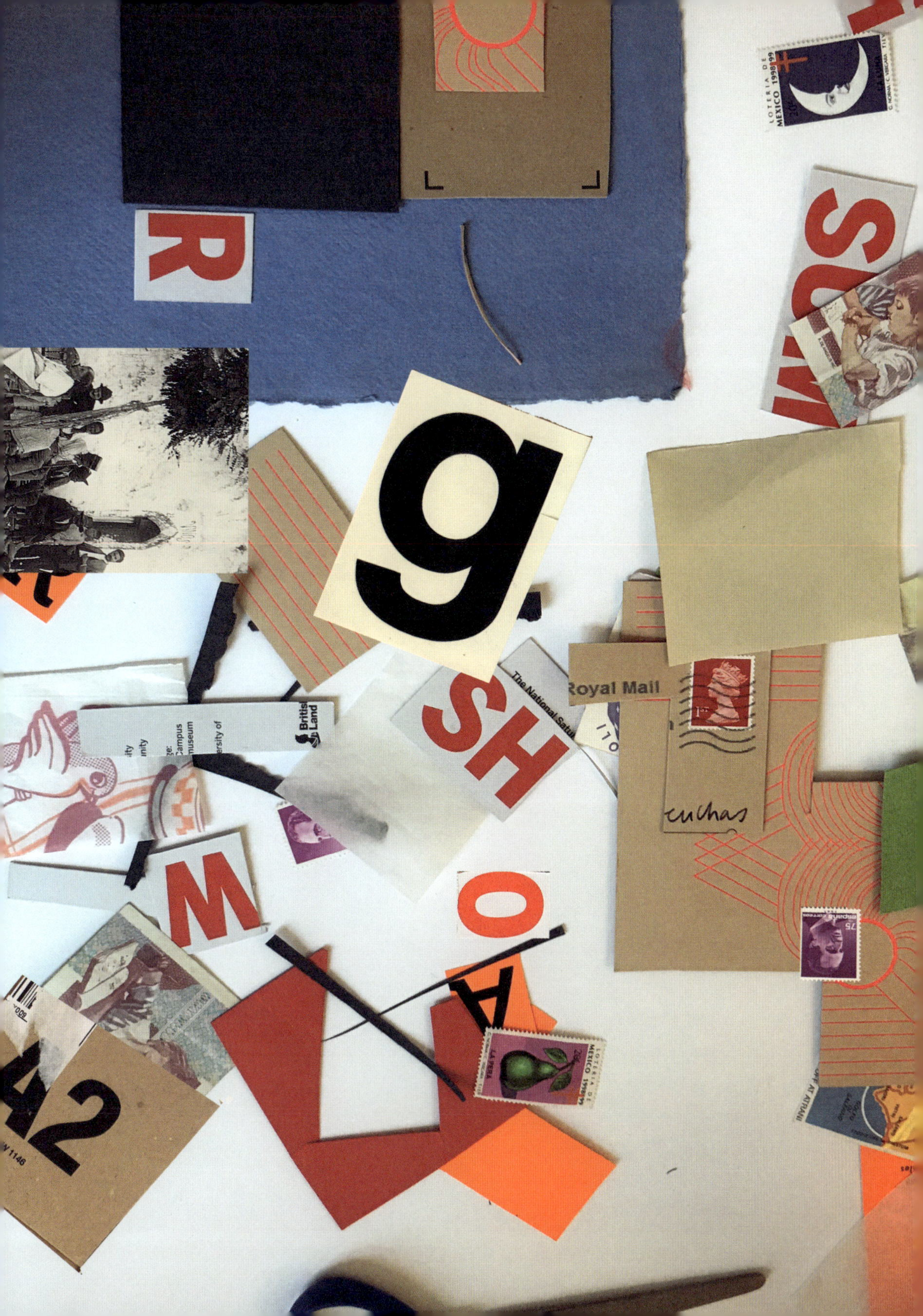

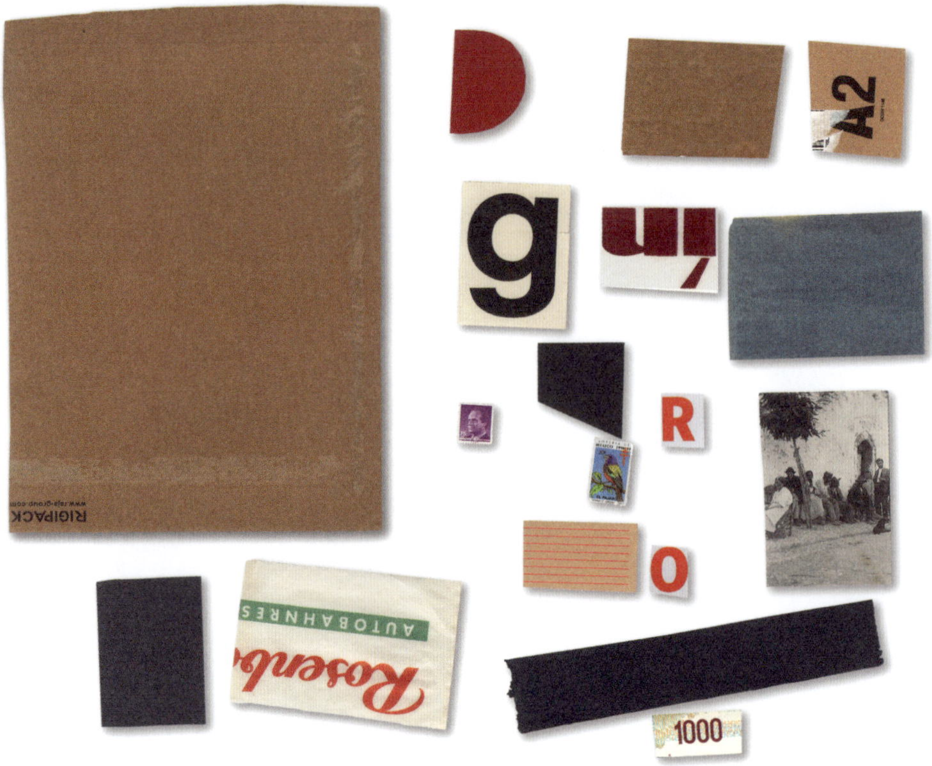

Die Elemente

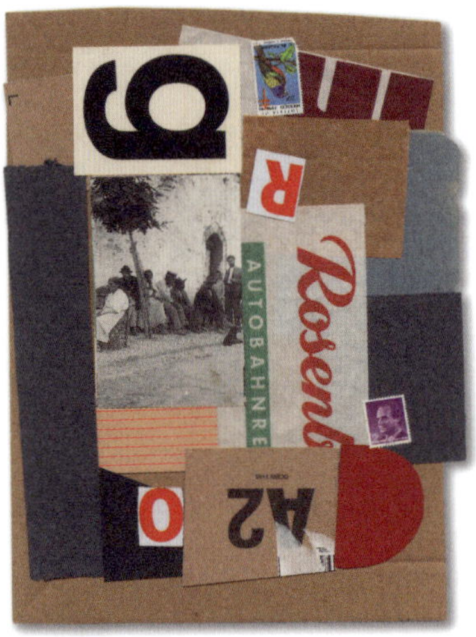

Variation 1

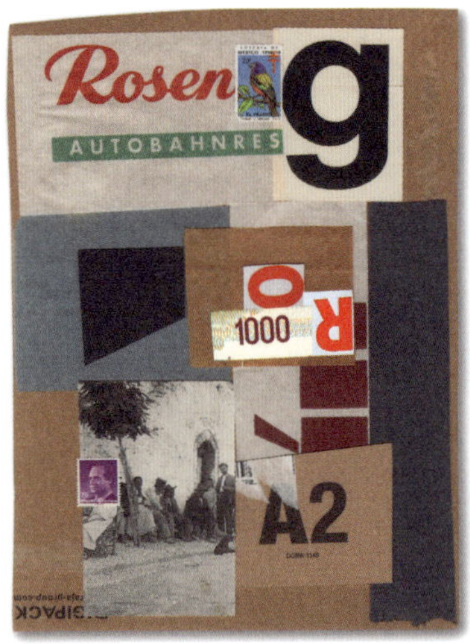

Variation 2

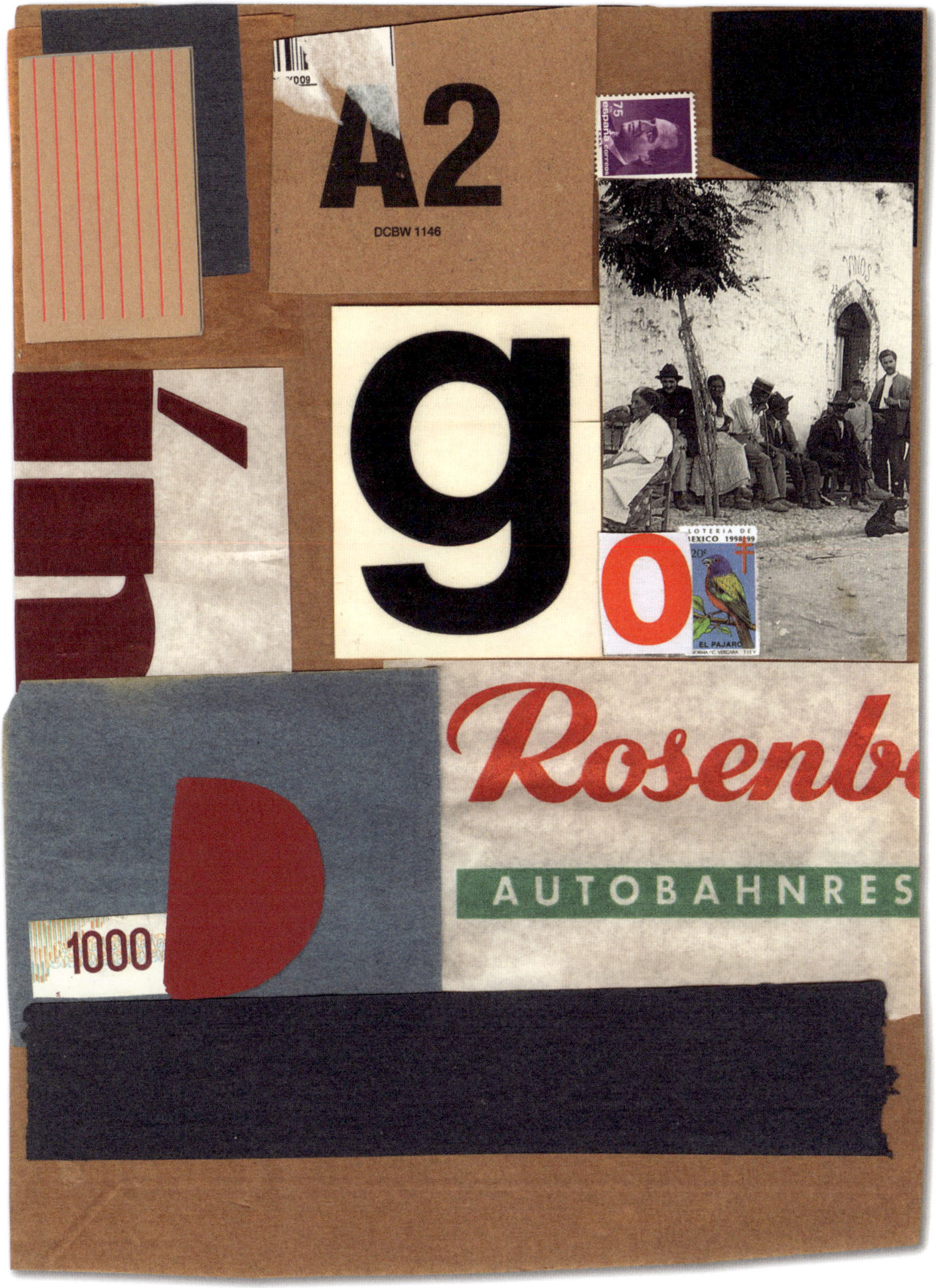
A2
DCBW 1146
g
o
LOTERIA DE MEXICO 1998-99
20c
EL PAJARO
Rosenb
AUTOBAHNRES
1000

Variation 3

MUSCHELN UND SCHNECKEN

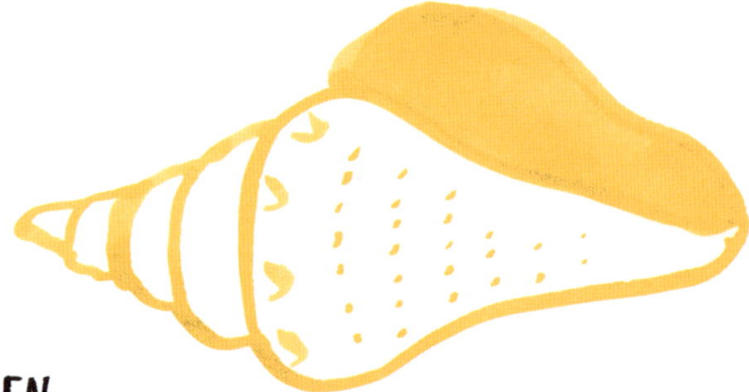

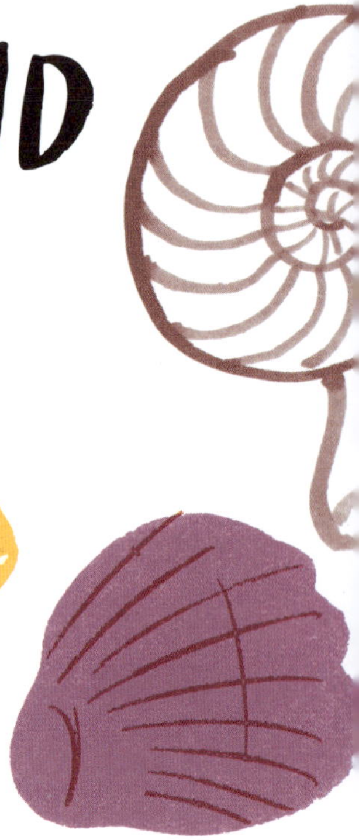

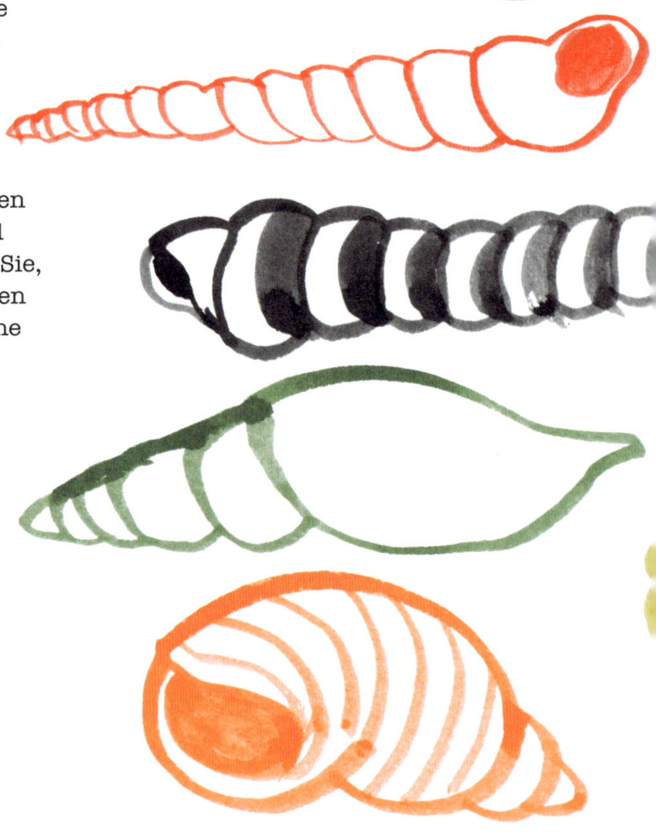

STRUKTURSTUDIEN

Fast jeder hat schon einmal eine Muschel aufgehoben und in die Tasche gesteckt, jede einzelne ein kleiner Schatz. Sie sind eine reiche Inspirationsquelle für alle Kunstschaffenden. Ihre vielfältigen Formen, Strukturen und Farben bieten endlose Möglichkeiten. Jede Muschel ist einzigartig, sodass man beim Zeichnen ganz genau hinschauen muss. Beobachten Sie die komplizierten Muster, Rillen und Konturen der Muscheln und versuchen Sie, diese Texturen mit verschiedenen Medien nachzubilden: mit Bleistift, Kohle, Tusche oder sogar mit digitalen Werkzeugen.

Kreative Übung

Betrachten Sie 5 Minuten lang eine einzelne Muschel. Konzentrieren Sie sich auf Struktur, Form und Muster. Wie mag sie sich anfühlen, wie mag sie riechen oder schmecken? Welche Gedanken ruft sie hervor? Zeichnen Sie!

Kreative Inspiration

Die Werke von Georgia O'Keeffe und Ernst Haeckel, und die Skulpturen von Henry Moore und Barbara Hepworth.

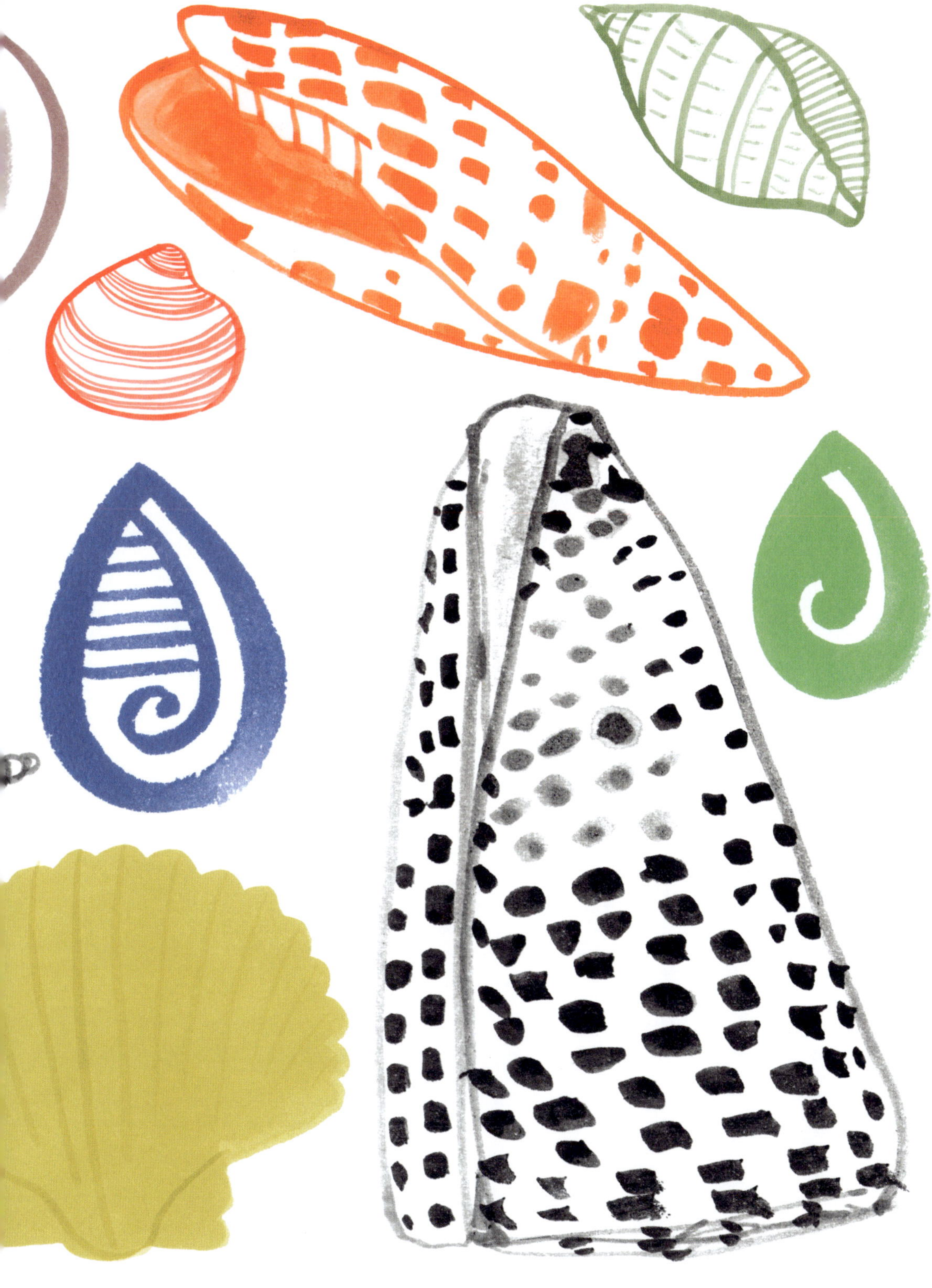

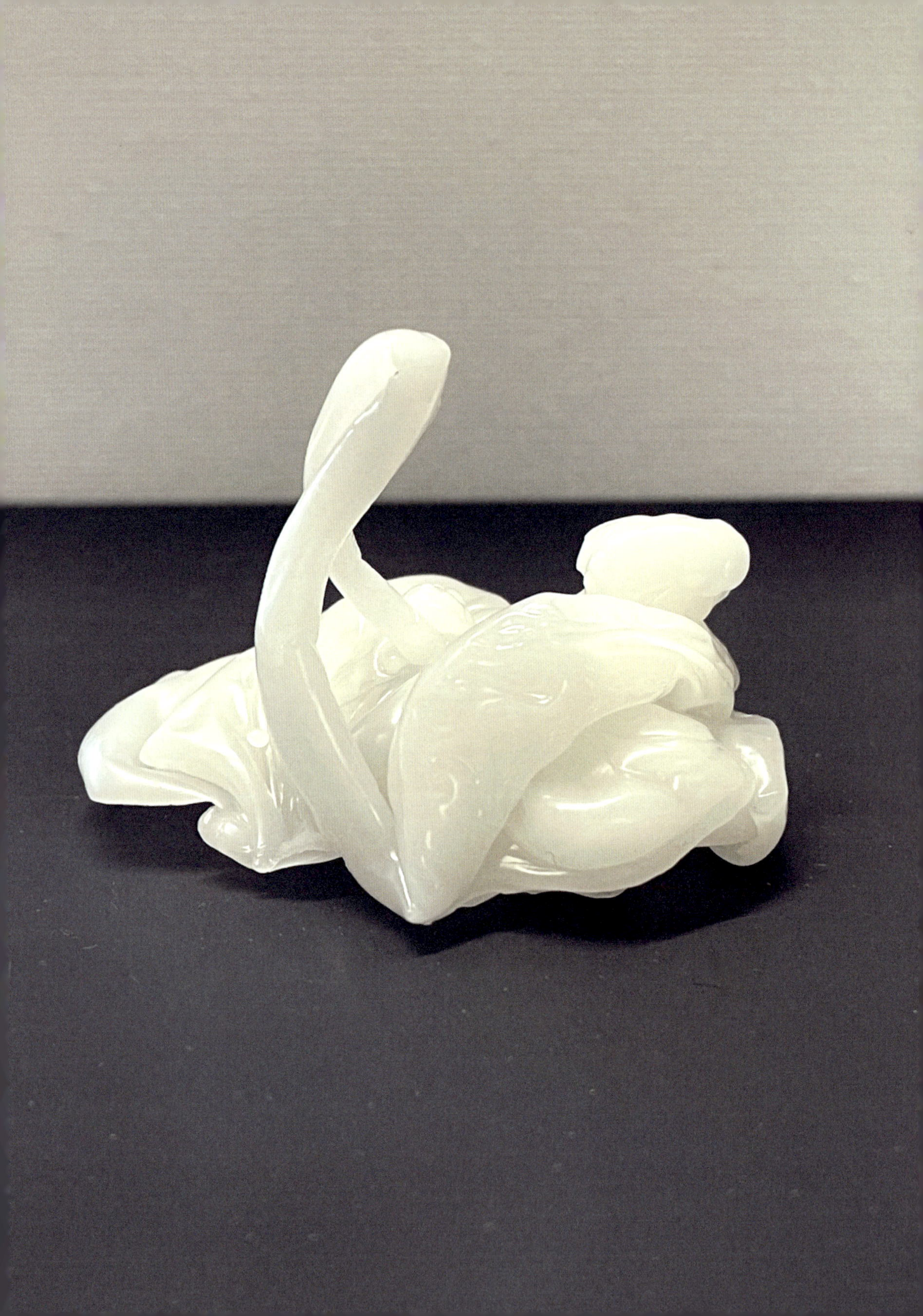

COULAGE

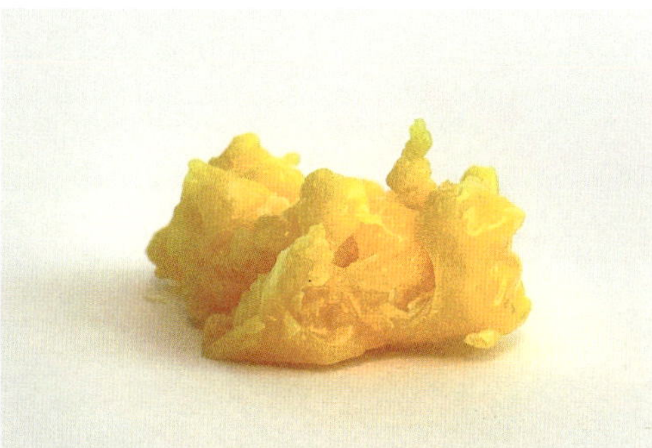

WACHS-SCHMELZ-SKULPTUREN

Wachsflocken oder eine alte Wachskerze (ohne Docht) in einem Wasserbad schmelzen. Gießen Sie das geschmolzene Wachs in kaltes Wasser. Wenn das Wachs auf das Wasser trifft, erstarrt es zu unerwarteten, traumhaften Formen. Die Surrealisten haben das so gemacht, und es ist faszinierend, das zu beobachten. Sobald die Skulptur abgekühlt ist, können Sie sie ausstellen. Auch mit Schokolade lässt sich das gut machen.

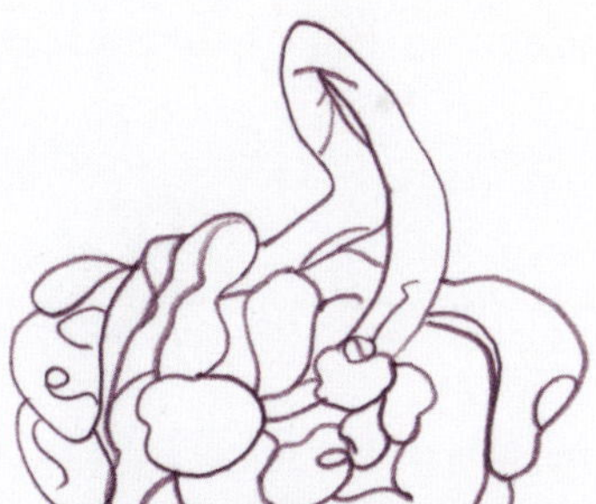

Kreative Übung

Diese Skulpturen lassen sich sehr gut zeichnen. Ihre Form ist einzigartig, Sie werden nie zuvor einen solchen Gegenstand gezeichnet haben. So trainieren Sie Ihre Beobachtungsgabe!

Kreative Inspiration

Die Werke von den Surrealisten Dora Carrington und Max Ernst.

KRITIKER BERUHIGEN

Wir alle haben ständig eine Stimme im Kopf, die uns sagt, was wir können und was nicht – vor allem, wenn wir anfangen, Kunst zu machen. Manchmal habe ich das Gefühl, mit einem strengen Lehrer zu streiten. Es ist unser Verstand, der uns versucht, Grenzen zu setzen. Um wirklich kreativ zu werden, müssen wir diesen Kritiker zum Schweigen bringen und unseren Instinkten vertrauen. Dann passieren die guten Sachen.

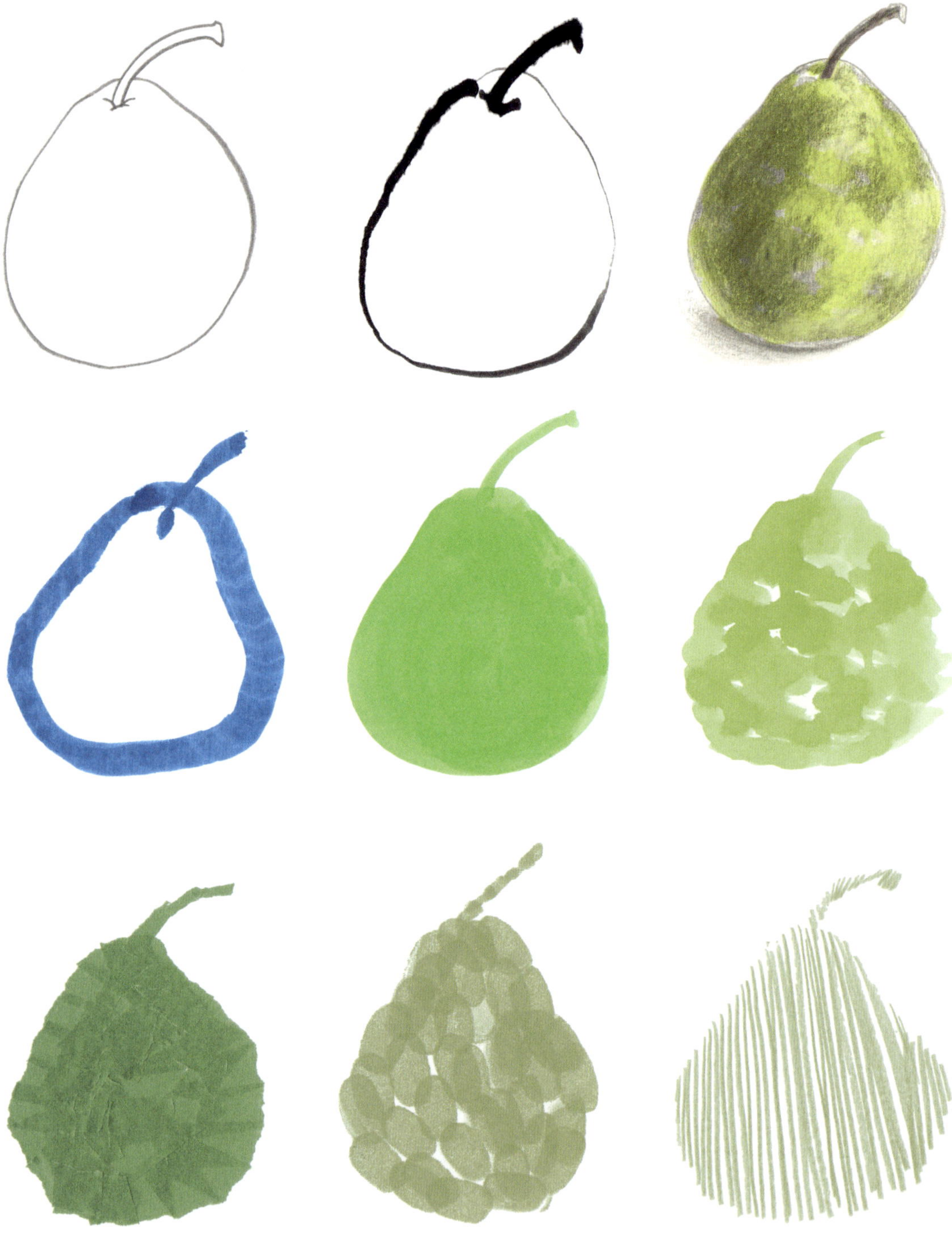

BIRNENFORM

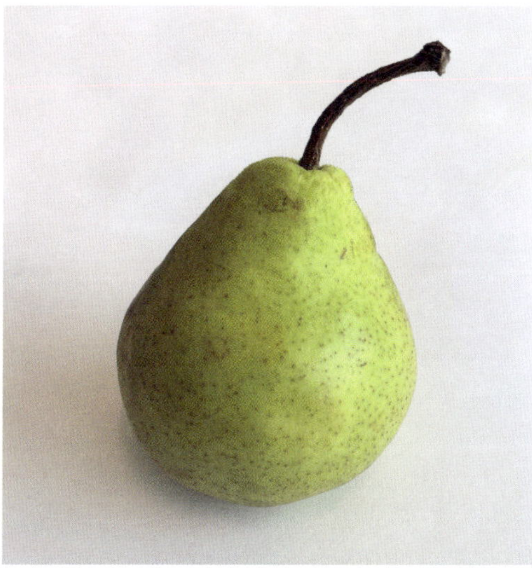

NEUN WEGE ZUR BIRNE

Verschiedene Medien auszuprobieren ist ein sehr positiver Weg, um Vertrauen im Umgang mit Materialien zu gewinnen. Wählen Sie ein Thema, z. B. ein Stück Obst, und versuchen Sie, es mit mindestens neun verschiedenen Zeichenwerkzeugen zu zeichnen. In den nebenstehenden Birnenzeichnungen habe ich benutzt (von oben links): Bleistift, Stock und Tinte, Bleistift und Wasserfarbe, Acryl, Gouache, Wasserfarbe, Klebeband, Fingerabdrücke und Buntstift.

Kreative Übung

Wenn Sie mit neun verschiedenen Materialien gezeichnet haben, kombinieren Sie drei davon in einer Arbeit. Nun haben Sie ein Mixed-Media-Kunstwerk.

Kreative Inspiration

Die Stillleben von Ben und Winifred Nicholson.

FAULE KATZEN

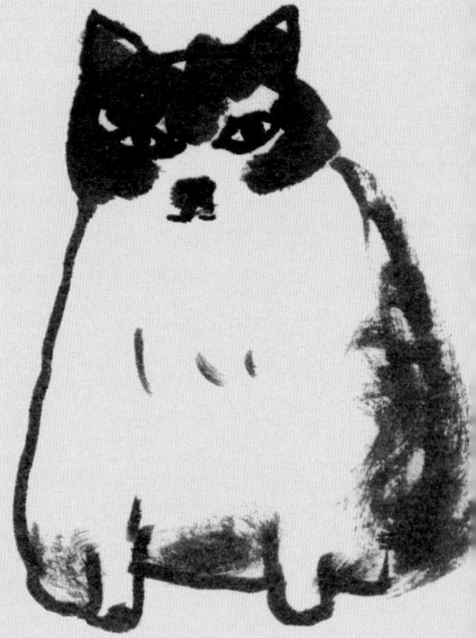

TUSCHEKATZEN

Denken Sie über die Formen nach, anstatt sich auf die Idee zu konzentrieren, eine Katze zu zeichnen. Sie können eine echte Katze oder Fotos als Vorlage verwenden. Verwenden Sie Pinsel und Tinte oder versuchen Sie es mit Stiften oder einem Kratzstift. Je unvorhersehbarer das Medium ist, desto besser.

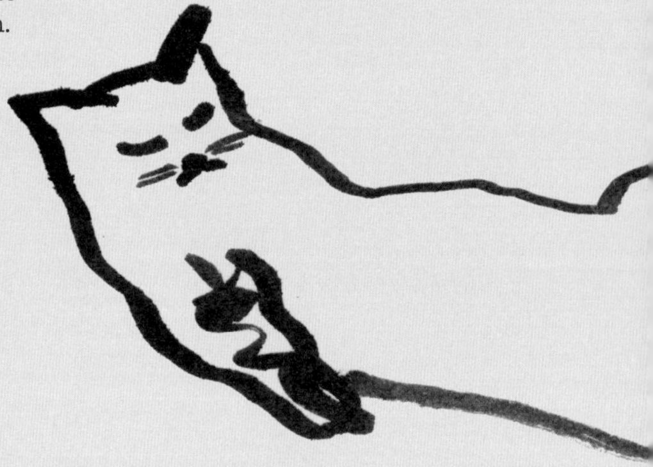

Kreative Übung

Versuchen Sie, Katzen mit Tusche und Pinsel zu zeichnen, ohne auf das Papier zu schauen. Zeichnen Sie schnell und füllen Sie die Seite mit vielen Katzen.

Kreative Inspiration

Andy Warhols Zeichnungen seiner Katzen. Auch Saul Steinberg und Ronald Searle haben einige charmante und lustige Katzen gezeichnet.

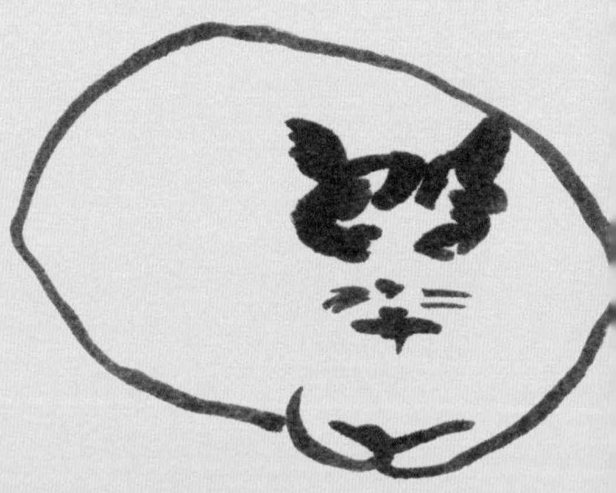

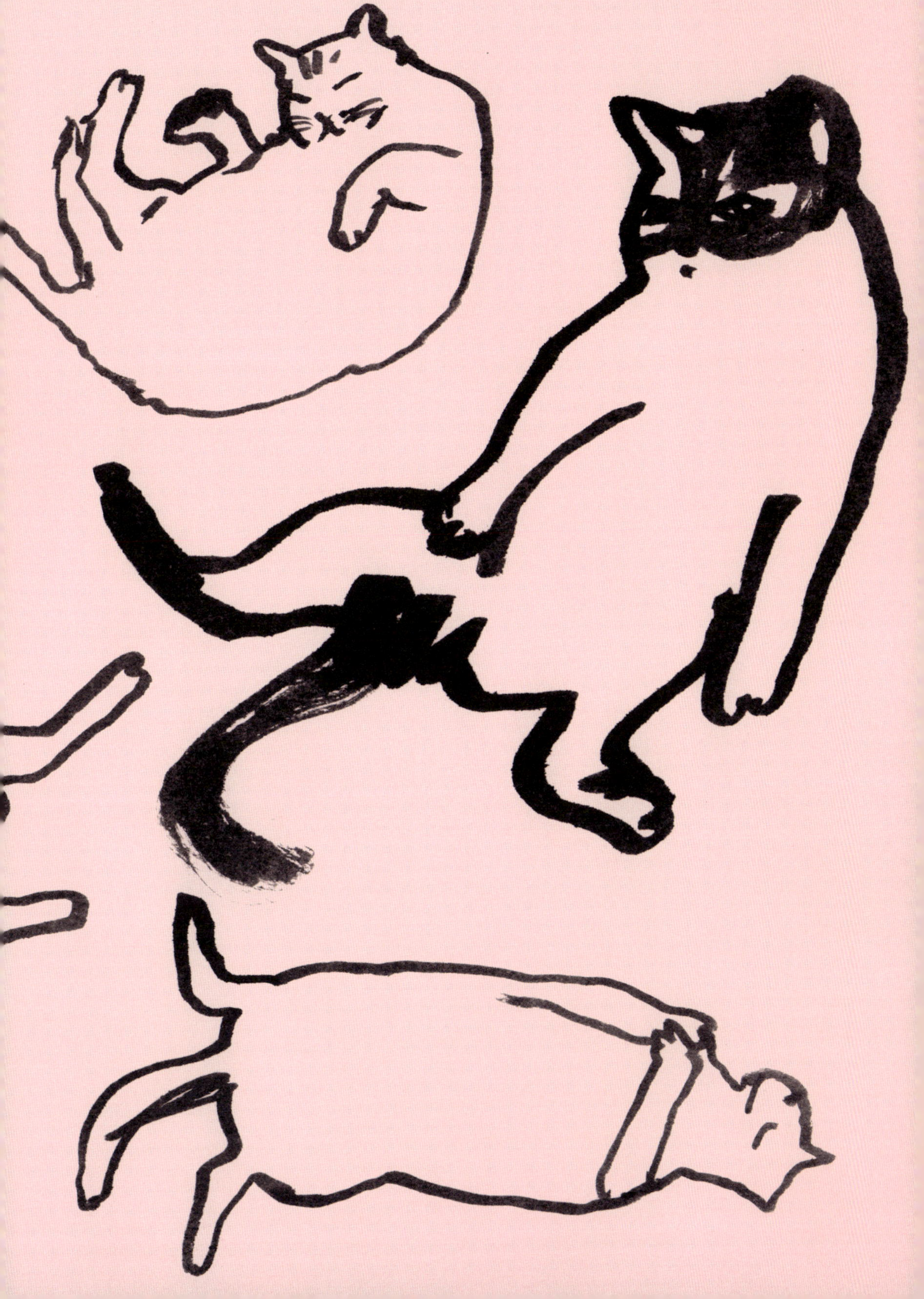

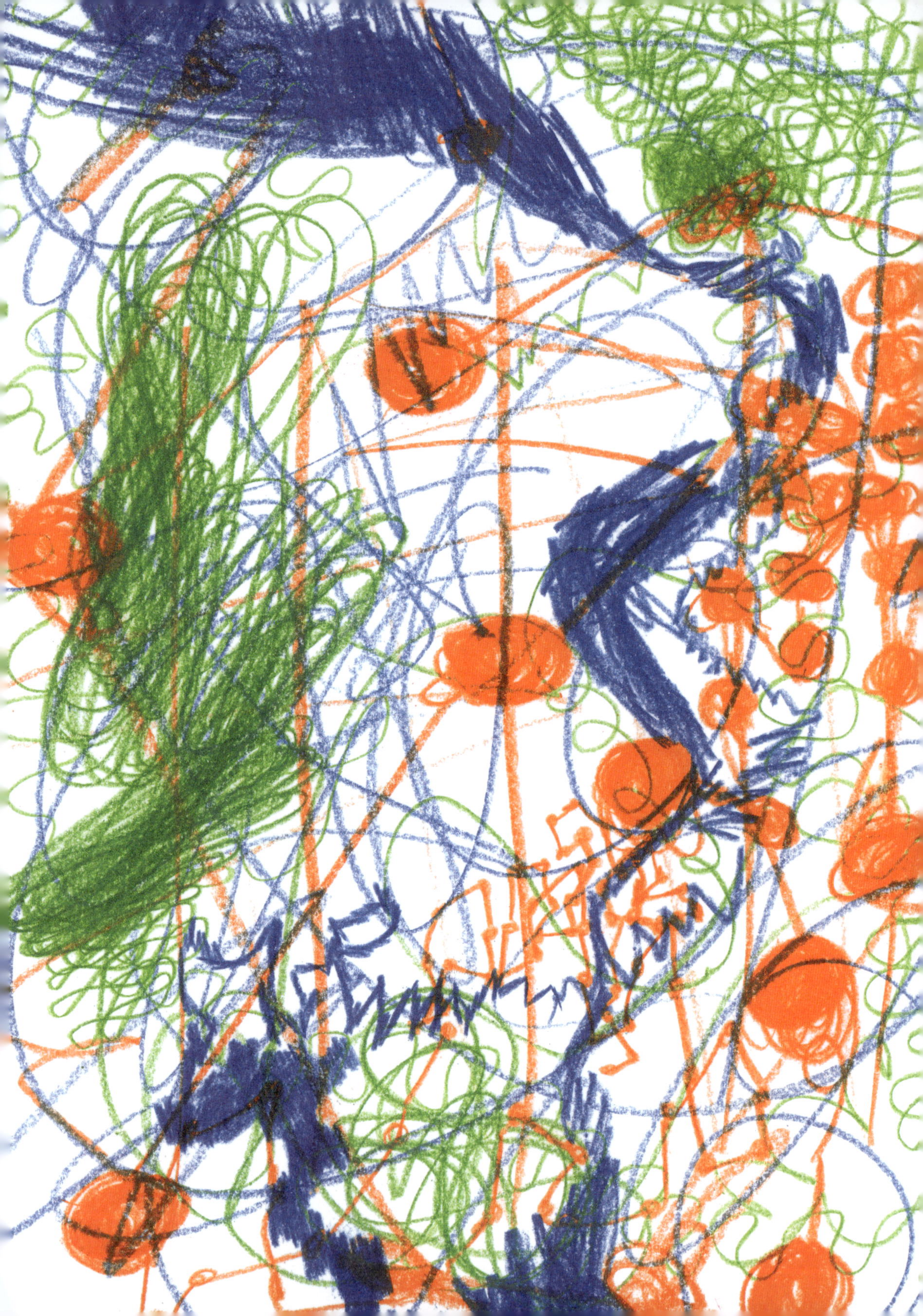

AUGEN ZU

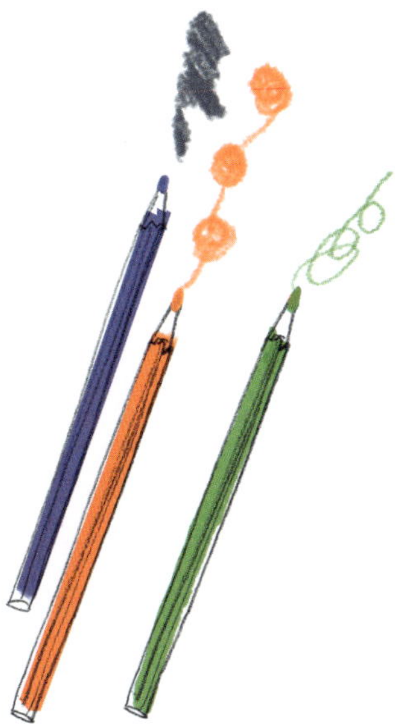

UNBEWUSSTES ZEICHNEN

Wenn Sie einmal ein Kind dabei beobachten, wie es Stift und Papier in die Hand nimmt, ist es erstaunlich, wie angstfrei es den ersten Strich macht. Lassen Sie sich davon inspirieren und verwenden Sie Bunt- oder Bleistifte, um zufällige Markierungen und Kritzeleien zu machen. Konzentrieren Sie sich auf die Sinneserfahrung: das Geräusch, das Gefühl des Stifts auf dem Papier und die Bewegung Ihrer Hand. Schalten Sie Ihr logisches Gehirn aus und genießen Sie das unbewusste Zeichnen.

Kreative Übungen

Skizzieren Sie Ihr eigenes Gesicht oder ein beliebiges Objekt, mit ihrer nicht-dominanten Hand.

Kreativer Schnellschuss

Lassen Sie zwei Bleistifte miteinander tanzen. Nehmen Sie einen in jede Hand, schließen Sie die Augen und stellen Sie sich die beiden im Tanz vor.

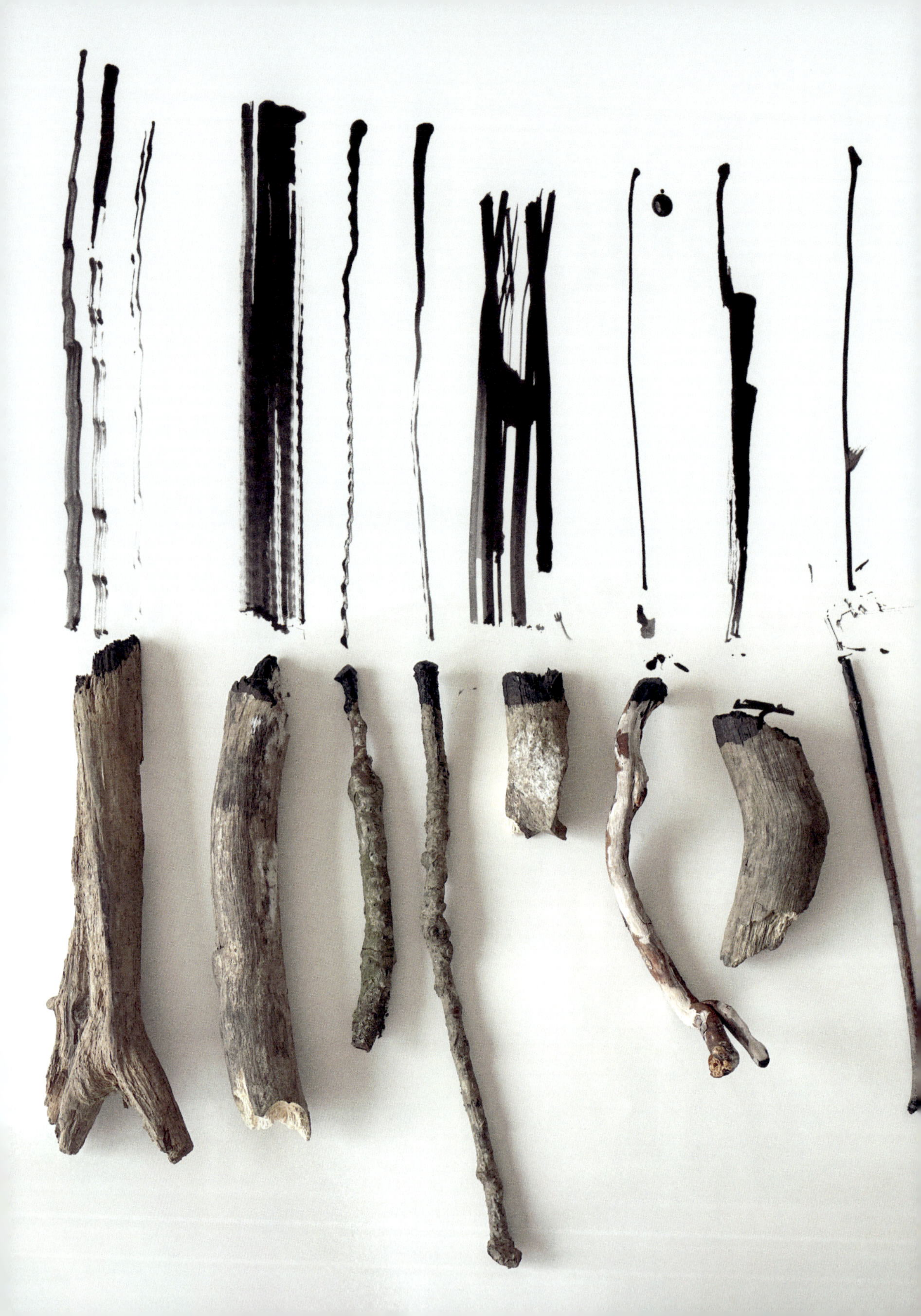

ZEICHNEN MIT STÖCKCHEN

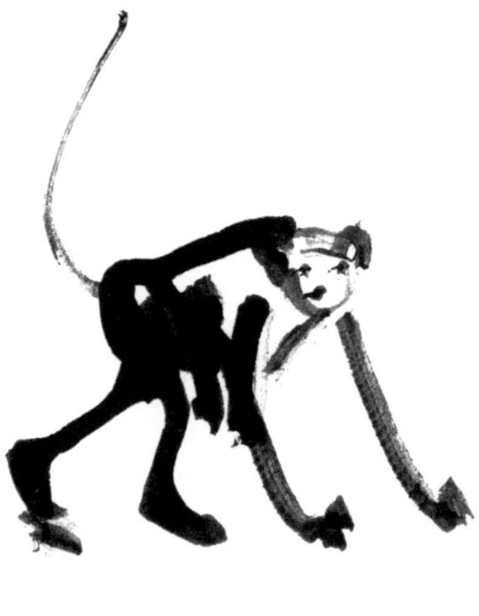

ZEICHEN SETZEN

Das Zeichnen mit Stöcken und Tusche ist eine großartige Alternative zu herkömmlichen Malmitteln. Die Begrenztheit und Unvorhersehbarkeit des Stöckchens kann Ihre Zeichnung sogar noch verbessern! Die erzeugten Linien sind anders als alles, was man normalerweise erreichen kann. Die Menschen haben schon immer mit Stöcken gezeichnet, und viele Kulturen tun dies auch heute noch. Das Zeichnen mit einem Stock verbindet Sie mit der Natur und alten Praktiken.

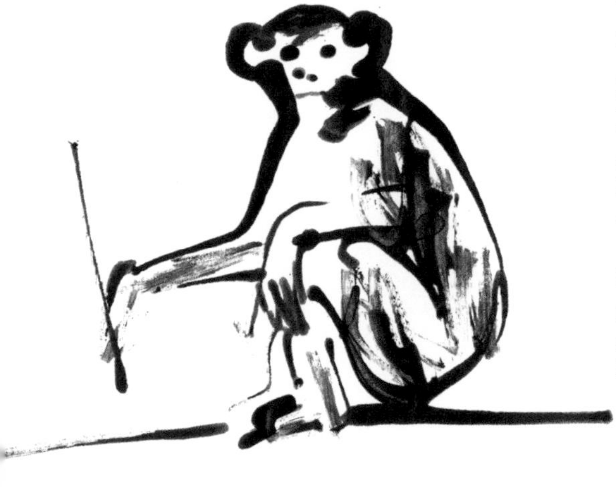

Kreative Übung

Sammeln Sie Stöcke in verschiedenen Formen und Größen und experimentieren Sie mit Tuschezeichen. Wenn Sie sich sicher fühlen, versuchen Sie, etwas Bestimmtes zu zeichnen. Ich habe mit Affen-Skizzen nach Vorlagen begonnen.

Kreative Inspiration

Die ausdrucksstarken Linienzeichnungen von Cy Twombly und der Ausnahmekünstler Bill Traylor.

KUNST MIT DEM MOPP

ZEICHNEN MIT WASSER

Wenn Sie draußen einen trockenen Platz haben, können Sie mit Wasser malen! Dazu brauchen Sie nur etwas Wasser, einen Behälter und einen Mopp oder Pinsel. So können Sie in großem Maßstab malen, ohne dass Sie viel Chaos verursachen oder die richtige Ausrüstung haben müssen. Falls Sie einen Fehler machen, können Sie einfach warten, bis das Bild getrocknet ist, und von vorne anfangen! Machen Sie ein Foto von Ihrem fertigen Kunstwerk und beobachten Sie, wie es beim Trocknen langsam verschwindet.

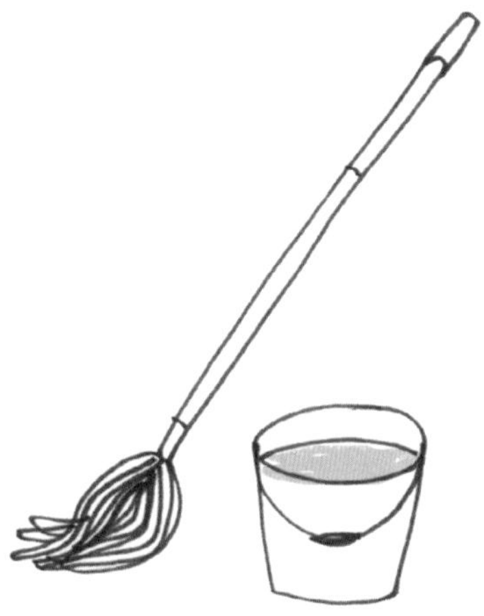

Kreative Übung

Suchen Sie einen Ort in der Öffentlichkeit, wo Sie Ihre Bilder oder Botschaften mit Wasser anbringen können. Wählen Sie einen warmen, trockenen Tag und eine Oberfläche, wo der Kontrast zwischen Nass und Trocken gut zu erkennen ist.

Kreativer Schnellschuss

Kaufen Sie ein chinesisches Wasserschreibtuch, das sonst verwendet wird, um Kalligrafie zu üben. Es eignet sich perfekt zum Zeichnen mit Wasser und als transportable Malfläche.

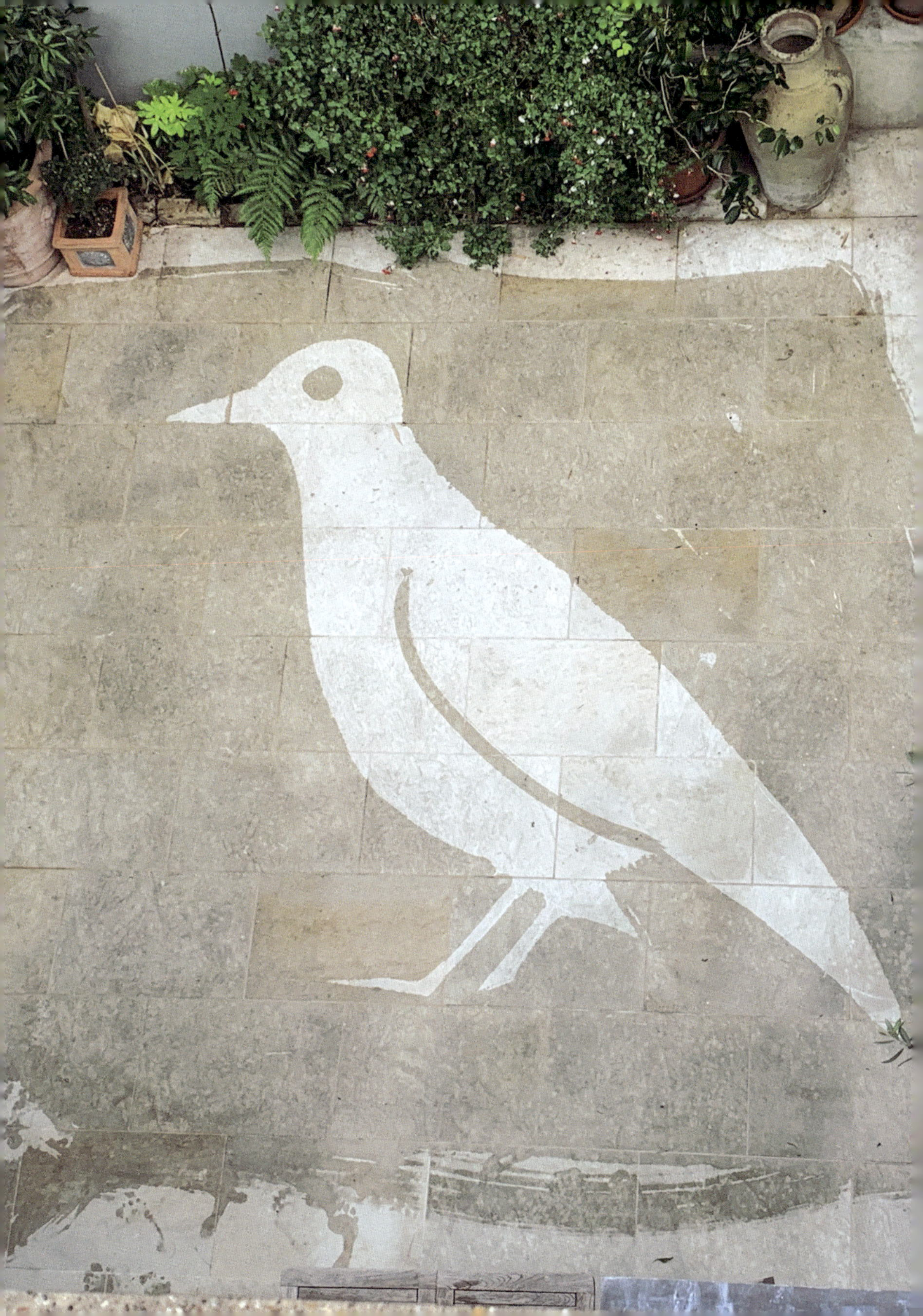

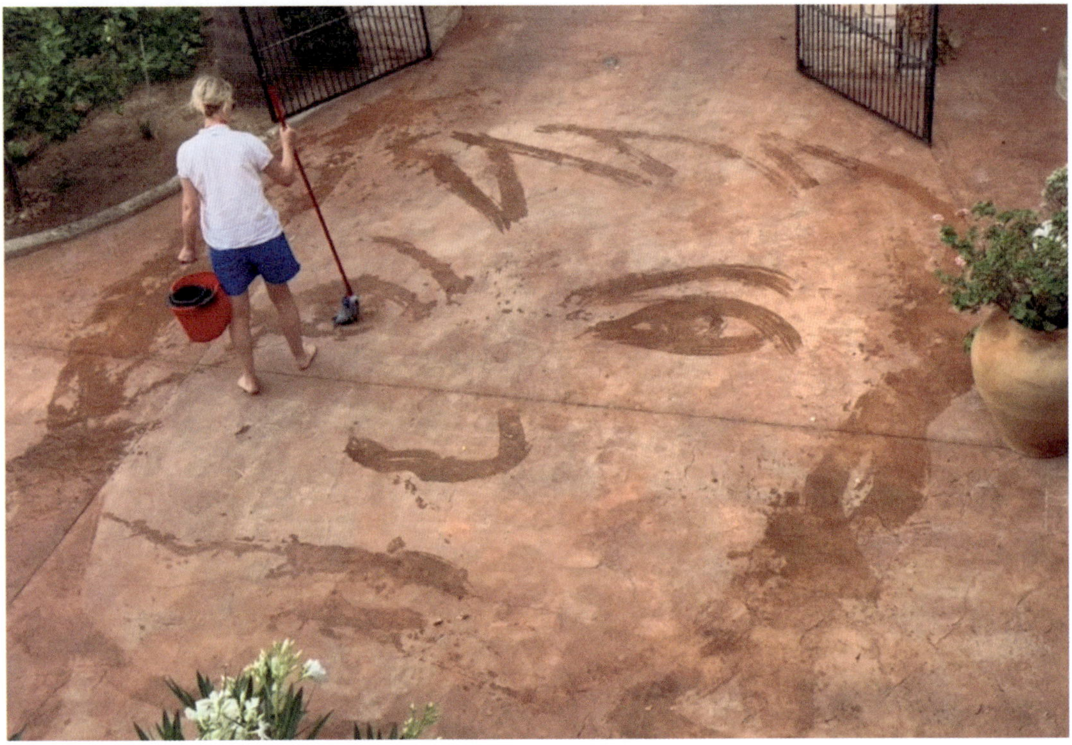

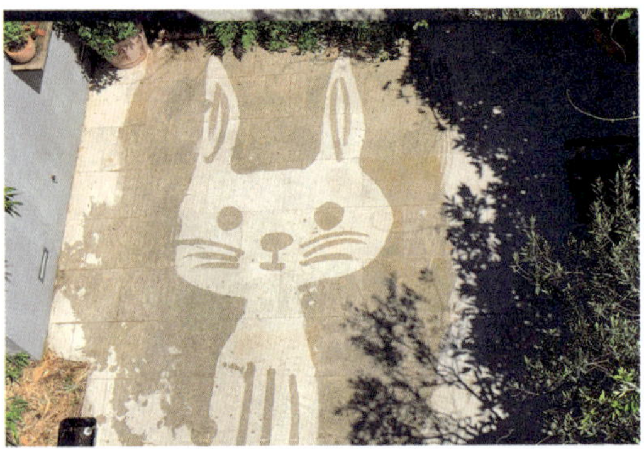

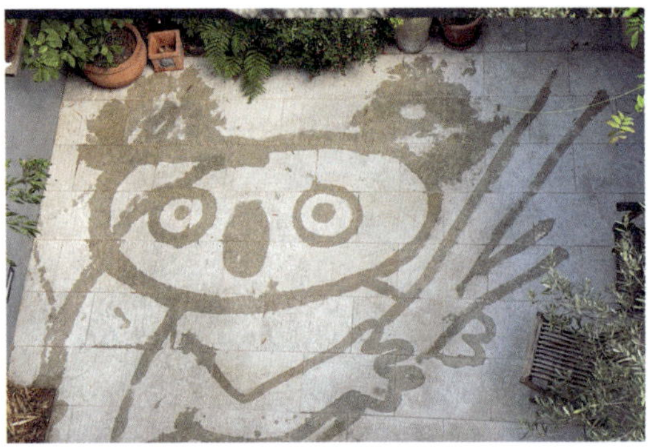

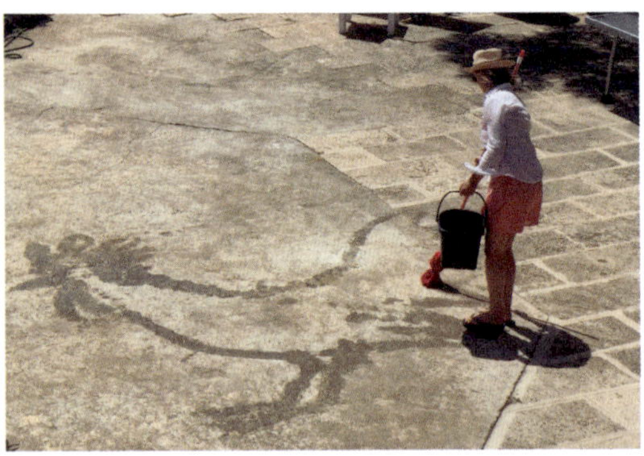

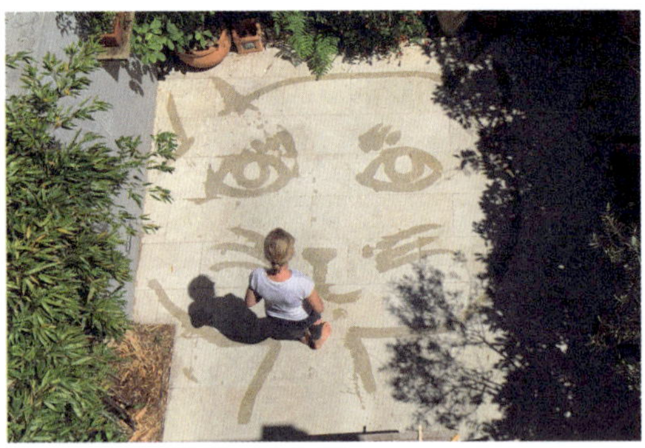

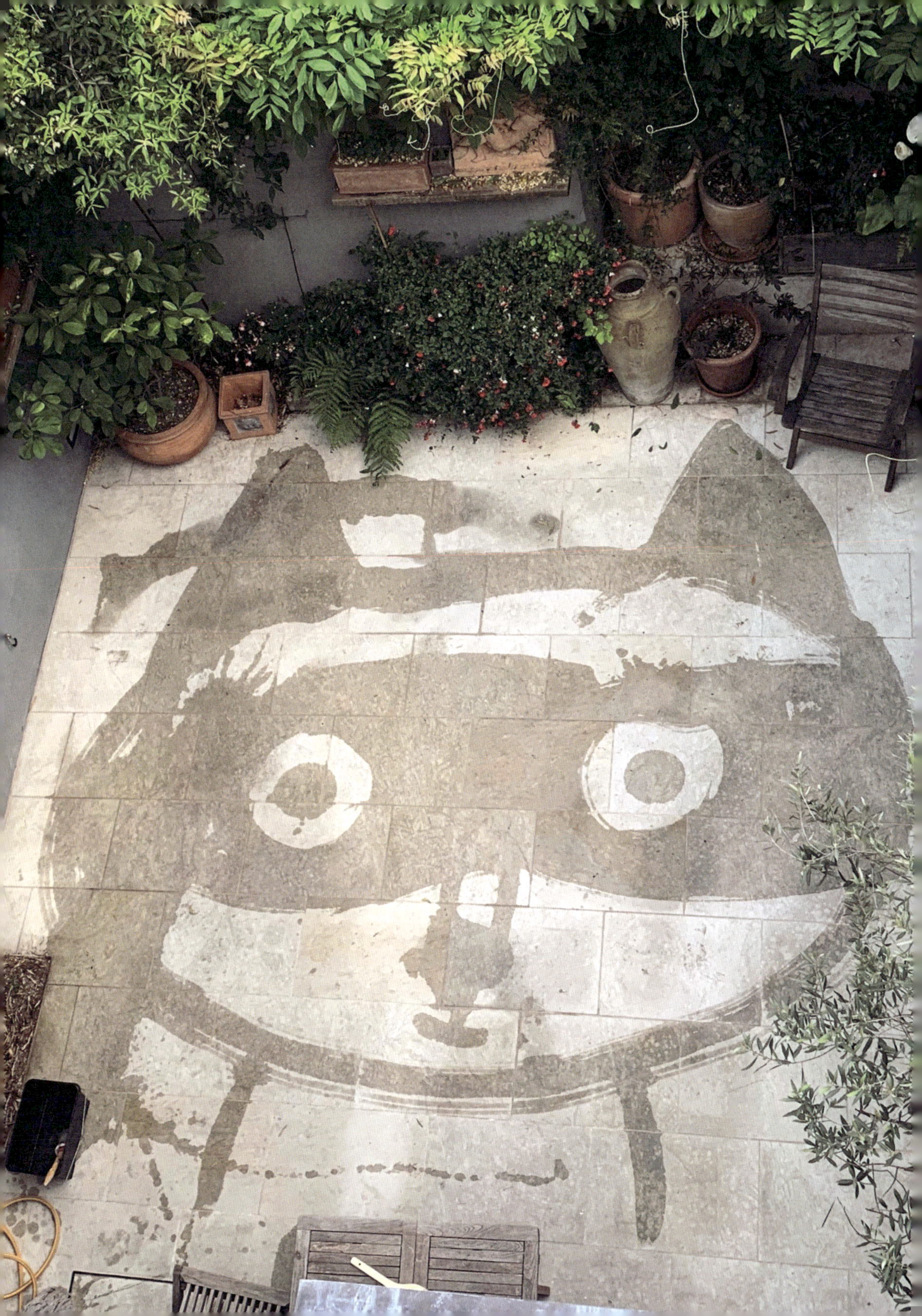

CADAVRE EXQUIS

EIN ZEICHENSPIEL

Dieses surrealistische Spiel für zwei bis vier Personen regt die Fantasie und die Zusammenarbeit an. Falten Sie ein Blatt Papier in gleiche Teile, einen für jede Person. Die erste Person beginnt mit der Zeichnung im oberen Teil und weitet sie leicht auf den nächsten Teil aus. Das Papier wird dann gefaltet, um die Zeichnung zu verbergen, und der nächste Spieler setzt die Linie fort. Wiederholen Sie den Vorgang, bis alle Spielerinnen ihren Beitrag geleistet haben. Falten Sie das Papier auf, um ein unvorhersehbares Kunstwerk zu sehen.

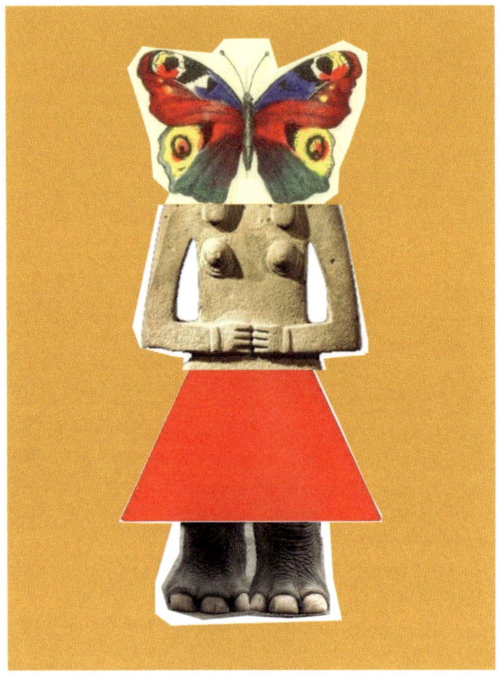

Kreative Übung

Anstatt die einzelnen Abschnitte zu zeichnen, verwenden Sie Mischtechniken, Farben oder Collagen. Denken Sie daran, ebenfalls das Prinzip der Überlappung anzuwenden.

Kreative Inspiration

Die Cadavre-Exquis-Zeichnungen von den Gebrüdern Chapman und Kerry James Marshall.

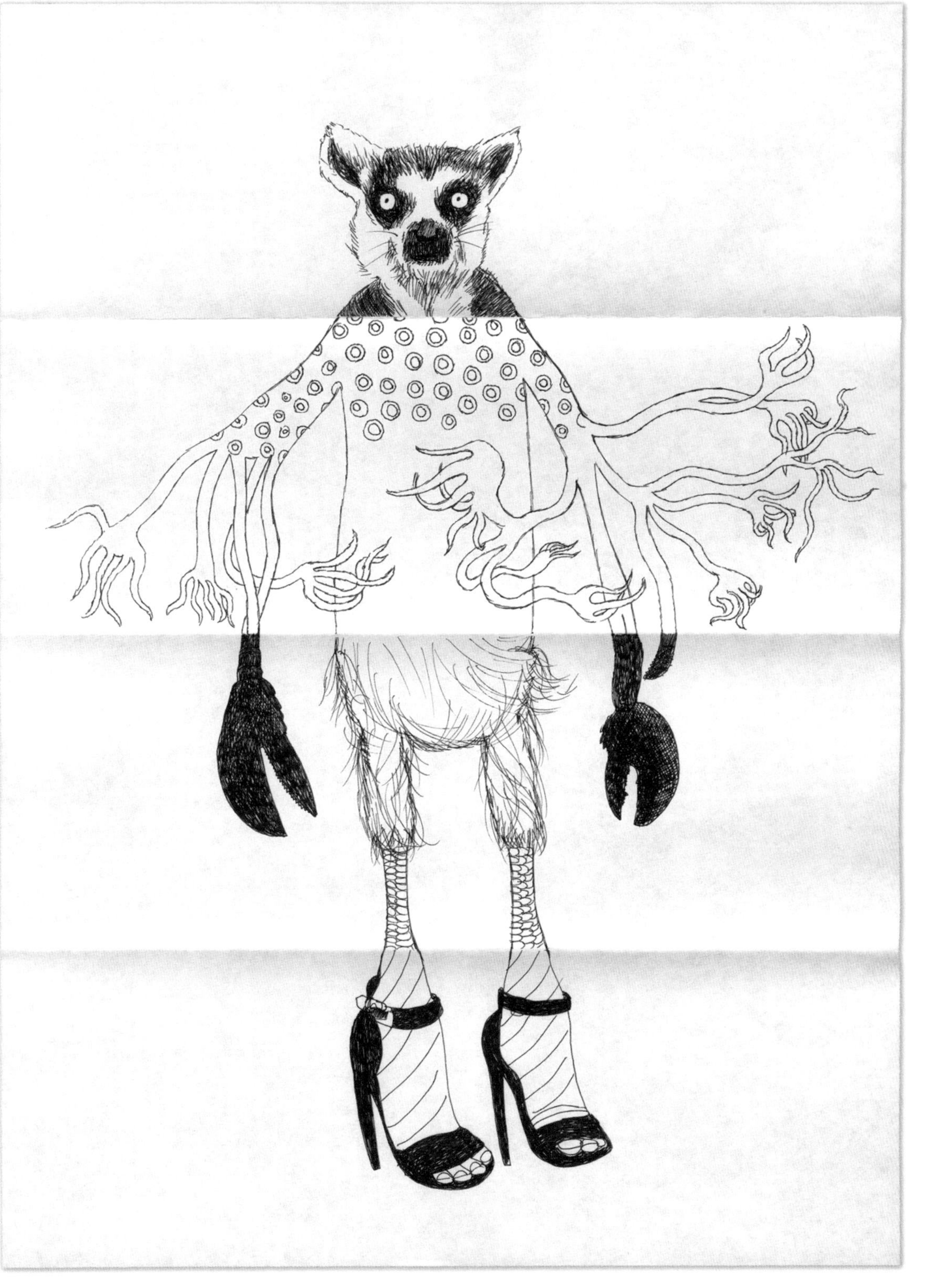

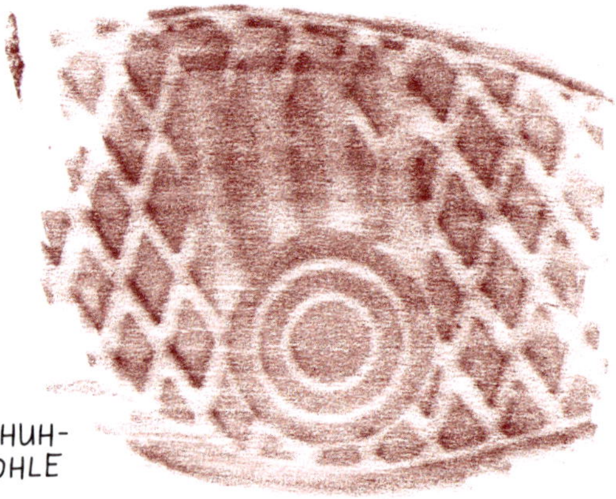

SCHUH-
SOHLE

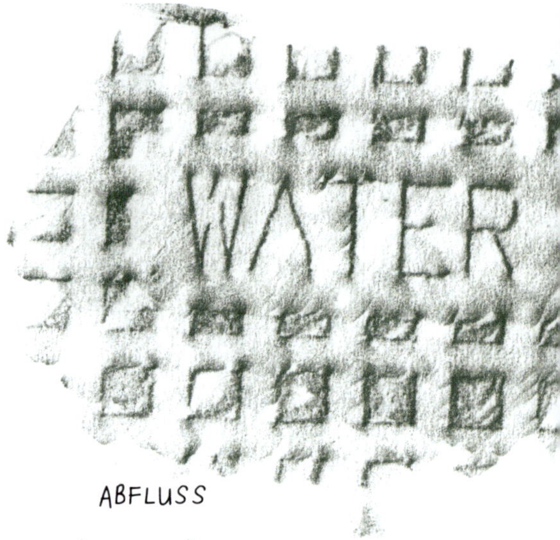

ABFLUSS

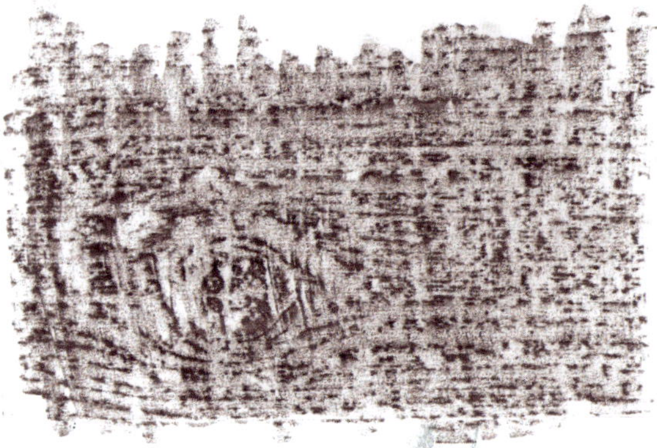

HOLZ

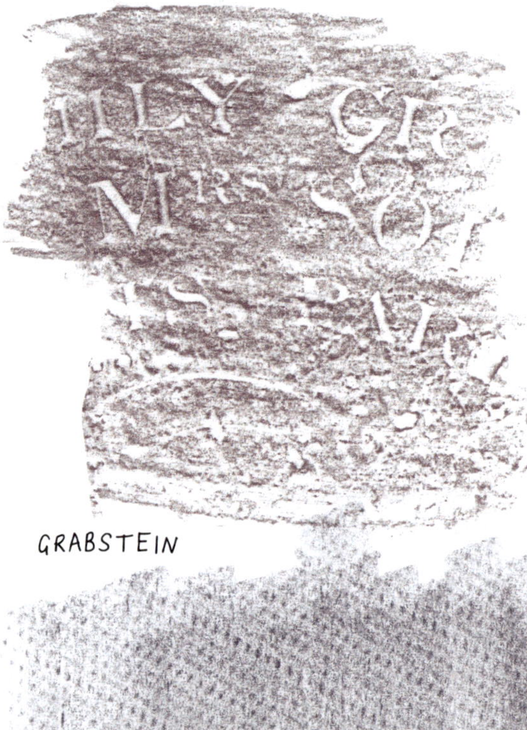

GRABSTEIN

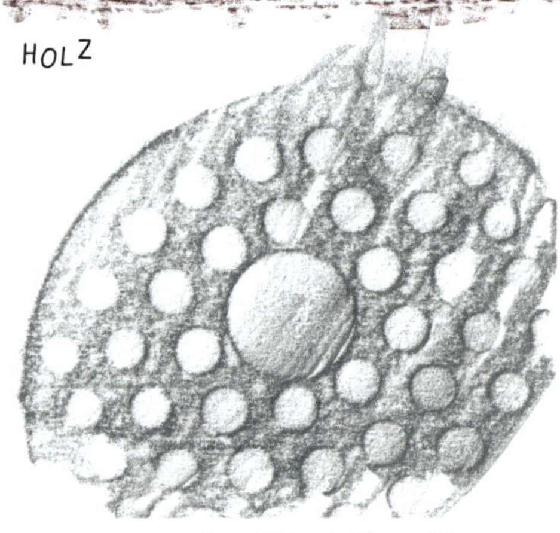

KAFFEEMASCHINE

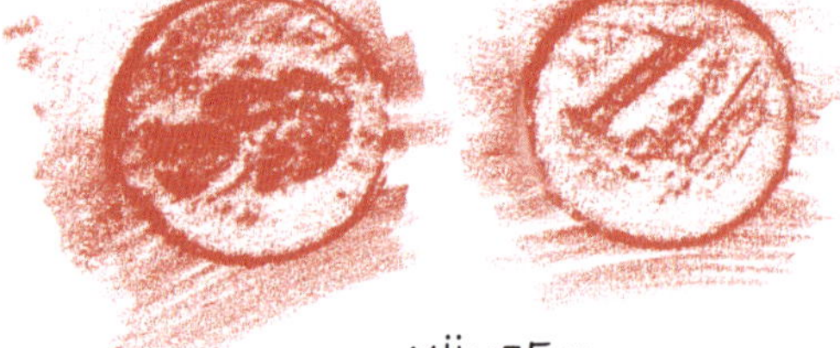

MÜNZEN

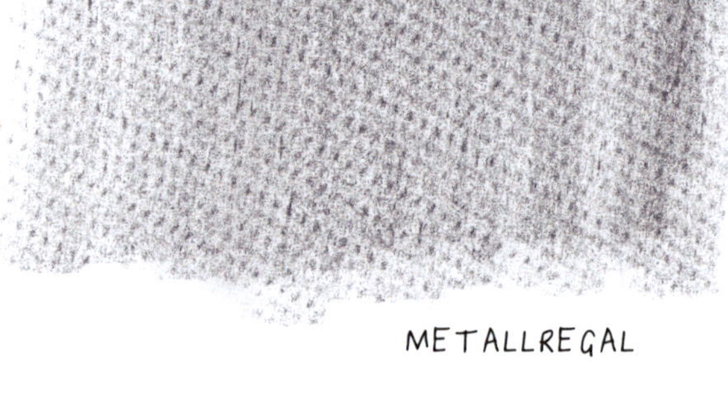

METALLREGAL

FROTTAGE

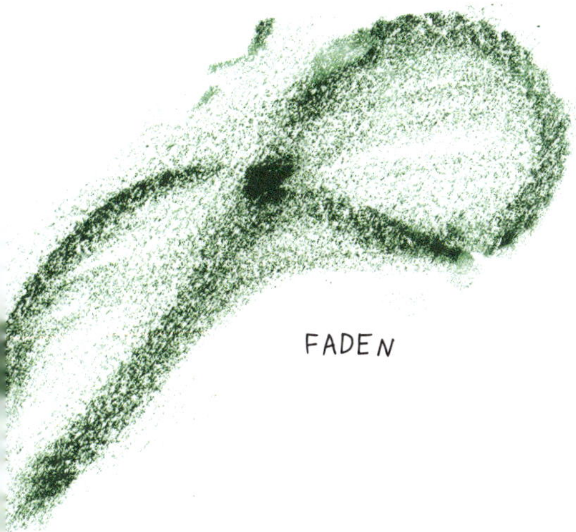

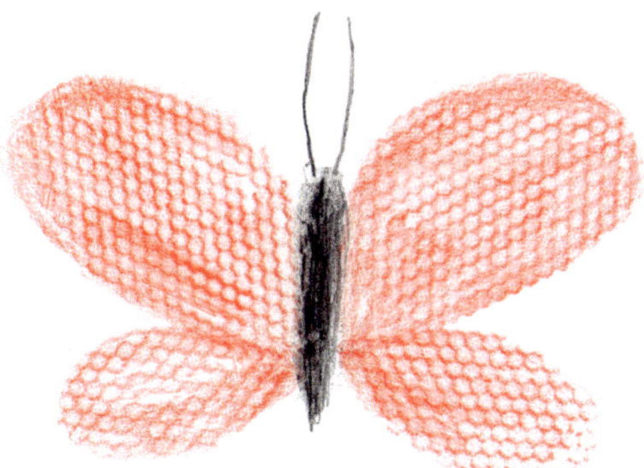

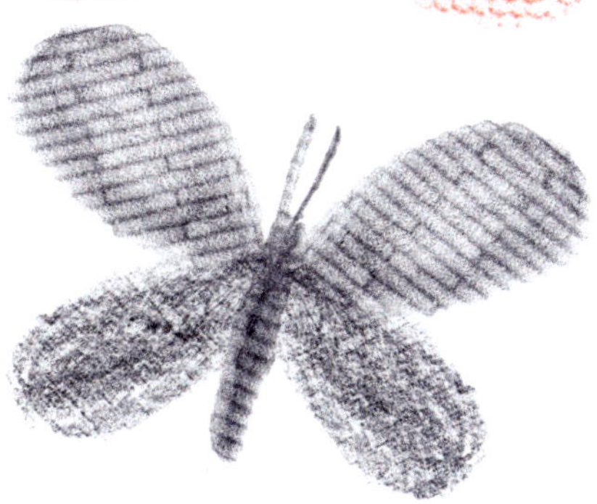

BLEISTIFT-REIBEBILDER

Ich erinnere mich daran, wie ich als Kind Abriebe von Bäumen und Grabsteinen gemacht habe – dieser direkte Kontakt mit Materialien ist sinnlich und magisch. Sie können jede Art von strukturiertem Objekt für Frottage-Kunst verwenden: Versuchen Sie es mit Blättern, Rinde, Steinen oder Münzen. Experimentieren Sie mit verschiedenen Gegenständen und Materialien, um zu sehen, welche Art von Bildern Sie schaffen können. Sie können einige dieser Spuren auch in Kunstwerke einbauen, wie die Schmetterlinge hier.

Kreative Übung

Legen Sie ein Stück Papier auf eine erhöhte, strukturierte Oberfläche oder einen Gegenstand. Reiben Sie mit einem Bleistift oder Buntstift fest über das Papier und heben Sie es ab, damit das Bild sichtbar wird. Suchen Sie so viele verschiedene Gegenstände und Oberflächen wie möglich.

Kreative Inspiration

Die Frottagen von Max Ernst, Mona Hatoum und Eileen Agar.

NACHBILD

OPTISCHE TÄUSCHUNGEN

Betrachten Sie auf der gegenüberliegenden Seite kurz die grünen und blauen Kreise und richten Sie dann Ihren Blick auf die leere Fläche darunter. Beobachten Sie, wie sich die Farben verändern: Grün zu Rot und Blau zu Gelb. Schauen Sie nun auf den weißen Stern auf dieser Seite und dann auf das weiße Rechteck darunter, um einen roten Stern zu sehen. Dies sind Nachbilder, und es ist nützlich, sich dieses Effekts bewusst zu sein, wenn Sie Kunst schaffen. Sie machen auch Spaß!

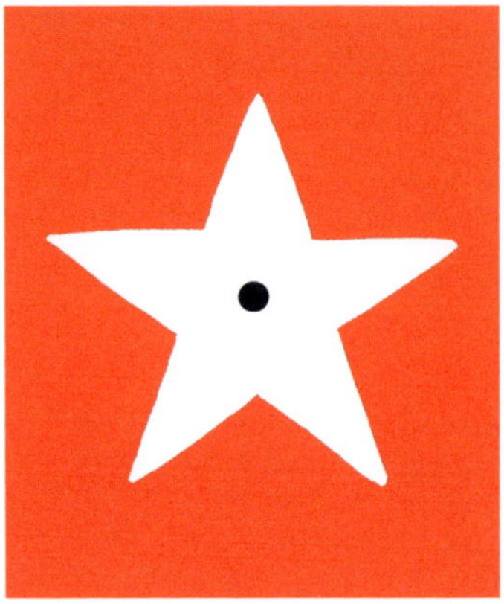

Kreative Übung

Versuchen Sie, ein Kunstwerk mit Komplementärfarben zu gestalten: Orange und Blau, Rot und Grün oder Gelb und Violett. Komplementärfarben werden so genannt, weil die Farben harmonisch zusammenwirken.

Kreative Inspiration

Die Werke von Josef Albers, Anni Albers und Yayoi Kusama.

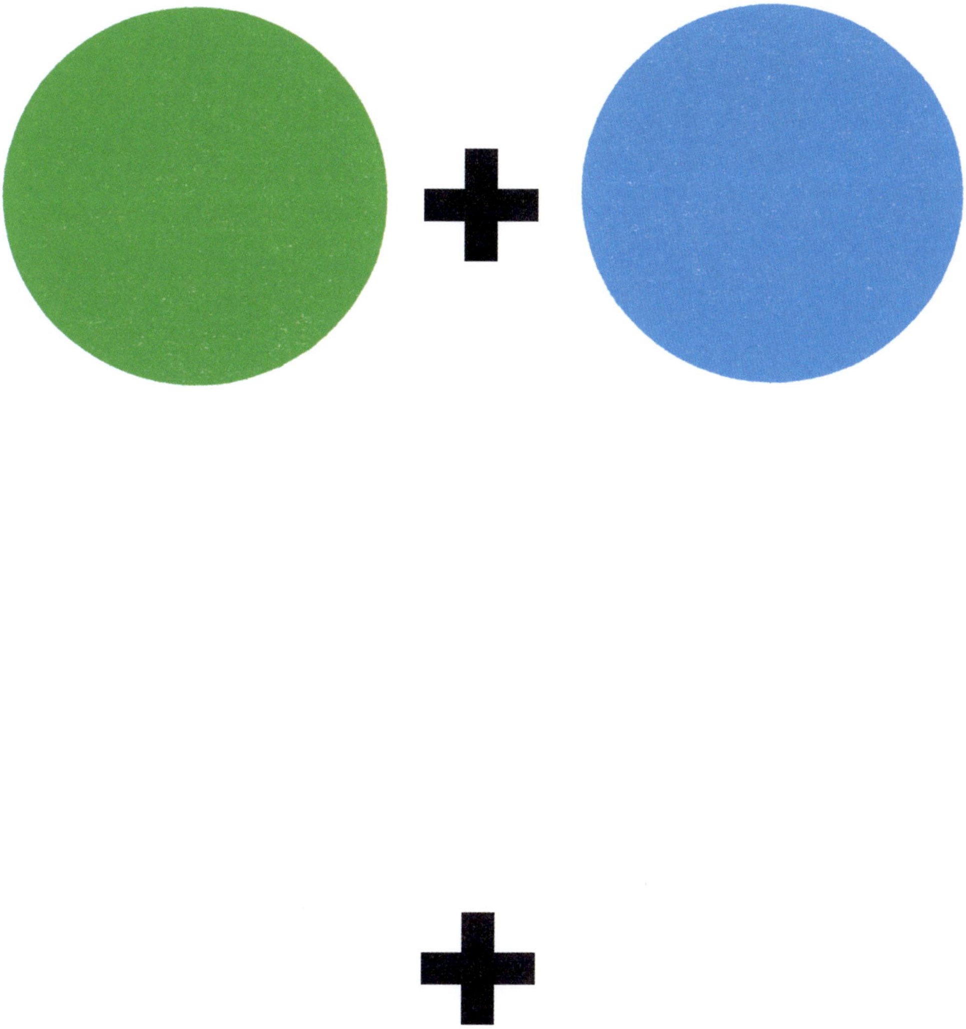

GESICHTER ÜBERALL

PAREIDOLIE

Gesichtspareidolie, die Neigung, Gesichter in Alltagsgegenständen zu sehen, ist im menschlichen Gehirn fest verankert. Dies war eines der ersten Projekte, die ich an der Kunsthochschule durchgeführt habe, und es hat meine Sichtweise auf die Welt um mich herum wirklich verändert. Sich etwas vorzustellen, das nicht da ist – in diesem Fall, Formen oder Gesichter zu sehen, wo sie nicht sind – das ist es, worum es bei der Kreativität geht.

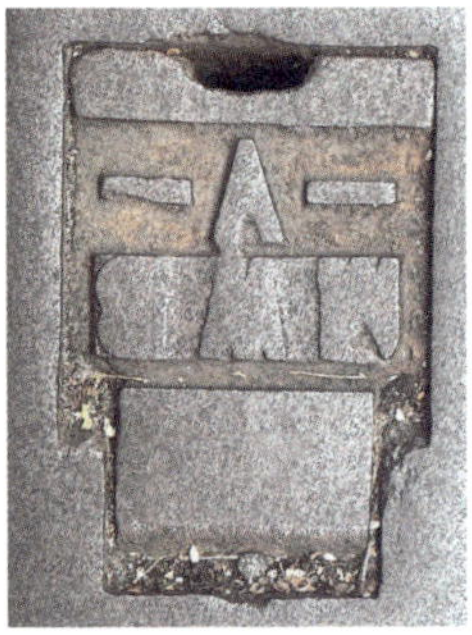

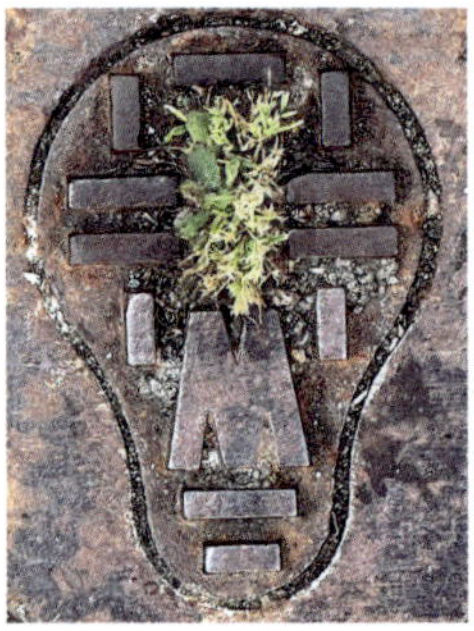

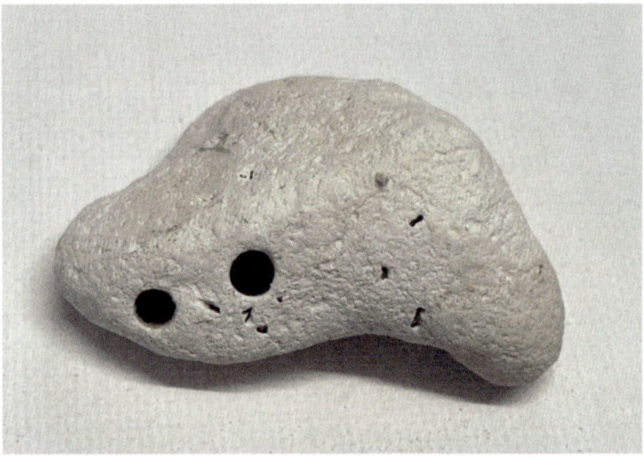

Kreative Übung

Fotografieren Sie eine Woche lang alle »Gesichter«, die Sie in Ihrer Umgebung finden. Wenn Sie können, drucken Sie die Bilder und schaffen Sie damit eine Galerie aus Gesichtern.

Kreative Inspiration

Die Werke von Christoph Niemann und Saul Steinberg.

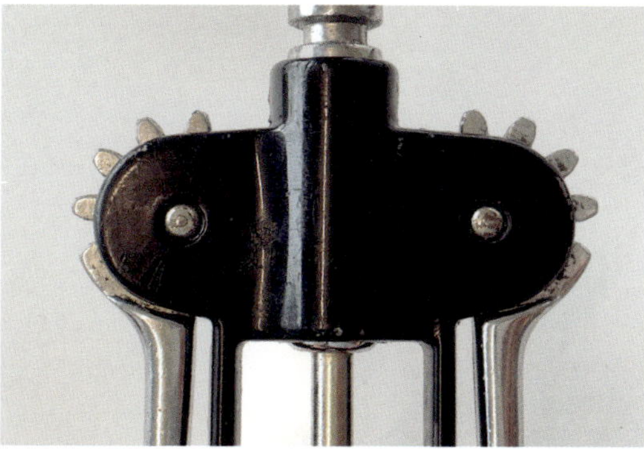

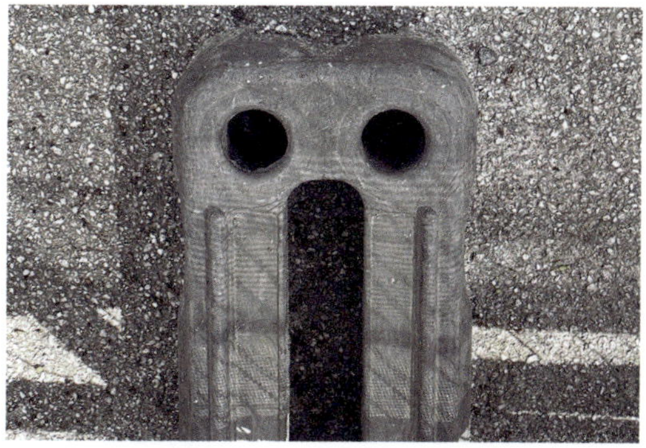

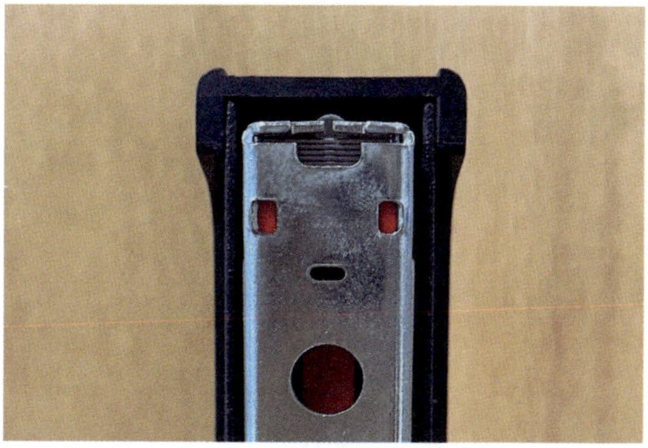

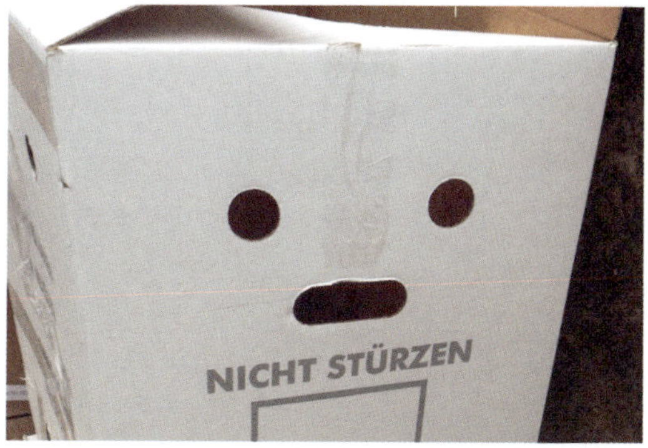

NICHT STÜRZEN

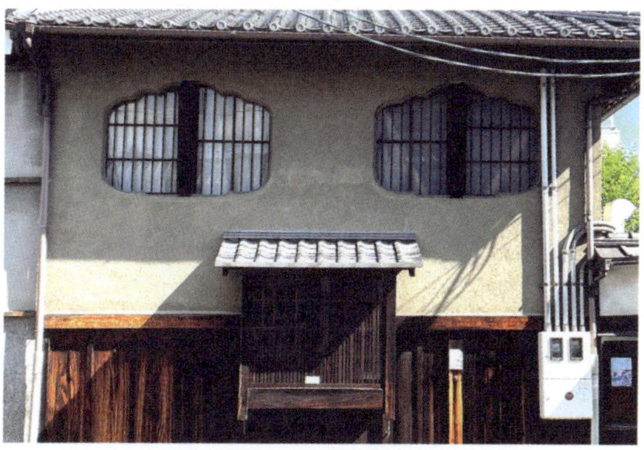

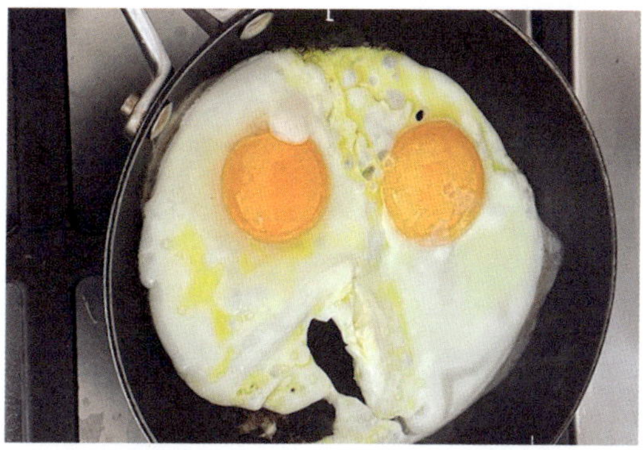

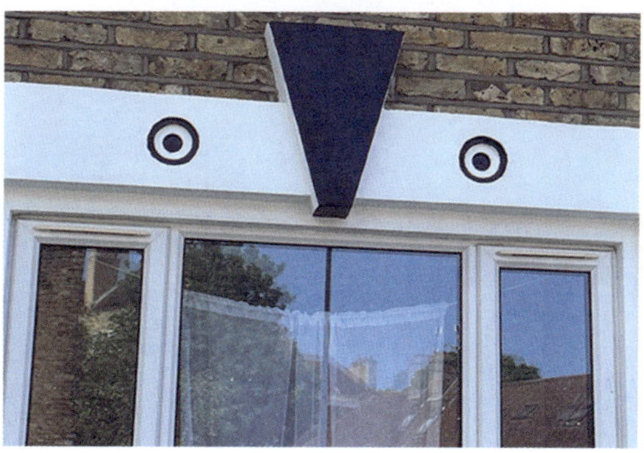

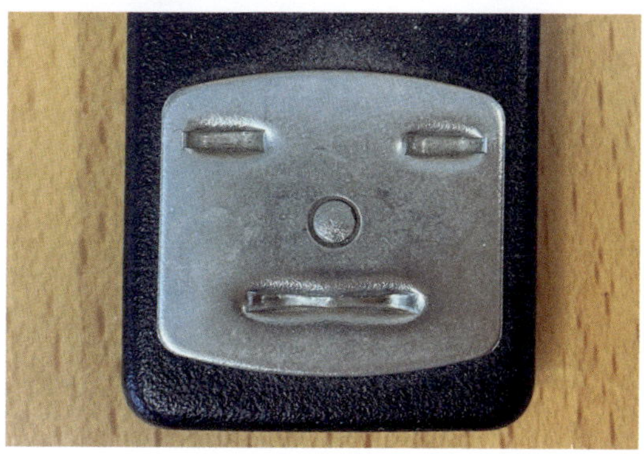

FEHLER SIND GUT

In den Worten von Bob Ross: »Es gibt keine Fehler, nur glückliche Zufälle.« Einige bemerkenswerte Entdeckungen – wie Penicillin und die Farbe Mauve – begannen tatsächlich als Fehler. Meine besten Arbeiten entstehen oft dann, wenn ich Fehler zulasse. Das ist eine Frage der Einstellung. Wenn ich am Computer sitze, neige ich dazu, meine Fehler sofort zu korrigieren. Wenn ich jedoch mit traditionellen Zeichenmaterialien arbeite, wird ein verschüttetes Tintenfass oder eine unerwartete Farbmischung zu einer Gelegenheit zum Experimentieren und Spielen. Entscheidend ist, diese Haltung anzunehmen und sich auf diese Arbeitsweise einzulassen.

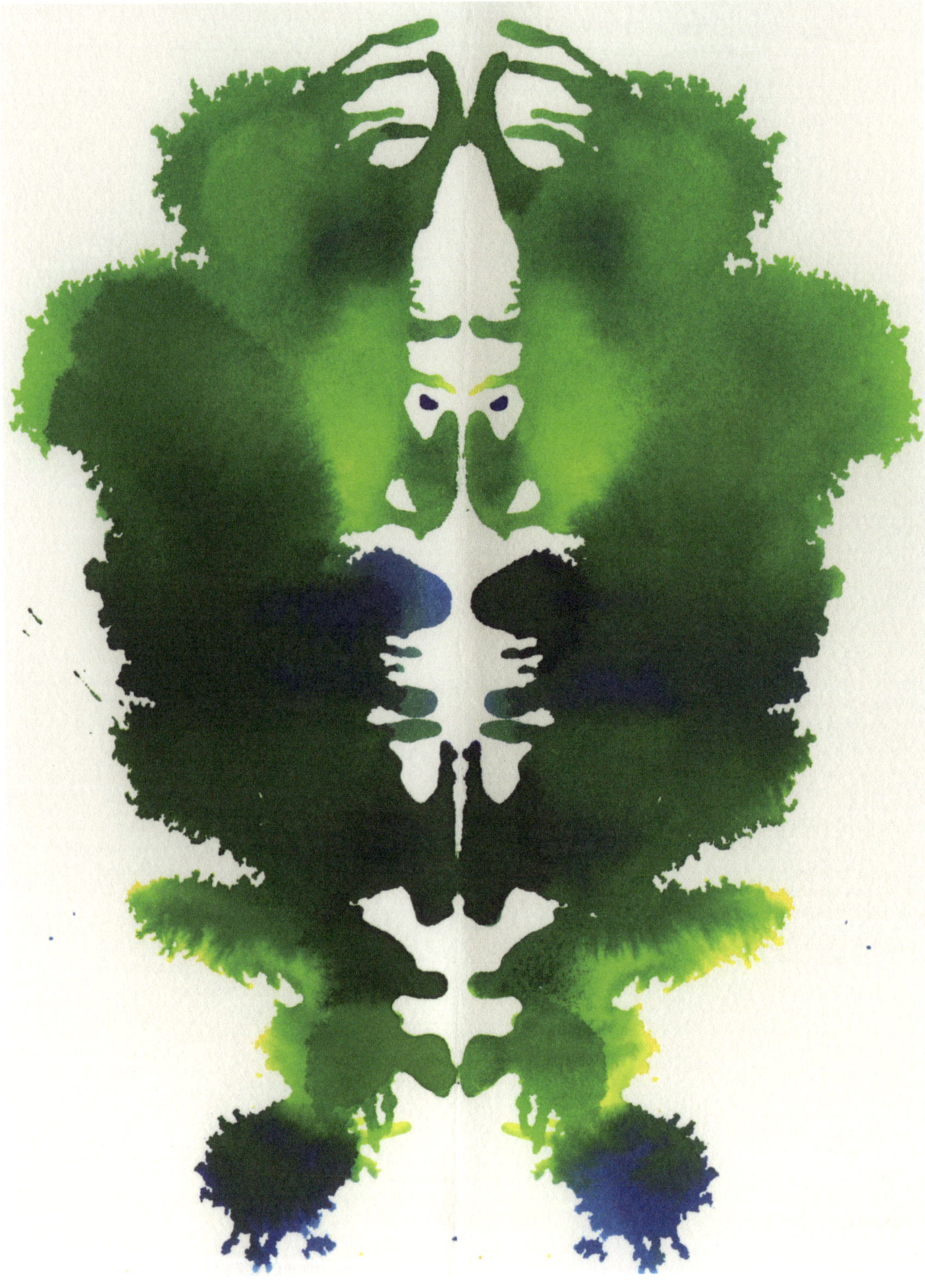

TINTE VERSCHÜTTEN

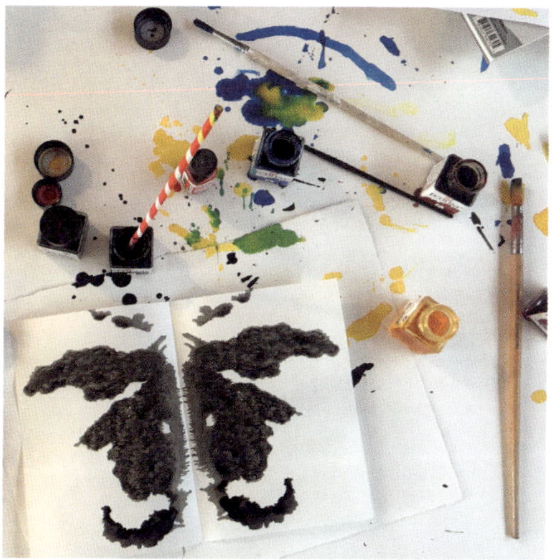

RORSCHACHTEST

Ein Tintenklecks- oder Rorschachtest ist eine psychologische Untersuchung, bei der die Interpretation eines Tintenkleckses etwas über Sie aussagen soll, aber Tintenkleckse und Kunstwerke sind auch allein wegen ihrer Schönheit zu schätzen. Das Überraschungsmoment macht einen großen Teil des Kunstgenusses aus, und die Tintenklecks-Technik eignet sich bestens dazu. Sie können schwarze Tinte, farbige Tinte oder Farbe verwenden.

Kreative Übung

Falten Sie ein Blatt Aquarellpapier in der Mitte, klappen Sie es auf und setzen Sie mit einem Pinsel oder Strohhalm einige Tuschekleckse auf eine Seite. Falten Sie es um und drücken Sie es leicht an. So entstehen einzigartige Formen und kreaturenähnliche Zeichen.

Kreative Inspiration

Die Kleckse von Cornelia Parker und Mary Wagner.

FLOWER-POWER

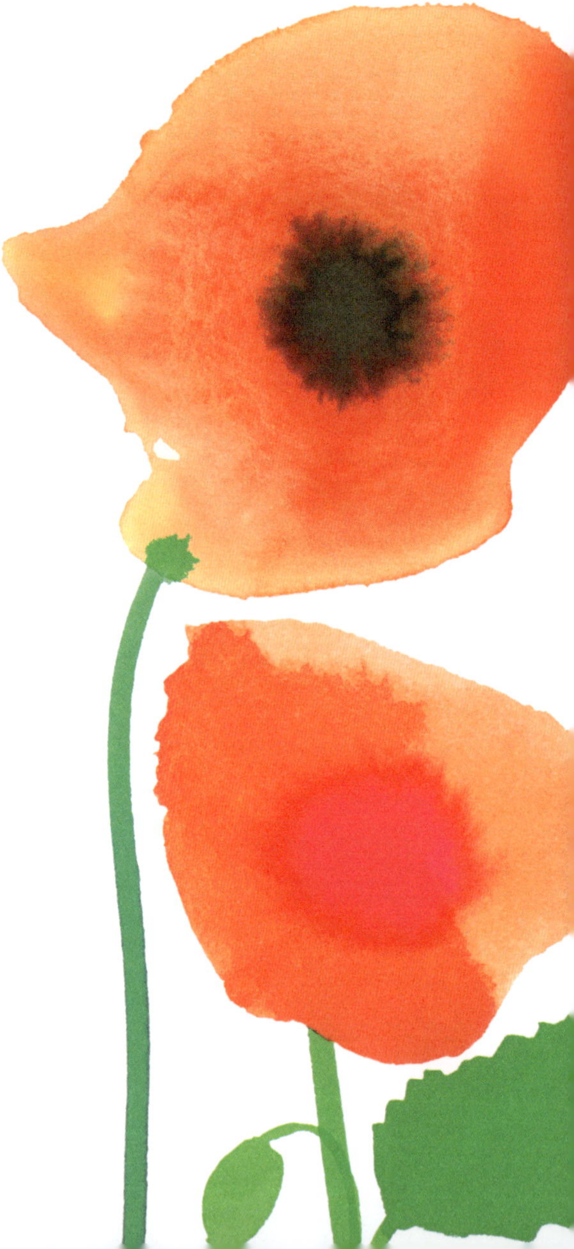

BLUMEN ZEICHNEN UND MALEN

»Wenn du eine Blume in die Hand nimmst und sie genau ansiehst, ist sie für einen Moment deine Welt.« Ich liebe dieses Zitat von Georgia O'Keeffe, die in ihrem Leben viele wunderschöne Blumen gemalt hat. Diese einfachen Mohnblumen wurden mit Aquarellfarben gemalt, wobei Farbe auf Farbe getropft wurde. Blumen zum Betrachten oder Malen gibt es überall, sogar Unkraut, das auf dem Gehweg wächst, hat oft schöne Blüten. O'Keeffe sagte: »Sehen braucht Zeit«, also nehmen Sie sich ein wenig Zeit und lassen Sie sich von einer Blume inspirieren.

Kreative Übung

Versuchen Sie, Blumen oder Unkräuter direkt zu zeichnen oder zu malen. Studieren Sie die Blätter, Stängel und Farben genau und machen Sie einige Studien in Ihrem Skizzenbuch. Finden Sie ihre Namen heraus und notieren Sie sie neben den Zeichnungen.

Kreative Inspiration

Die Blumen von Alan Fletcher und Georgia O'Keeffe und die wunderschönen botanischen Zeichnungen von Michael Landy.

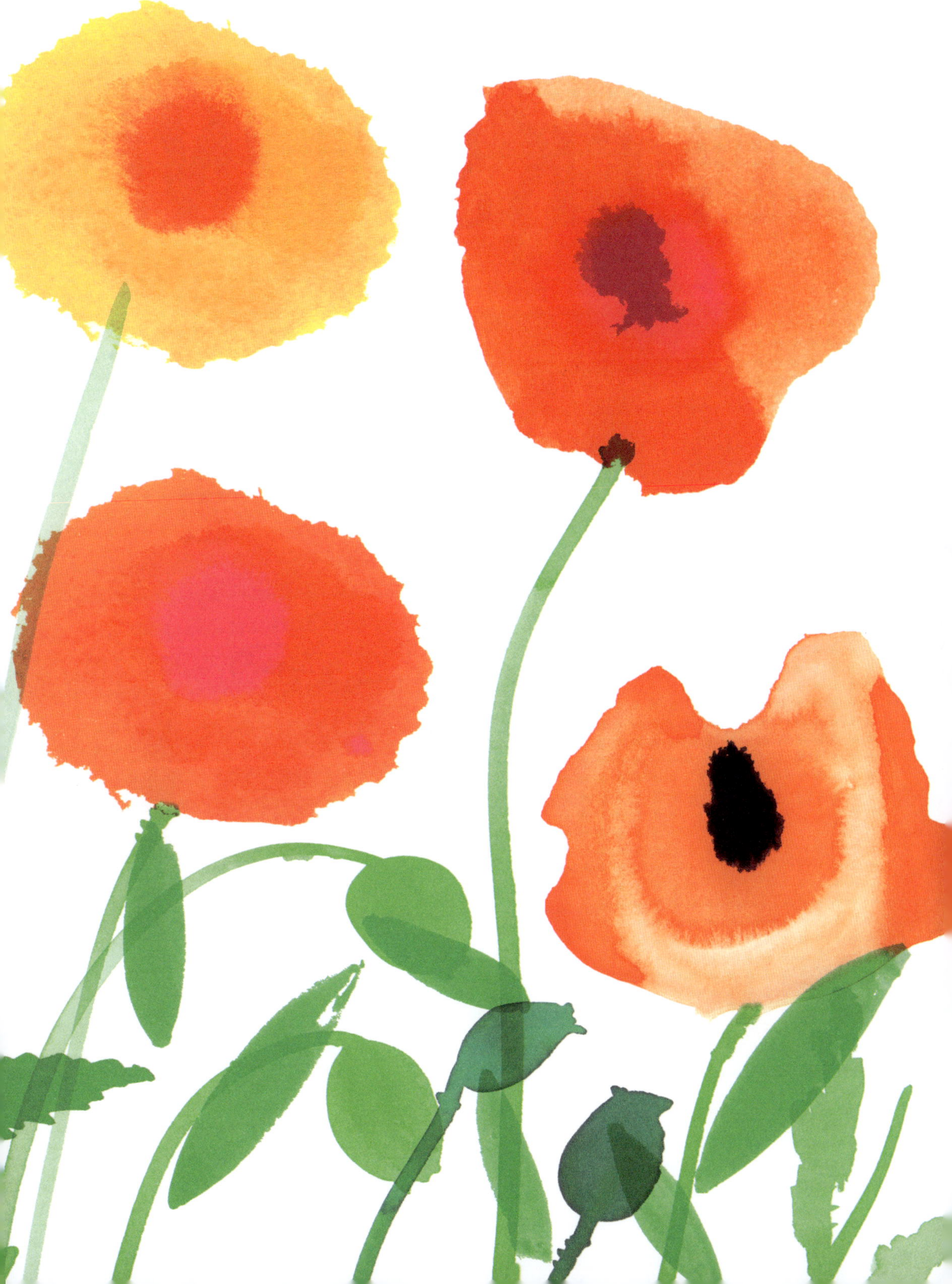

KLECKS-LINIE

TINTENKLECKSE

Eine interessante Linienführung ist die halbe Miete für eine gelungene Zeichnung. Die unscharfen Linien auf dieser Hundezeichnung sind von Andy Warhols Tintenklecks- oder Monoprint-Technik inspiriert. Zeichnen Sie dazu mit einem Tuschestift und Tinte auf einer glänzenden Papier- oder Glasoberfläche. Drücken Sie ein sauberes Blatt Papier darauf, reiben Sie es leicht an und heben Sie es vorsichtig ab. Das so entstandene umgekehrte Bild mit seinen unregelmäßigen Klecksen und unterbrochenen Linien besteht aus unerwarteten Spuren, aber genau das macht seinen Reiz aus.

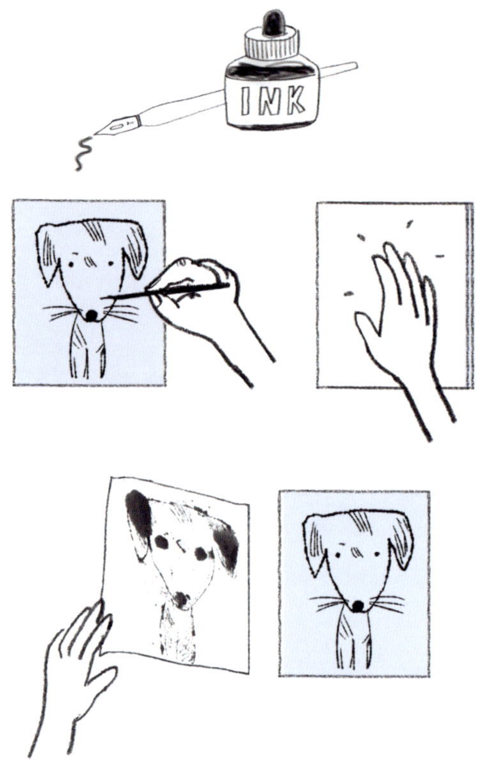

Kreative Übung

Experimentieren Sie mit Feder- und Tuschezeichnungen in der Tintenklecks-Technik. Wenn Sie das Löschpapier an einem Ende mit Klebeband befestigen, um ein Scharnier zu bilden, können Sie es langsamer zeichnen.

Kreativer Schnellschuss

Verwenden Sie Kohlepapier zum Zeichnen. Damit erhalten Sie eine wunderbar verwischte Linie.

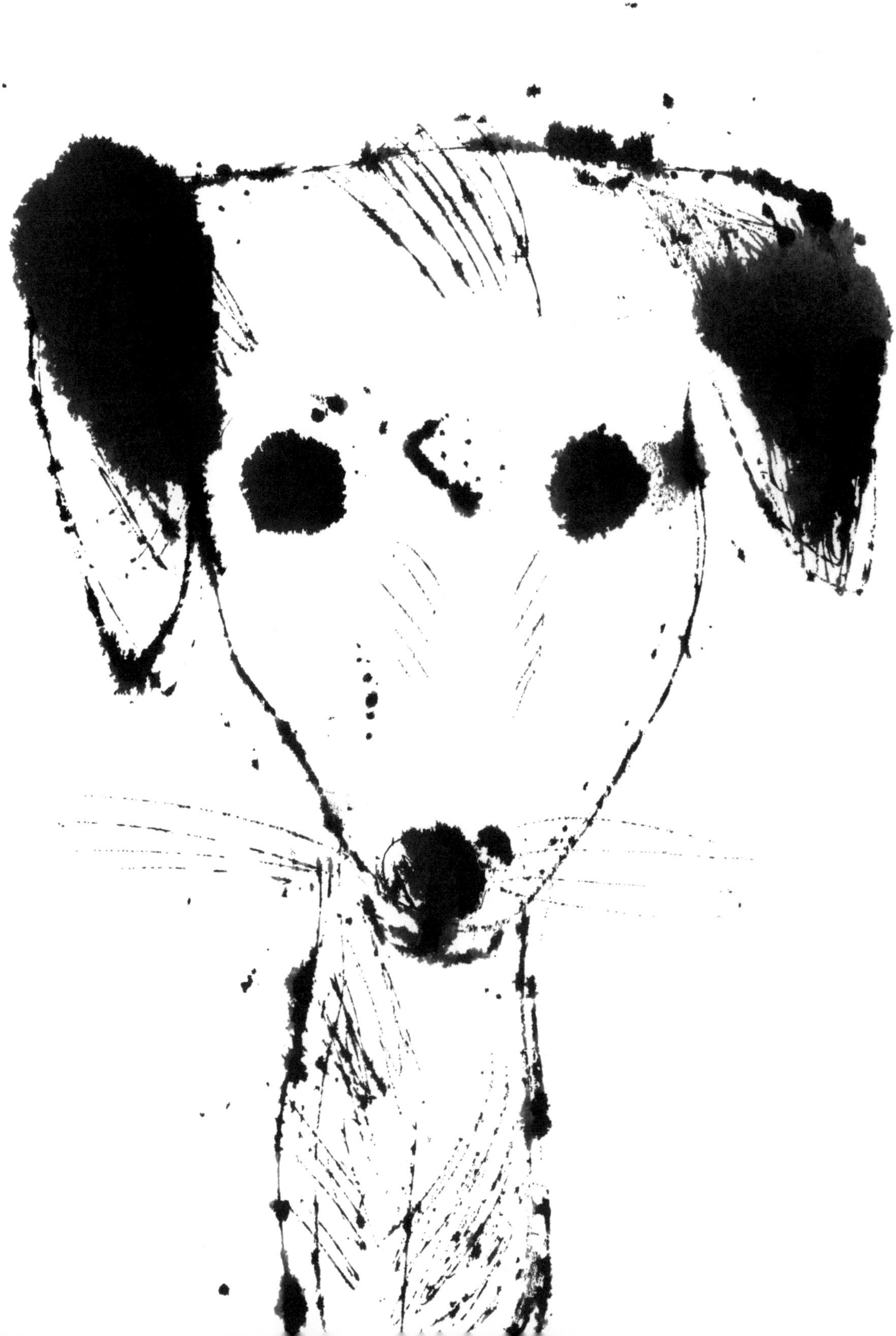

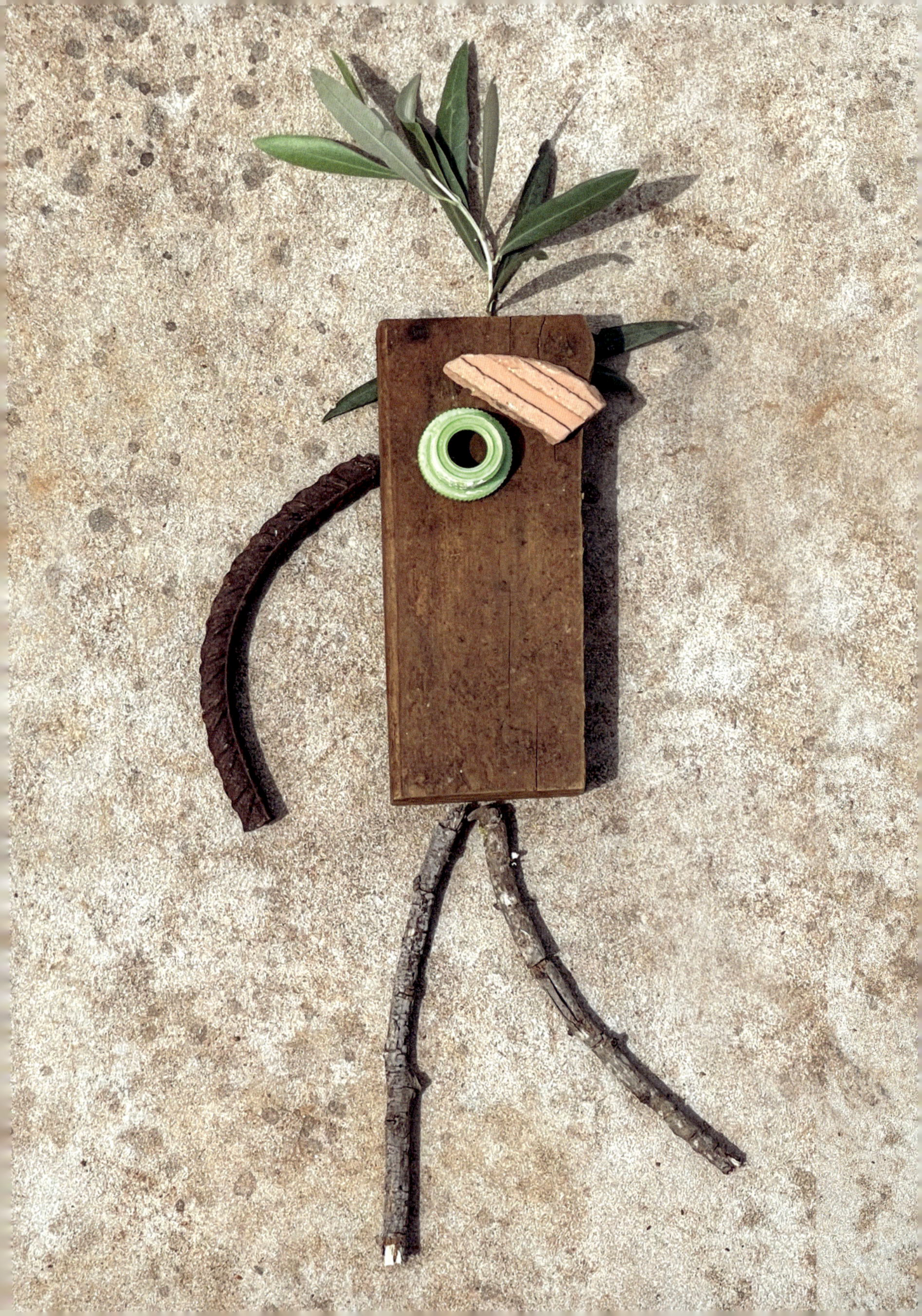

MATERIAL-BILDER

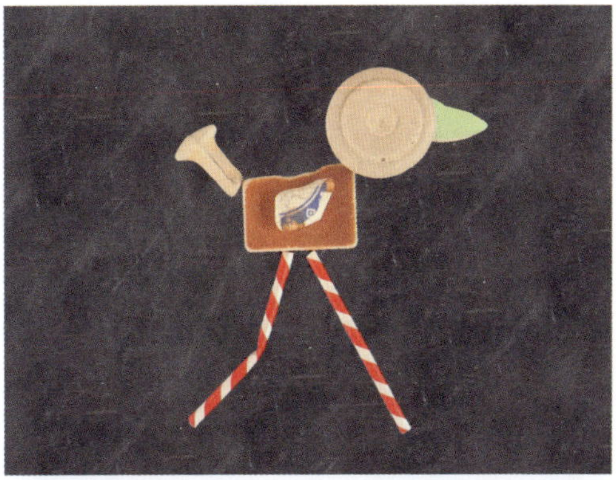

ASSEMBLAGE

Ich verwende gerne gefundene Gegenstände für meine Kunst. Meine Figuren sind aus Dingen gemacht, die ich zu Hause, auf der Straße, am Strand und in Trödelläden gefunden habe: Holzfragmente, antike Schlüssel, Strohhalme und Müll. Dieses Projekt ermutigt Sie dazu, überall zu gestalten und die Welt um sich herum neu zu entdecken. Sie werden feststellen, dass sich alles in Kunst verwandeln lässt.

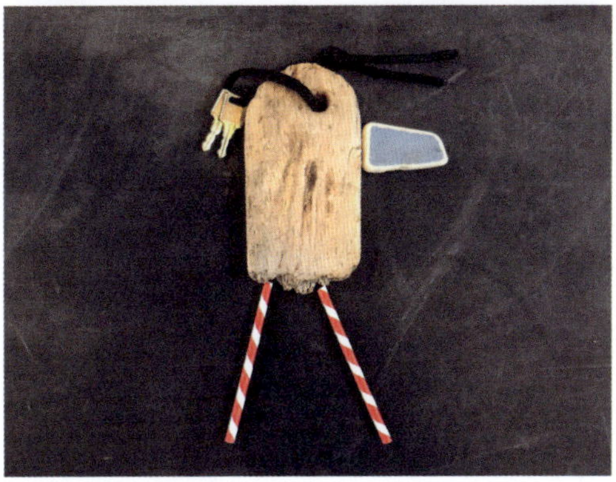

Kreative Übung

Sammeln Sie Objekte und arrangieren Sie sie auf farbigen Hintergründen oder Oberflächen. Experimentieren Sie mit der Beleuchtung. Machen Sie Fotos von Ihrer Arbeit.

Kreative Inspiration

Die Werke von Joseph Cornell und Rosalie Gascoigne.

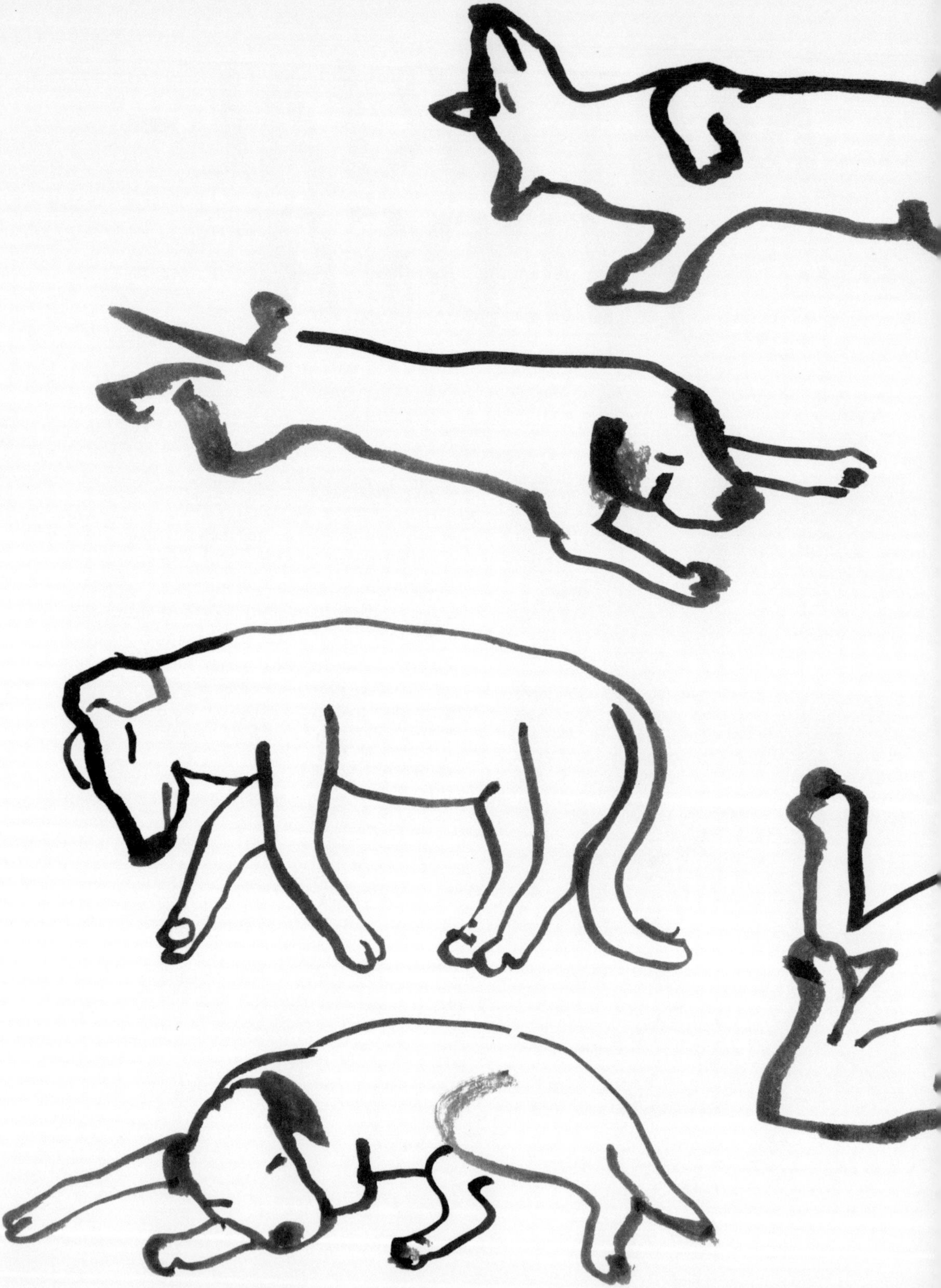

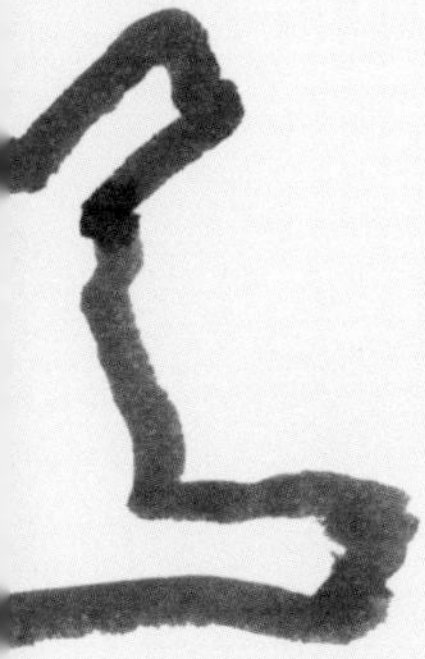

SCHLAFENDE HUNDE

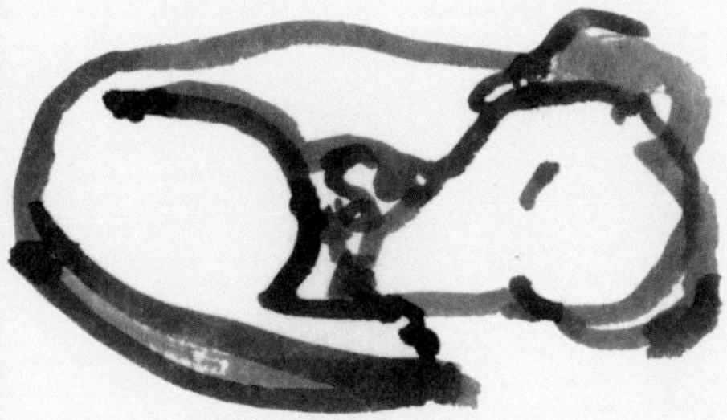

TUSCHEZEICHNUNGEN

Hunde lassen sich nur schwer zeichnen, versuchen Sie es also, wenn sie schlafen. Versuchen Sie, darzustellen, wie sich Hunde fühlen, anstatt eine genaue anatomische Zeichnung anzufertigen. Sie wollen eine Stimmung einfangen. Ich habe diese Hunde mit einem Rundpinsel und schwarzer Tusche gezeichnet, die ich verwässert habe, um ihnen etwas mehr Struktur zu geben. Ich habe eine Mischung aus Fotos und meinem eigenen Hund verwendet, der oft neben mir liegt, wenn ich arbeite.

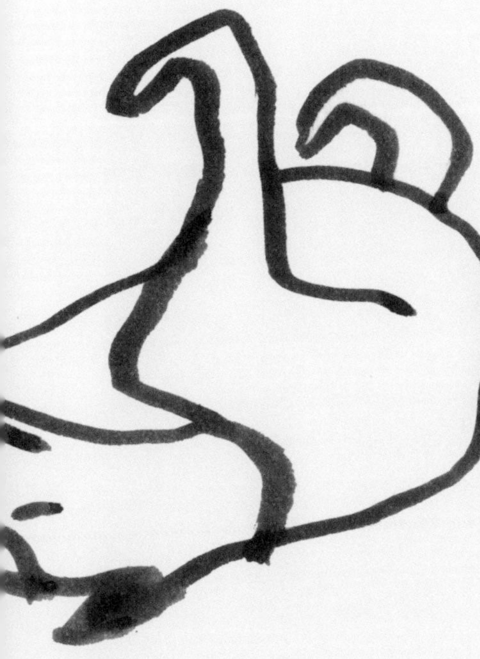

Kreative Übung

Wählen Sie mindestens drei sehr unterschiedliche Medien – zum Beispiel Farbe, Collage und Buntstift – und versuchen Sie, schlafende Hunde auf möglichst viele verschiedene Arten zu zeigen, aber alle auf ein und demselben Blatt Papier.

Kreative Inspiration

Zeichnungen und Gemälde von David Hockney und Sally Muir.

BLÄTTER-KREIS

ZEICHNUNG MIT DER NATUR

Ich liebe es, wenn sich die Blätter im Herbst verfärben. Nutzen Sie diese flüchtige Zeit, um mit ihnen Kunst zu machen. Ich habe diese Ahornblätter in einem Kreis angeordnet und die Farben miteinander vermischt. Schon das Sammeln der verschiedenen Farbabstufungen macht Freude. Nutzen Sie zwei Stöcke, um den Kreis zu formen: Stecken Sie einen als Zentrum in den Boden und bewegen Sie den anderen wie einen Zeiger, um die Blätter genau zu positionieren.

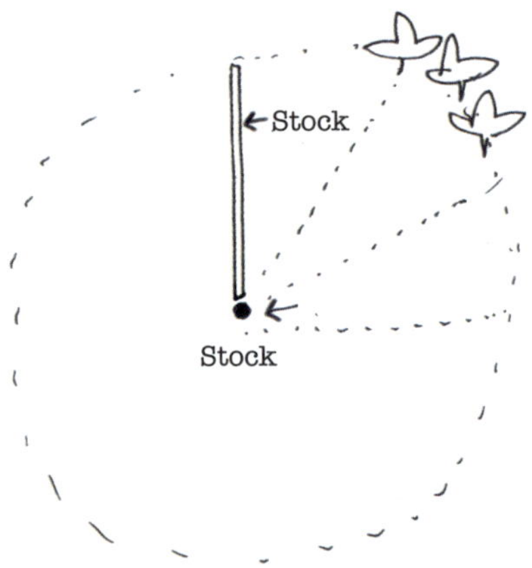

Kreative Übung

Sammeln und sortieren Sie Blätter nach Farben, um verschiedene kleine und große Kunstwerke zu schaffen, wie zum Beispiel diesen Regenbogenpfad. Ein Teil des Spaßes besteht darin, dass man etwas in der Natur schafft, das andere entdecken können.

Kreative Inspiration

Die Werke von Andy Goldsworthy, Ai Weiwei und Jenny Kendler.

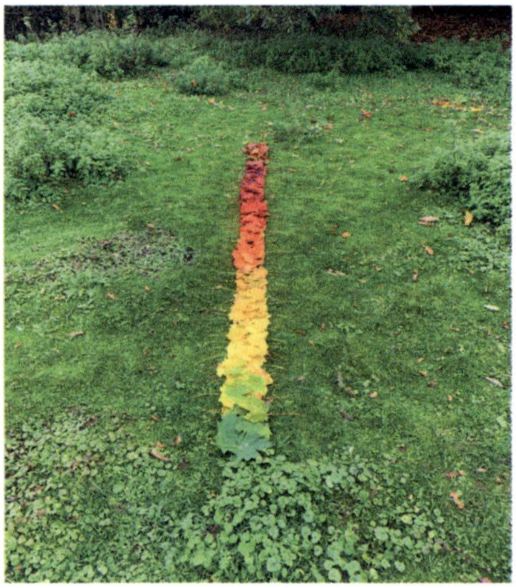

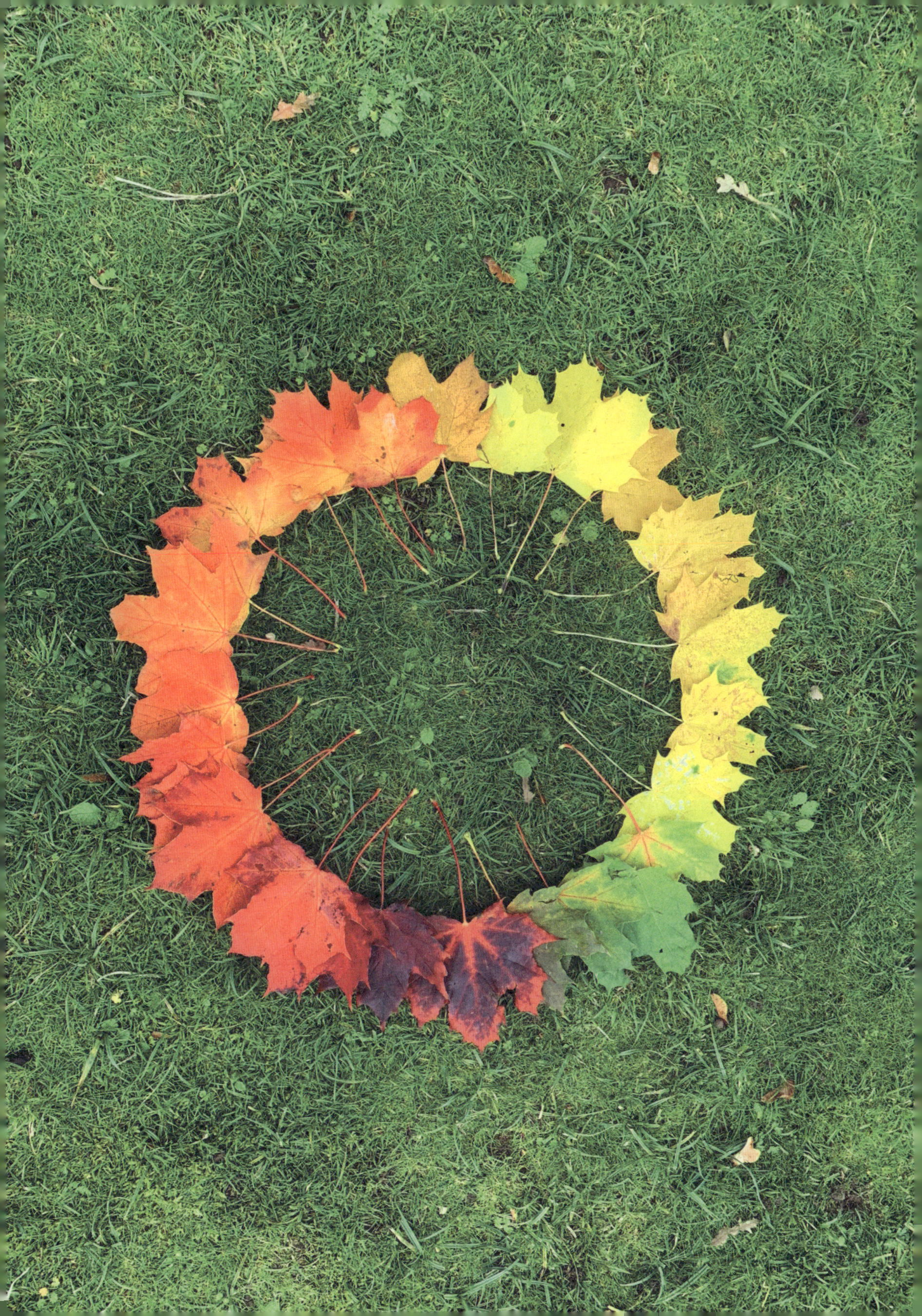

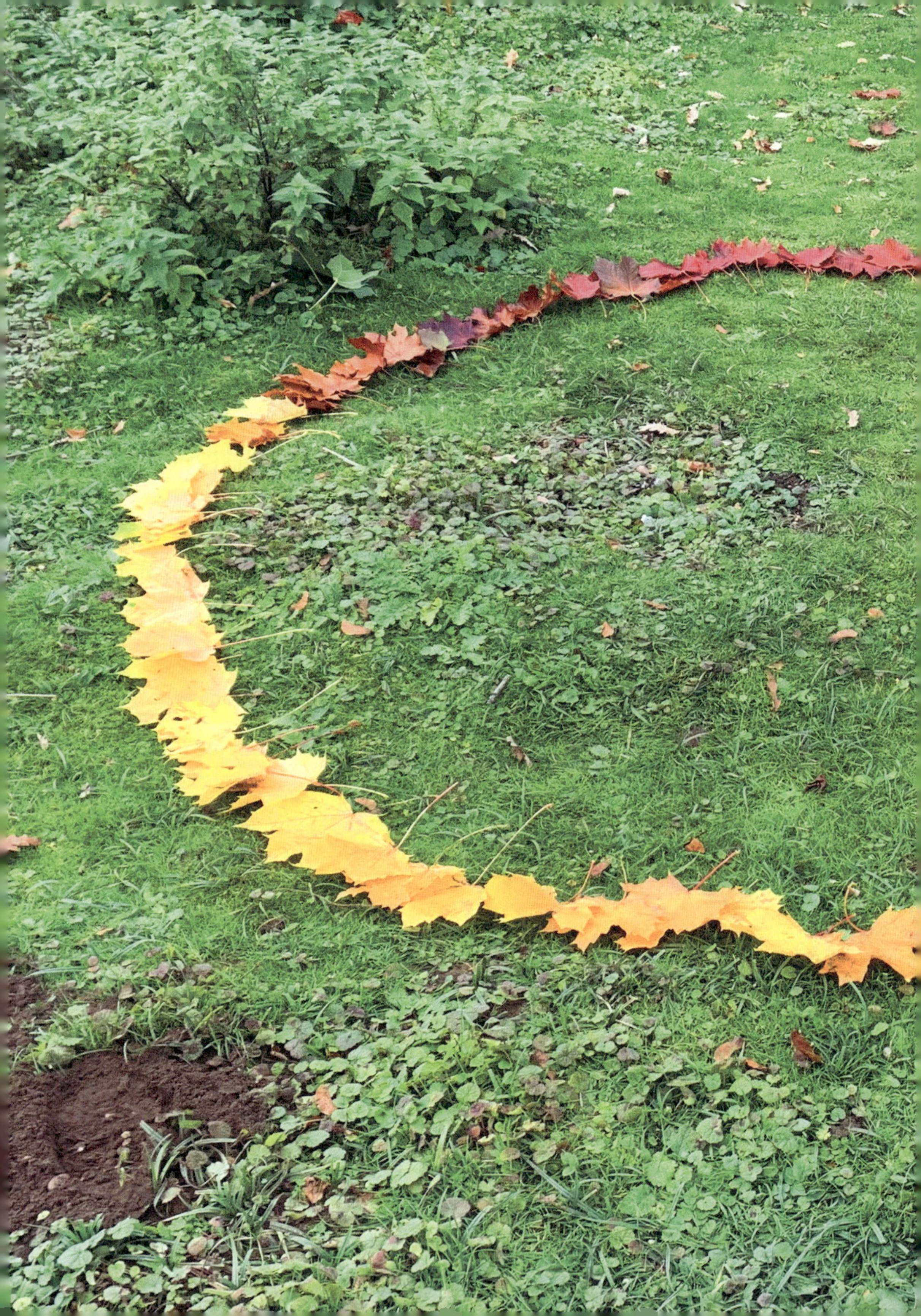

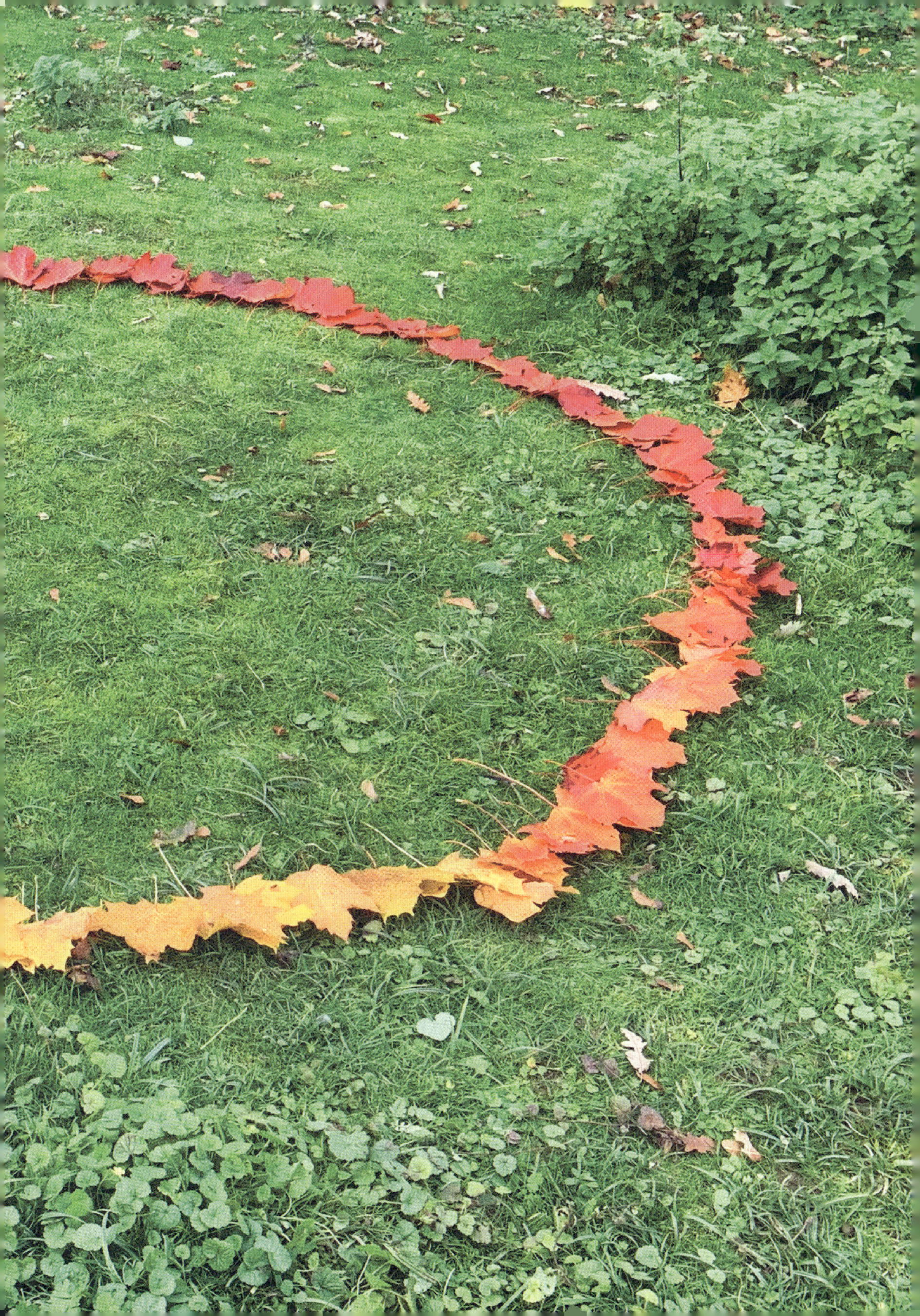

ÜBERALL TEXT

BUCHSTABEN SUCHEN

Schauen Sie sich um: Buchstaben sind überall! Von Straßenschildern bis hin zu Ladenfronten, jede hat ihren eigenen Stil. Nehmen Sie eine Kamera oder ein Smartphone zur Hand, um diese einzigartigen Schriftarten einzufangen. Sie werden die Welt mit anderen Augen sehen und die kleinen Details bemerken, die jeden Buchstaben besonders machen. Es ist eine lustige und einfache Art, Ihre Umgebung zu erkunden – oder neu zu entdecken.

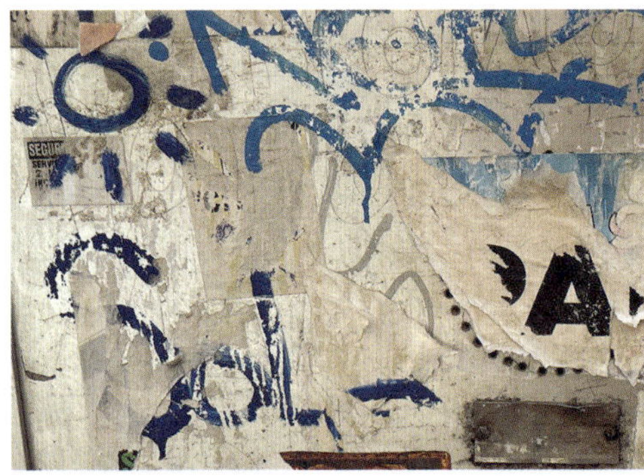

Kreative Übung

Stellen Sie Ihre eigenen Fotos mit Texten aus Ihrer Umgebung zusammen. Legen Sie die Bilder so an, dass der Kontrast zwischen den Stilen verstärkt wird. Dies kann digital oder physisch geschehen.

Kreativer Schnellschuss

Machen Sie Fotos von beschädigten Mauern. Viele Kunstschaffende haben sich von der Patina und den Farben der Fassaden in unseren Städten und Straßen beeinflussen lassen, darunter Robert Rauschenberg.

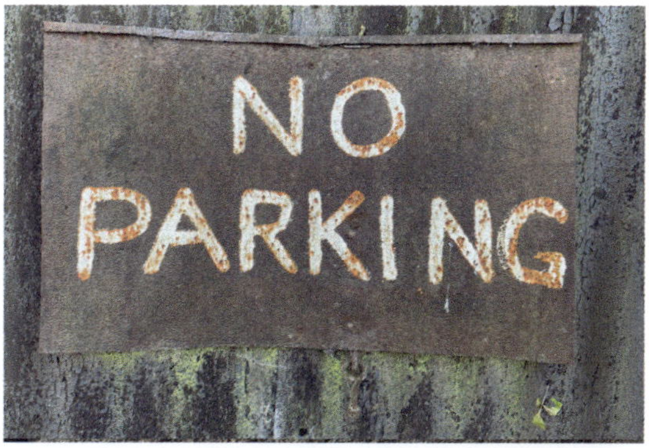
NO
PARKING

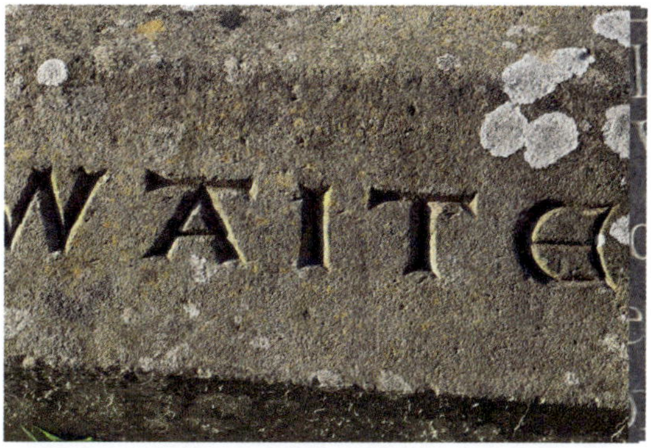
WAITE

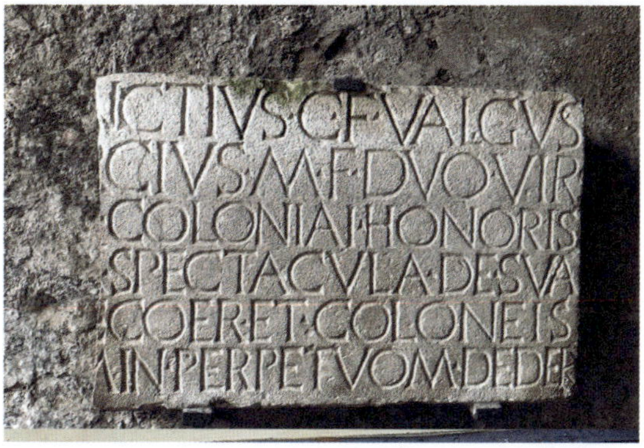
ICTIVS·C·F·VALGVS
CIVS·M·F·DVO·VIR
COLONIAI·HONORIS
SPECTACVLA·DE·SVA
COER·ET·COLONEIS
IN·PERPETVOM·DEDER

BO

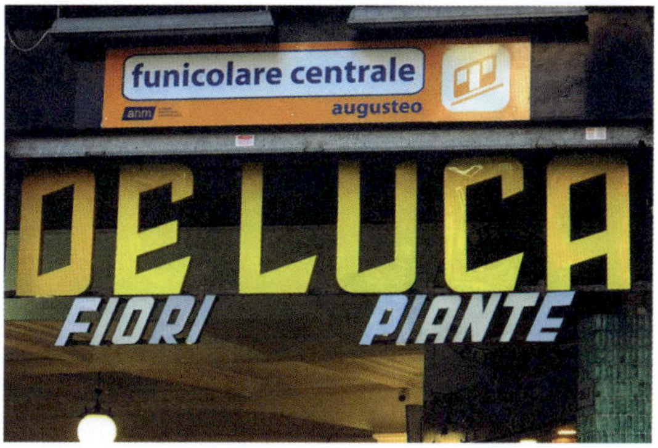
funicolare centrale
augusteo
anm
DE LUCA
FIORI
PIANTE

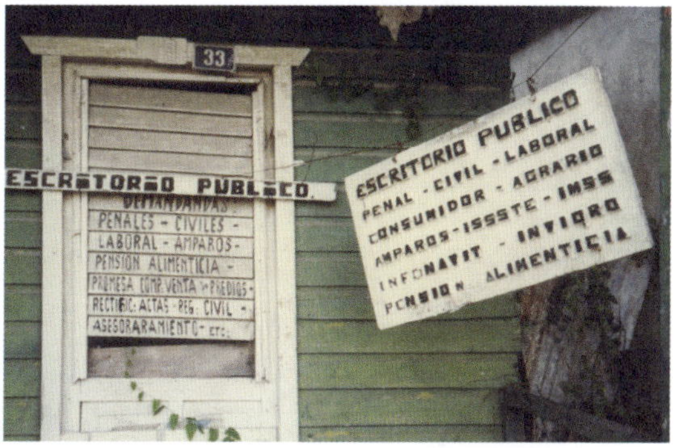
33
ESCRITORIO PUBLICO
DEMANDAS
PENALES - CIVILES -
LABORAL - AMPAROS -
PENSION ALIMENTICIA -
ASESORAMIENTO - etc.
ESCRITORIO PUBLICO
PENAL - CIVIL - LABORAL
CONSUMIDOR - AGRARIO
AMPAROS - ISSSTE - IMSS
INFONAVIT - INVIQRO
PENSION ALIMENTICIA

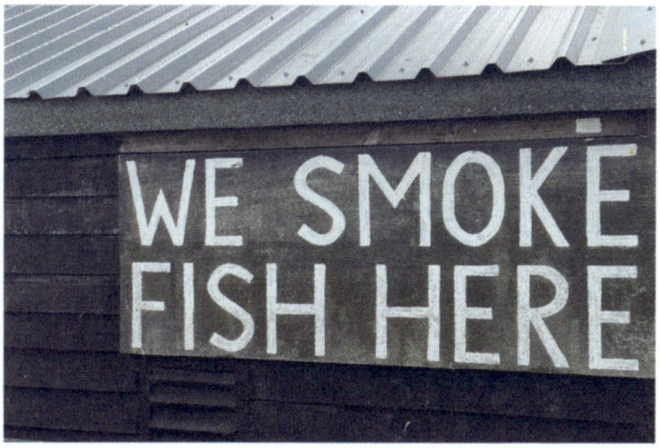
WE SMOKE
FISH HERE

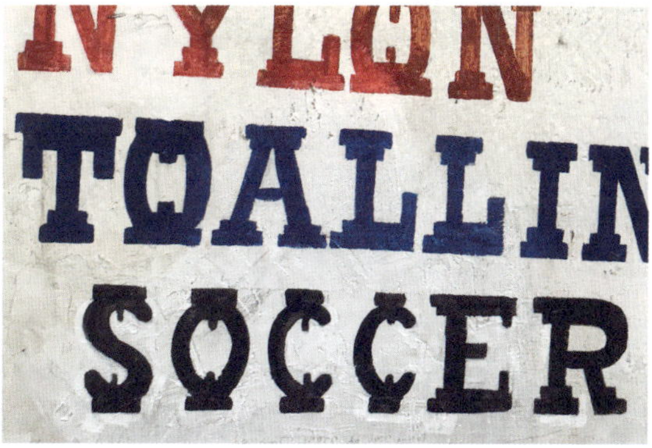
NYLON
SOCCER

HAND-LETTERING

EIGENE BUCHSTABEN ZEICHNEN

Ich verwende in meiner Arbeit viel Handlettering, weil es sich individuell und lebendig anfühlt. Anders als bei Standardschriftarten gibt es keine festen Regeln, deshalb macht es Spaß, Grenzen zu überschreiten und einen eigenen Stil zu entwickeln. Für mich hebt sich Handlettering aus einem Meer von Schriftarten heraus. Es durchbricht das visuelle Durcheinander mit einer individuellen Note, die man nur schwer ignorieren kann.

Kreative Übung

Mit Farben, Stiften oder ausgeschnittenem Papier können Sie spielerisch Schriftzüge erstellen. Kombinieren Sie unterschiedlich gezeichnete Buchstaben zu Wörtern und überschreiten Sie dabei die Grenzen des Erkennens. Ihr Gehirn wird die Lücken ausfüllen.

Kreative Inspiration

Die Arbeiten von Paula Scher und Stefan Sagmeister.

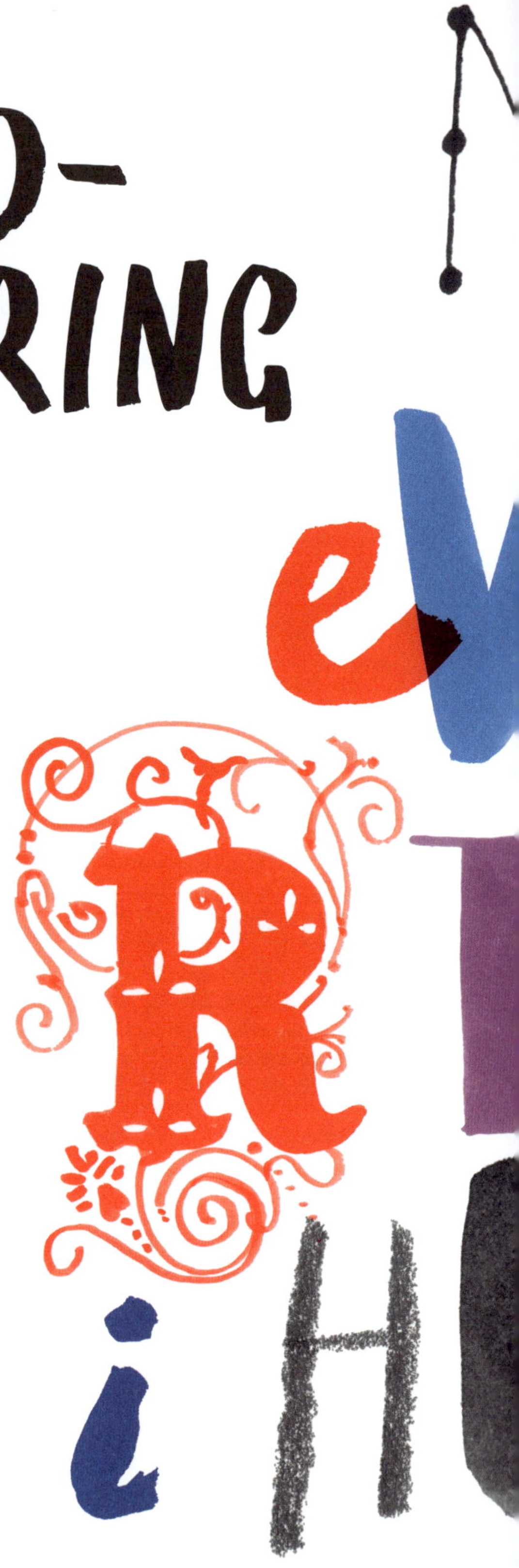

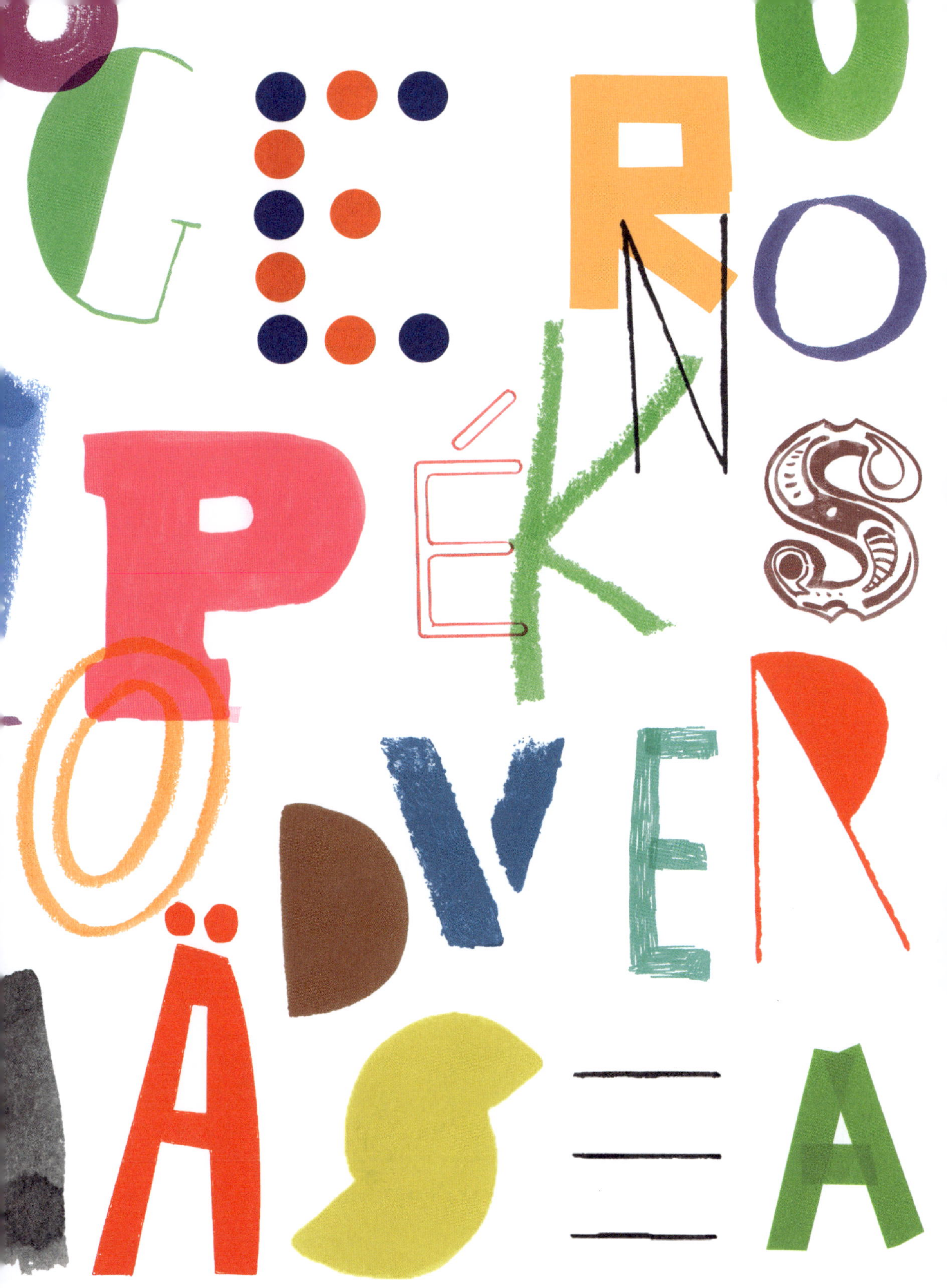

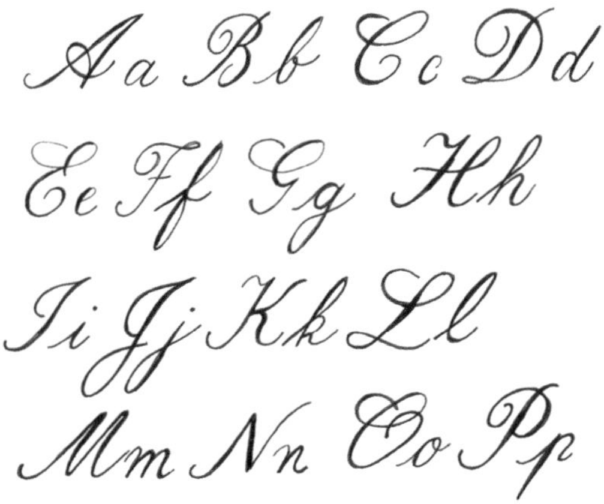

Lettering basierend auf Copperplate script.

Alphabet erstellt von Ben Shahn.

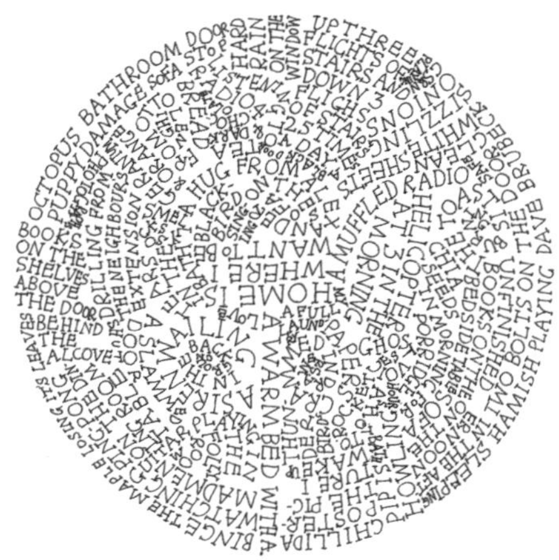

Lettering für ein Teller-Design.

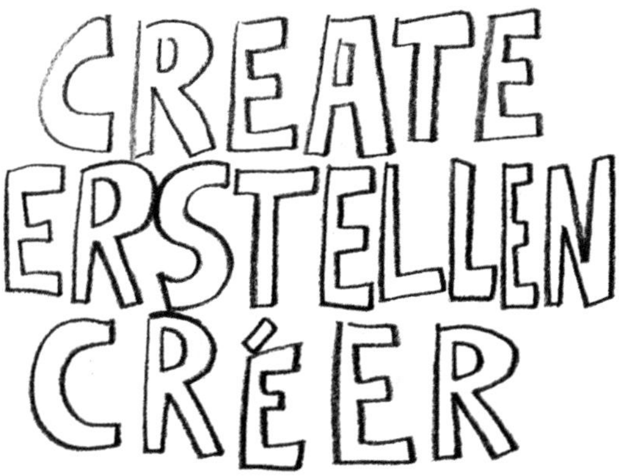

Lettering mit Buntstift auf grober Oberfläche.

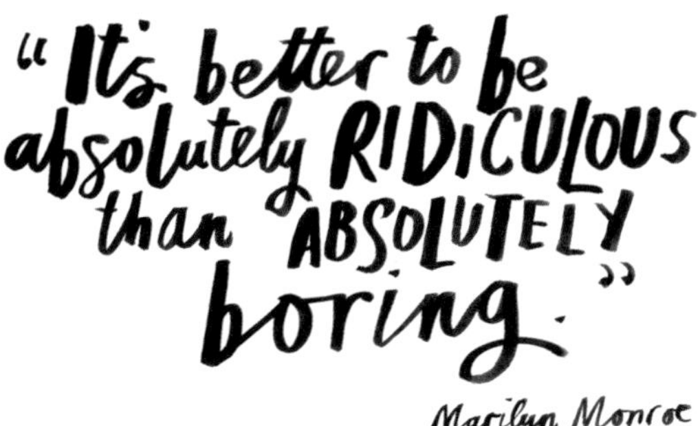

Freistil-Handlettering mit Pinsel.

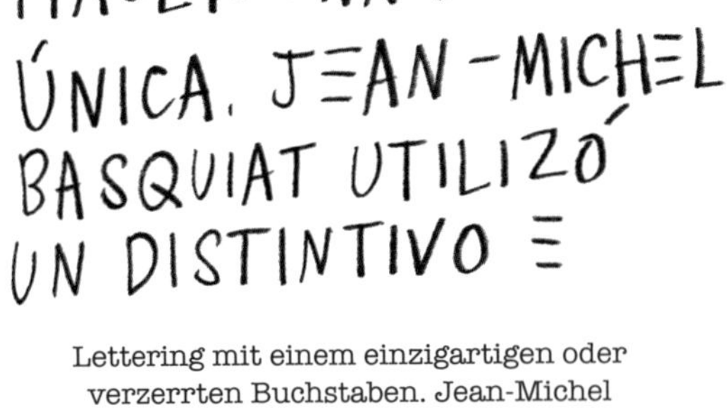

Lettering mit einem einzigartigen oder verzerrten Buchstaben. Jean-Michel Basquiat schrieb mit seinem typischen E.

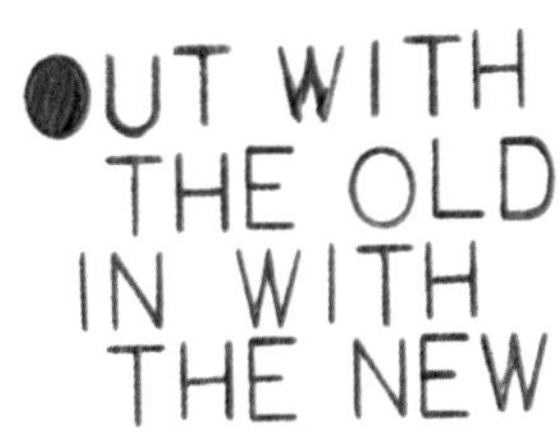

Schablonen-Text mit Feder oder Kuli.

SKURRILE ALPHABETE

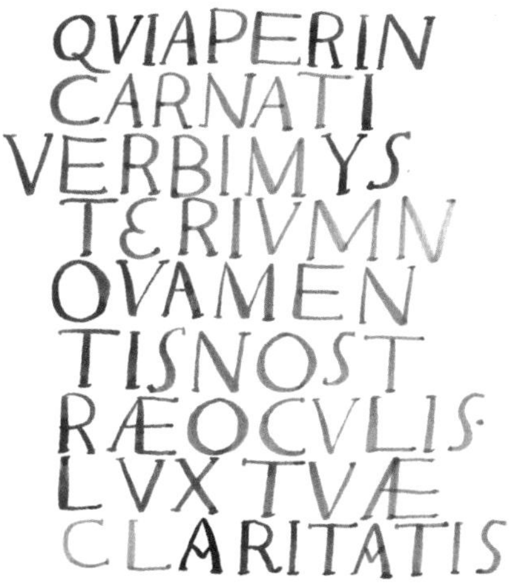

Kopierte Schriftzüge inspiriert vom römischen Schriftzug von David Jones.

EIGENE SCHRIFTART ERSTELLEN

Wir alle haben unsere eigene, einzigartige Handschrift. Viele Kunstschaffende haben eine sehr ausgeprägte Handschrift. Versuchen Sie, Ihre eigene weiterzuentwickeln. Kopieren Sie einige Alphabete, von angelsächsisch bis römisch. Kopieren Sie die Schriftzüge von Malern oder verwenden Sie Schablonen. Schon eine einzige Art, einen Buchstaben zu zeichnen, kann Ihren Schriftzug sehr individuell und wiedererkennbar machen: Schauen Sie sich an, wie Jean-Michel Basquiat den Buchstaben E zeichnete.

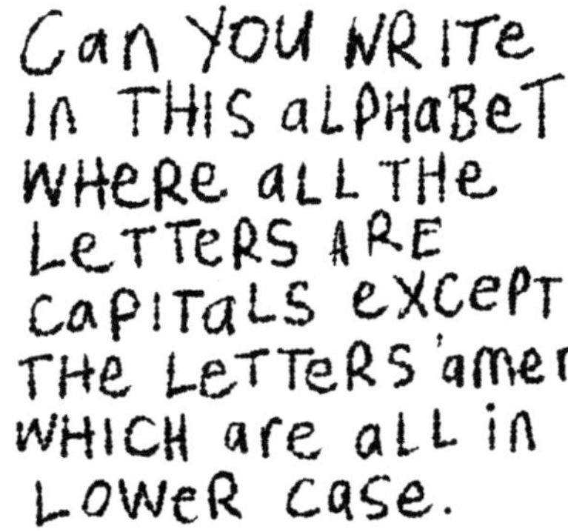

Lettering inspiriert von der Künstlerin, Nonne und Lehrerin Corita Kent.

Kreative Übung

Viele Alphabete werden als serifenbetont oder serifenlos kategorisiert. Das Wort »serif« können Sie sich als »Füße« vorstellen, und das Wort »sans« bedeutet »ohne«. Die Buchstaben haben also entweder Füße (serifenbetont) oder keine Füße (serifenlos). Schauen Sie sich Beispiele für beide an und kopieren Sie sie: zum Beispiel Times New Roman und Garamond (serifenbetont) oder Helvetica und Gill (serifenlos).

Kreative Inspiration

Die Handletterings von Alan Fletcher und Jessica Hische.

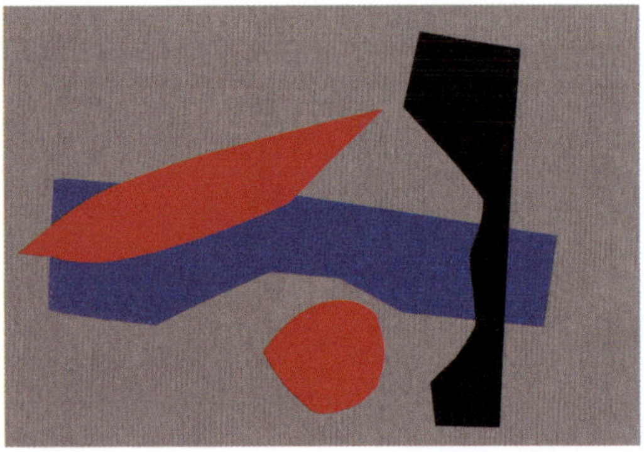
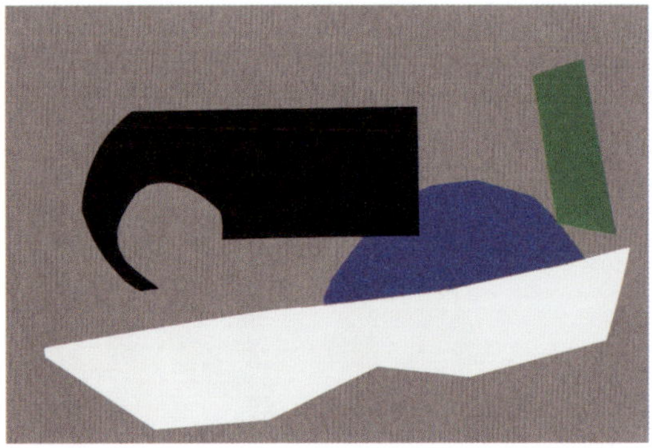
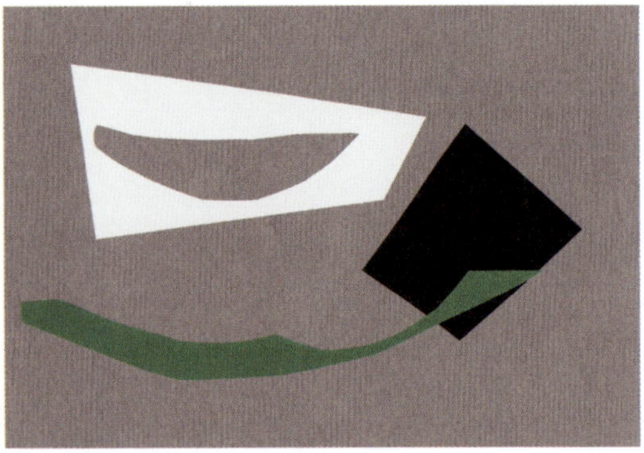
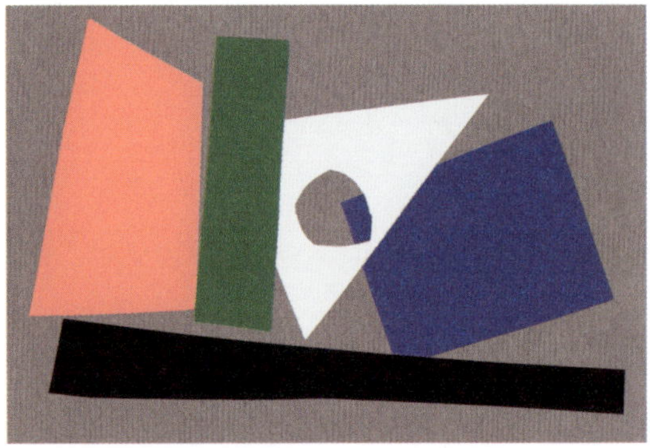
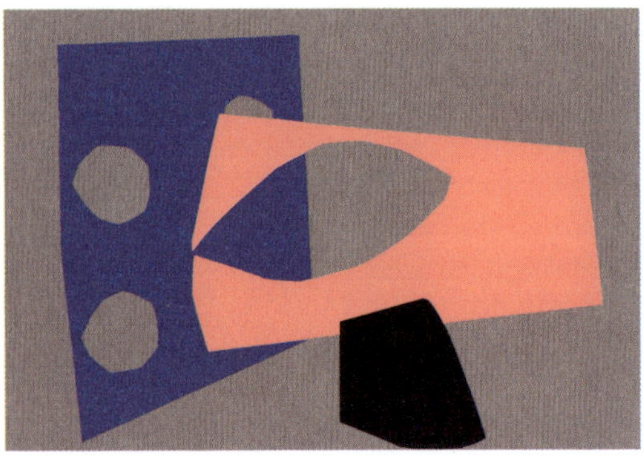
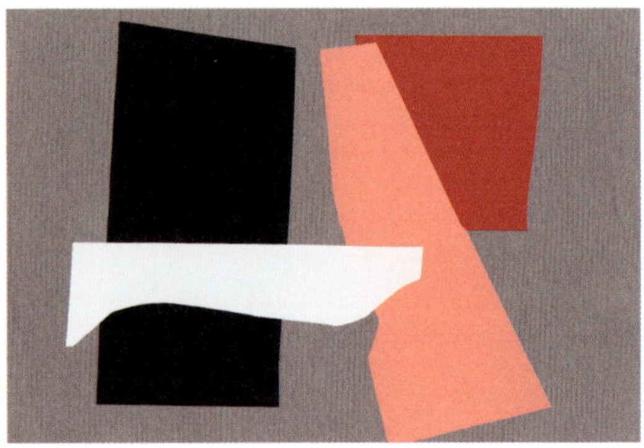
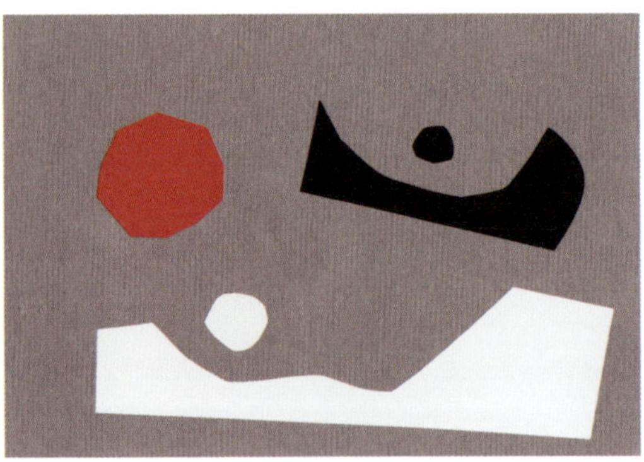
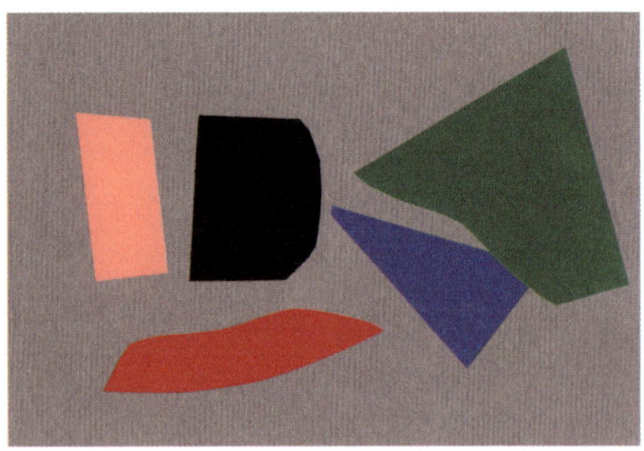

SCHNIPSEL

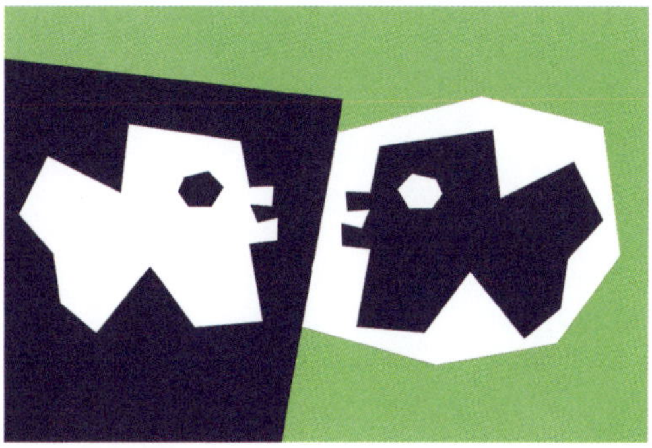

COLLAGEN OHNE ABFALL

Ich lasse mich von den Papierschnitten von Künstlern wie Matisse und den handgefertigten Büchern der russischen Avantgarde des frühen 20. Jahrhunderts inspirieren. Ihre Werke sehen mühelos und frei aus. Für meine Bilder habe ich ausrangierte Stücke farbigen Papiers aus anderen Projekten verwendet, um einige Collagen zu erstellen. Ich habe versucht, die Spontaneität dieser Künstlerinnen und Künstler und ihre Verspieltheit nachzuahmen.

Kreative Übung

Sammeln Sie farbiges Papier. Schneiden Sie es in beliebige Formen. Schneiden Sie sechs gleichfarbige Rechtecke aus. Ordnen Sie nun spielerisch das zerschnittene Papier auf diesen Rechtecken an.

Kreative Inspiration

Die Papierschnitte von Matisse und die Bücher von Kunstschaffenden der russischen Avantgarde wie Natalja Gontscharowa und Alexander Rodtschenko.

SPASS AM PROZESS

Bei Kreativität geht es mehr um den Weg als um das Endergebnis, und doch sind wir oft auf das Produkt fixiert. Ich habe schon immer den Prozess des Schaffens, Spielens und Experimentierens geliebt, ohne an ein bestimmtes Ergebnis gebunden zu sein. Wie die Schriftstellerin und Künstlerin Lynda Barry so schön feststellte: »Als wir Kinder waren, benutzten wir Papier, als wäre es ein Ort und nicht eine Sache.« Für Kinder stellt Papier eine Welt der Möglichkeiten dar, in die sie sich begeben können, und das ist etwas, wovon wir uns alle inspirieren lassen können.

WUNDERBAR MARMORIEREN

EXPERIMENT MIT ÖL UND WASSER

Beim Marmorieren von Papier, das traditionell in der Buchbinderei verwendet wurde, entstehen einzigartige Muster auf Papier mit Tinte auf Ölbasis. Es ist ein großer Spaß und kann für viele Bastelprojekte verwendet werden. Aber Vorsicht, es macht süchtig!

Kreative Übung

Stellen Sie selbst marmoriertes Papier her. Sie brauchen eine flache Schale, Ölfarben, Wasser, Papier und einen Zahnstocher oder Pinsel.

Kreative Inspiration

Suchen Sie in Antiquariaten nach Beispielen für marmorierte alte Bücher.

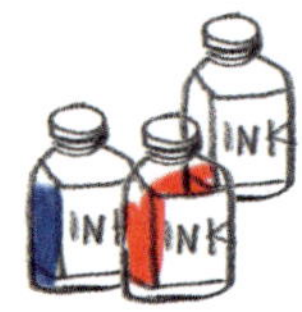

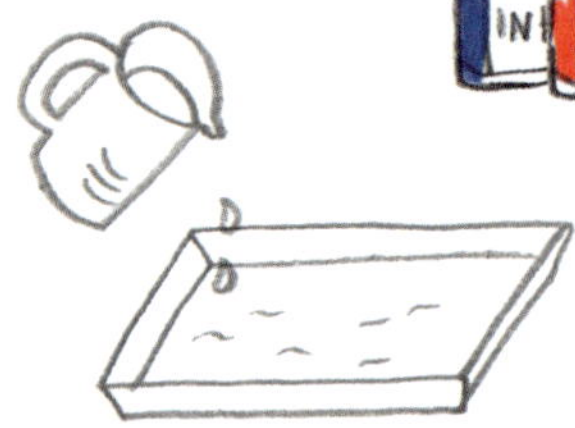

1. Gießen Sie Wasser in eine flache Schale (etwa 2 cm tief).

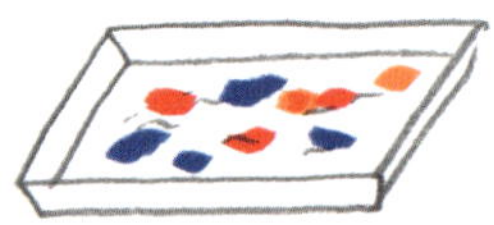

2. Tropfen Sie etwas Tinte auf die Oberfläche.

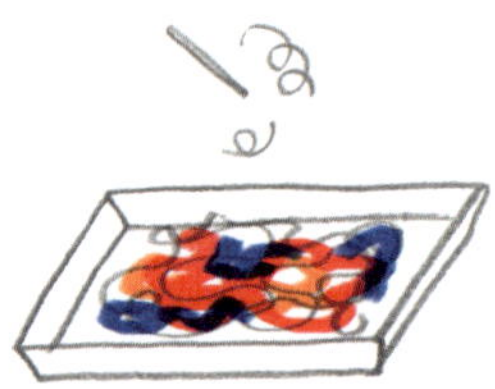

3. Verwirbeln Sie die Farben mit einem Zahnstocher oder Pinsel.

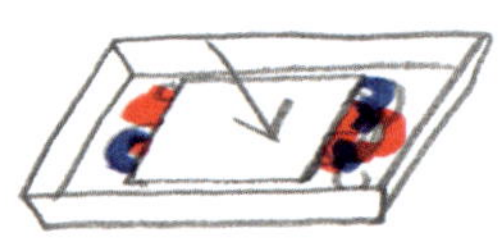

4. Legen Sie ein Blatt Papier auf die Wasseroberfläche, entfernen Sie es schnell wieder.

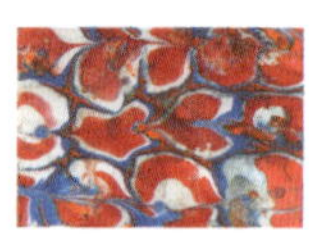

5. Lassen Sie es trocknen.

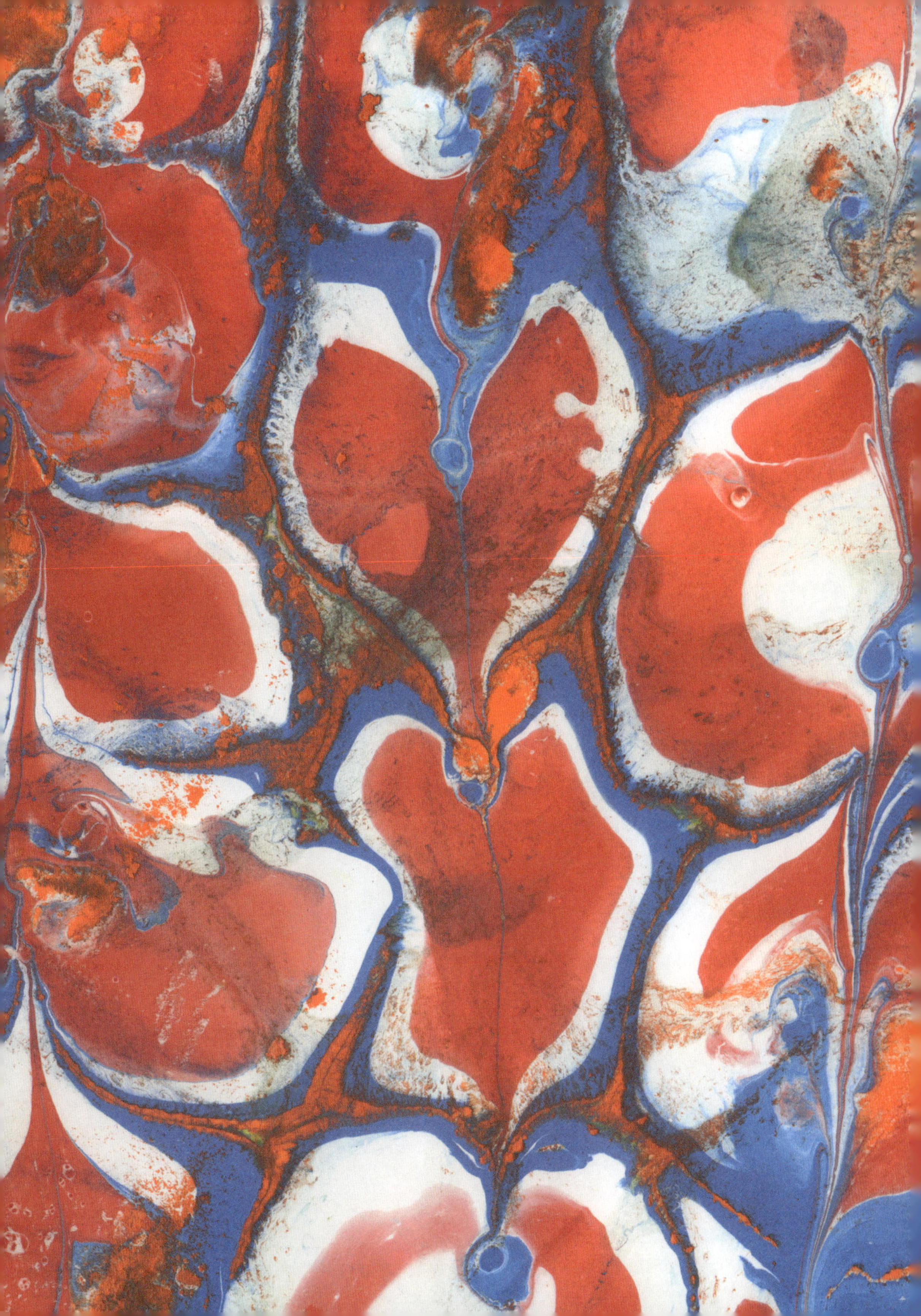

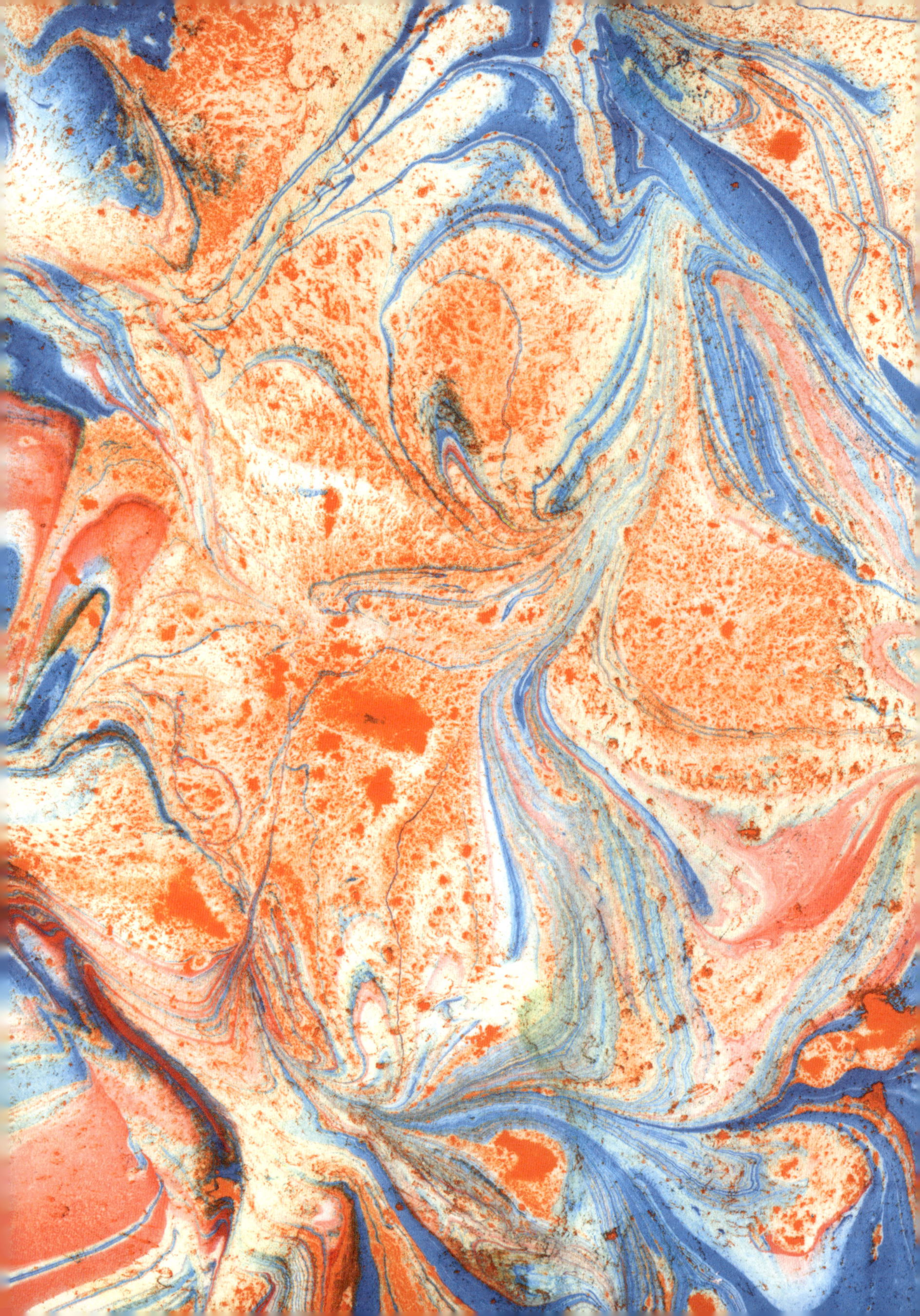

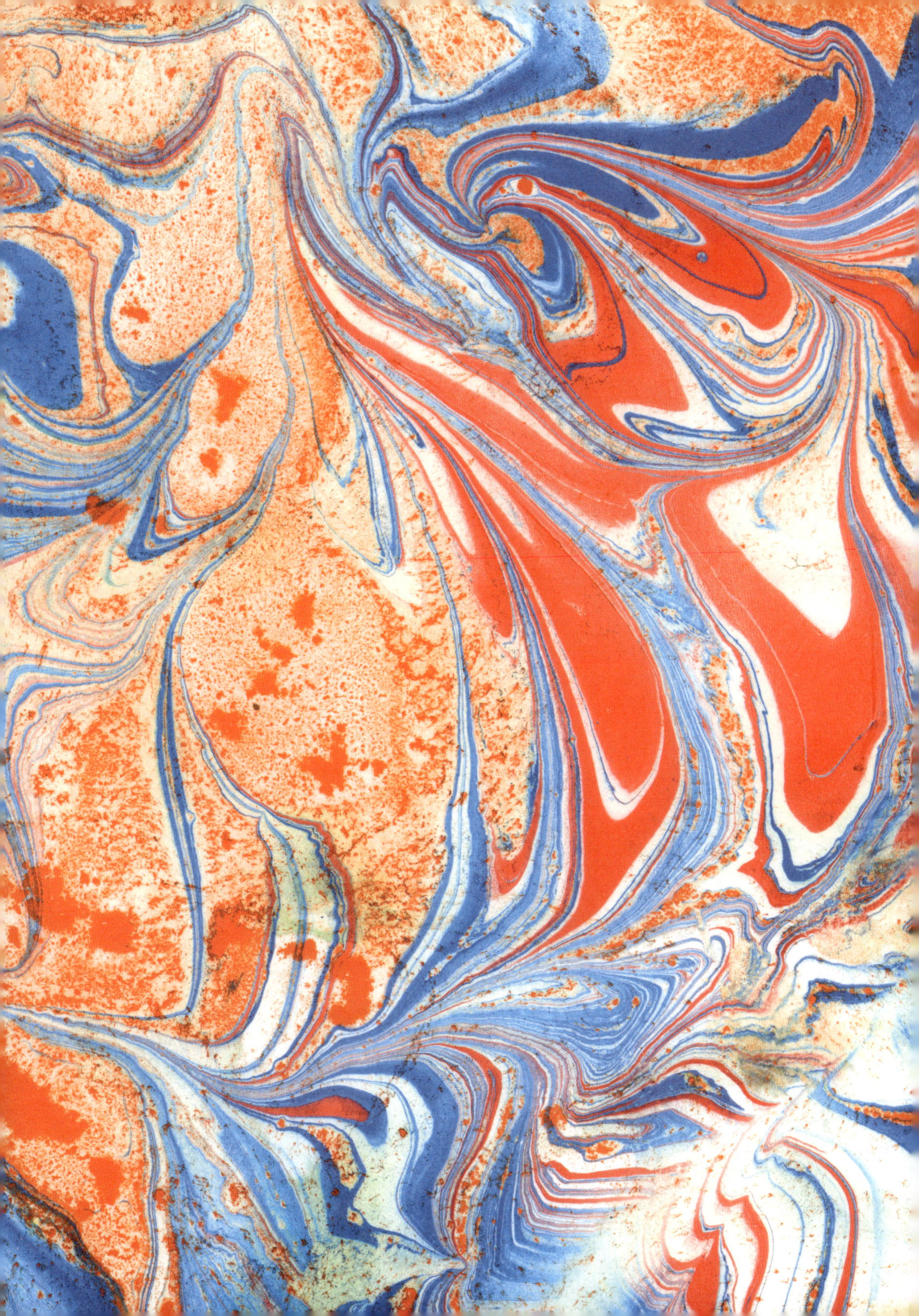

STEMPELN

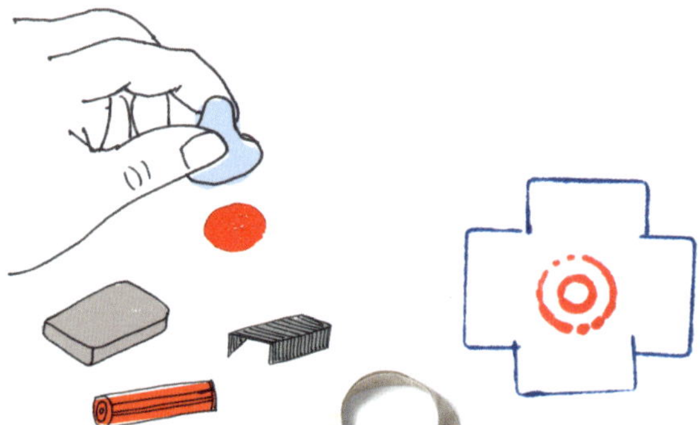

SELBSTGEMACHTE STEMPEL

Sie können Stempel aus einer Vielzahl von Materialien herstellen: Radiergummis, Enden von Bleistiften, Heftklammern, Klebegummi oder Ton. Mit Papier und farbigen Stempelkissen lassen sich einzigartige Muster und Kunstwerke drucken. Ich sammle gerne seltsame Dinge von meinem Schreibtisch auf, färbe sie ein und drucke sie! Die so entstandenen Abdrücke haben einen ganz eigenen Charme, jeder Druck ist etwas anders.

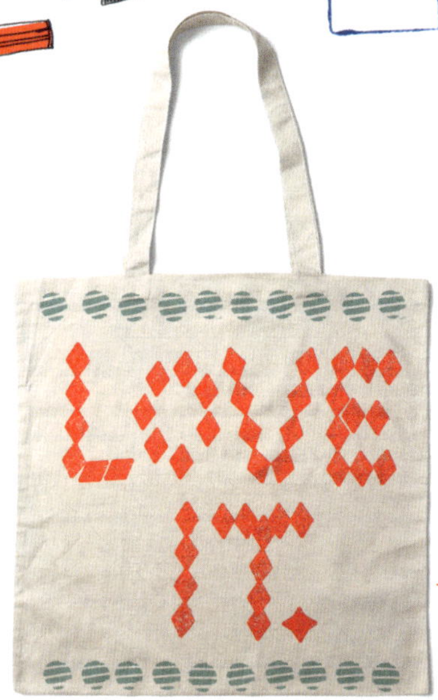

Kreative Übung

Schneiden oder ritzen Sie mit einem Bastelmesser Formen in einen Radiergummi. Färben Sie ihn dann ein und drücken Sie ihn fest auf weißes Papier, um Stempelmuster zu erstellen. Wenn Sie an Sicherheit gewinnen, können Sie auch T-Shirts, Stoffe oder Tragetaschen bedrucken. Die Möglichkeiten sind grenzenlos.

Kreative Inspiration

Die Gummistempel von Saul Steinberg und dem Druckkünstler Stephen Fowler.

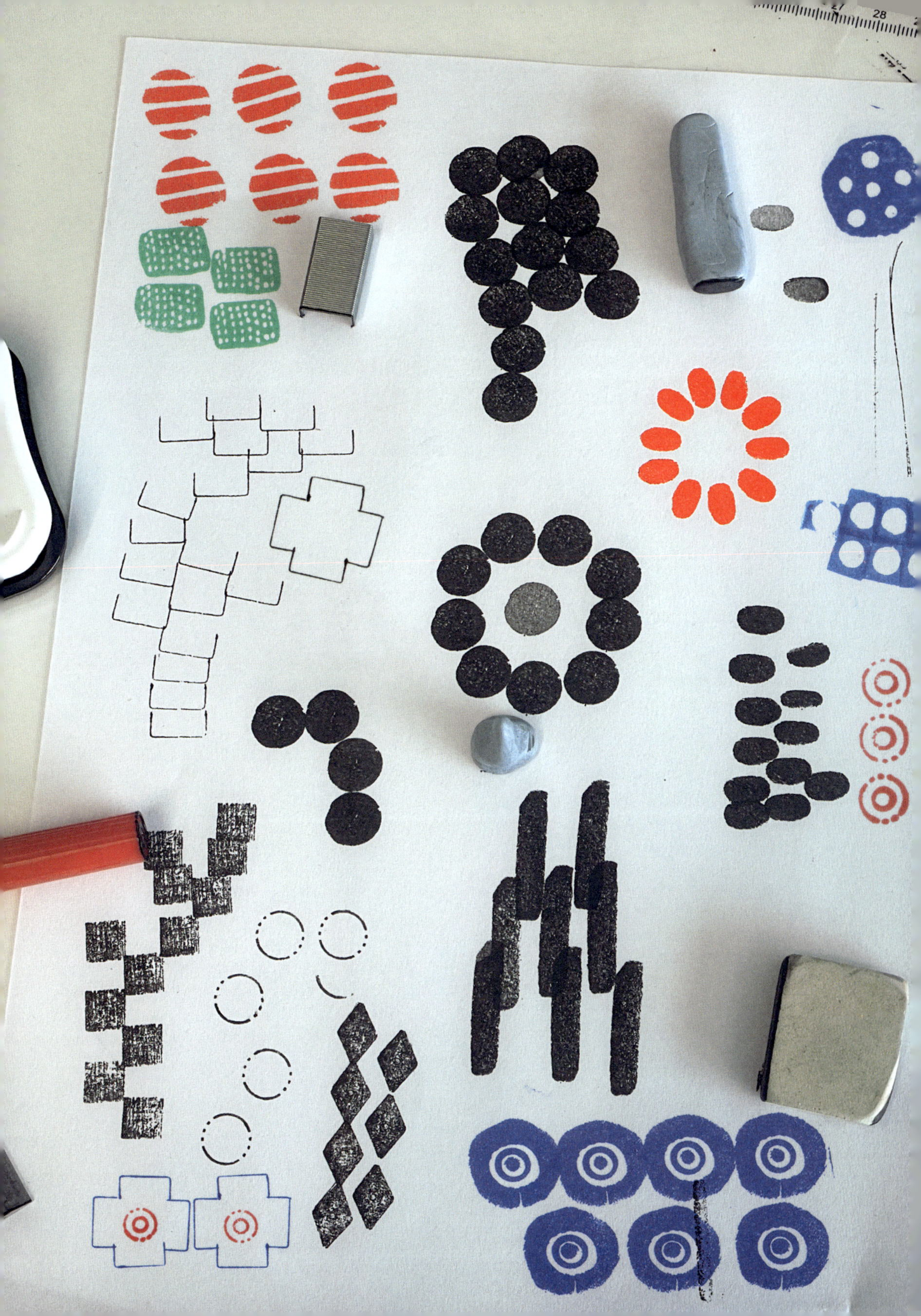

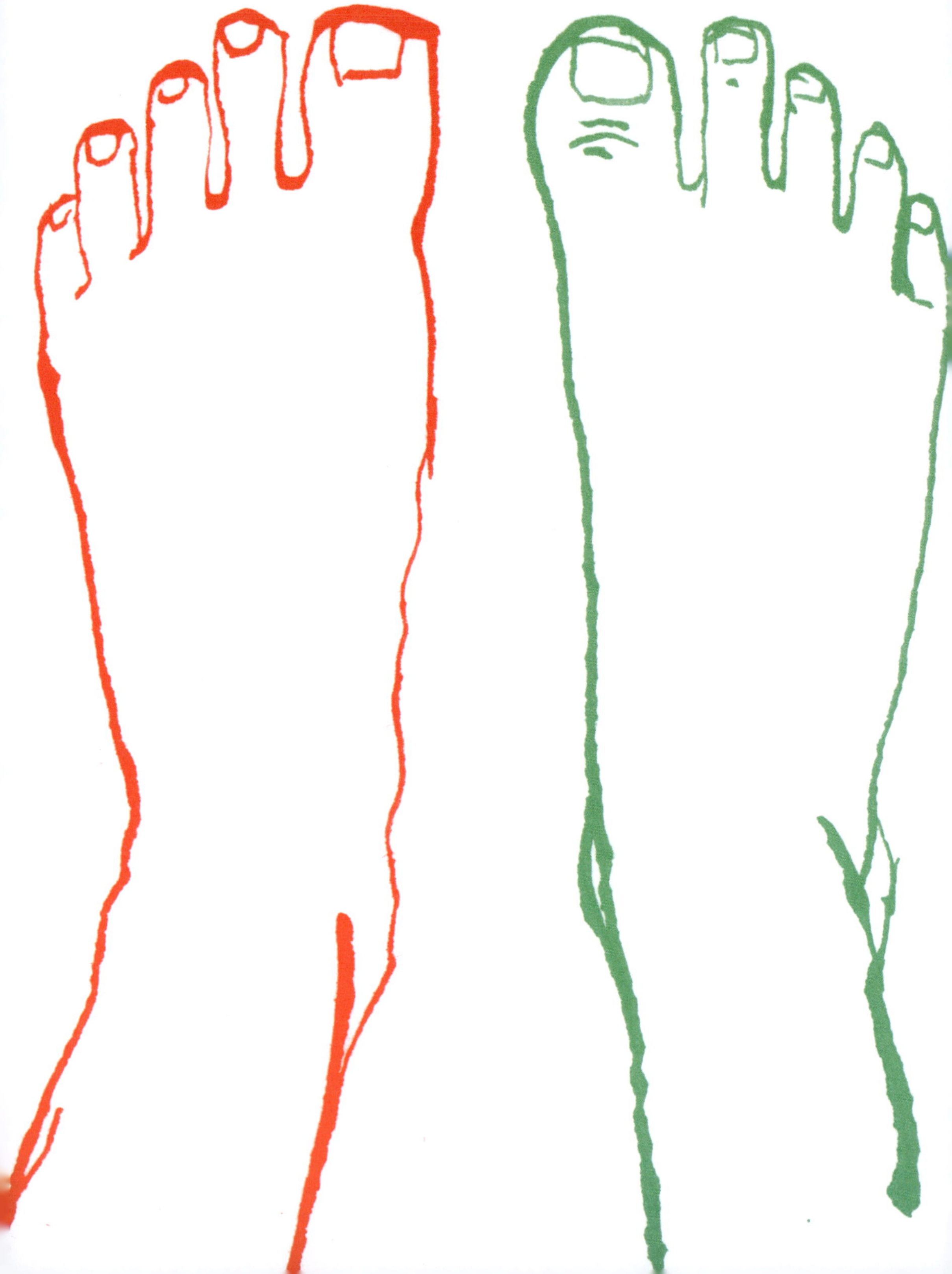

SELEKTIVE FARBEN

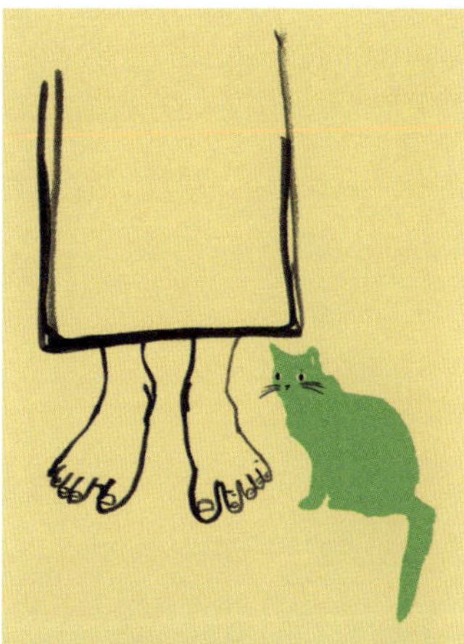

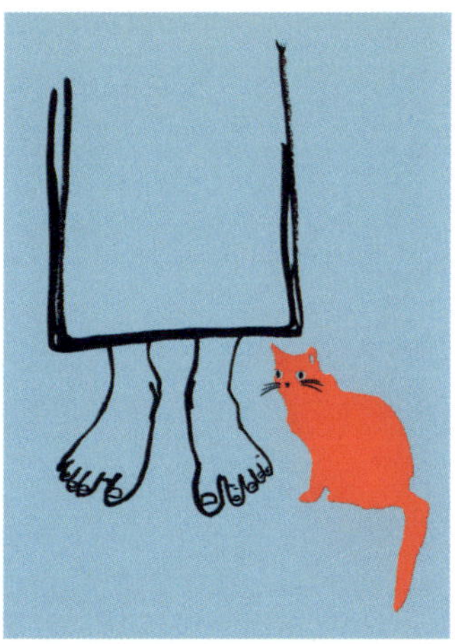

PALETTE EINSCHRÄNKEN

Eine begrenzte Farbpalette kann sowohl eine Herausforderung als auch eine lohnende Erfahrung sein. Auf den ersten Blick mögen Einschränkungen wie ein Zwei-Farben-plus-Schwarz-Schema vielleicht eng erscheinen, aber sie können tatsächlich zu Kreativität und innovativen Problemlösungen inspirieren. Ich habe viele Buchumschläge entworfen, bei denen diese Beschränkung galt – es hat mir geholfen, einige mutige Bilder zu produzieren.

Kreative Übung

Probieren Sie, Bilder mit diesen Vorgaben zu erstellen:

1. Schwarz plus eine Farbe
2. Schwarz plus zwei Farben
3. Nur zwei Farben

Wenn Sie ein Bild haben, versuchen Sie, das Farbarrangement zu verändern. Sie können das mit konventionellen Materialien oder digital versuchen.

Kreative Inspiration

Probieren Sie die Zorn-Palette, die vier Farben verwendet, um zahlreiche weitere herzustellen.

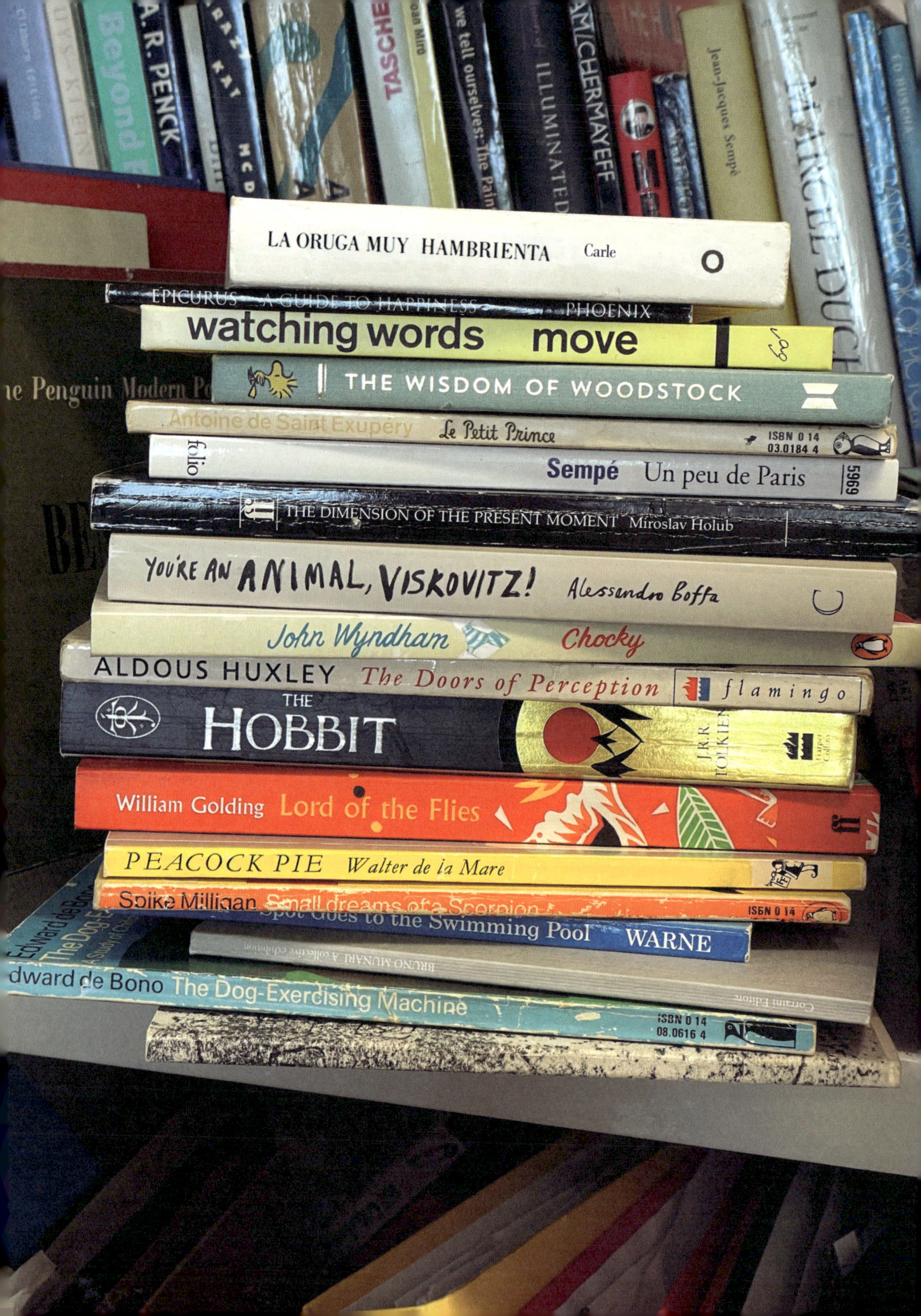
LA ORUGA MUY HAMBRIENTA Carle
EPICURUS A GUIDE TO HAPPINESS PHOENIX
watching words move
THE WISDOM OF WOODSTOCK
Antoine de Saint Exupéry Le Petit Prince ISBN 0 14 03.0184 4
folio Sempé Un peu de Paris 5969
THE DIMENSION OF THE PRESENT MOMENT Miroslav Holub
YOU'RE AN ANIMAL, VISKOVITZ! Alessandro Boffa
John Wyndham Chocky
ALDOUS HUXLEY The Doors of Perception flamingo
THE HOBBIT J.R.R. TOLKIEN
William Golding Lord of the Flies
PEACOCK PIE Walter de la Mare
Spike Milligan Small dreams of a Scorpion ISBN 0 14
Spot Goes to the Swimming Pool WARNE
BRUNO MUNARI A collective exhibition
Edward de Bono The Dog-Exercising Machine ISBN 0 14 08.0616 4
Corraini Edizioni
A.R. PENCK
TASCHEN
ILLUMINATED
CHERMAYEFF
Jean-Jacques Sempé
MARCEL DUCH
The Penguin Modern Po

MEIN LEBEN ALS BUCH

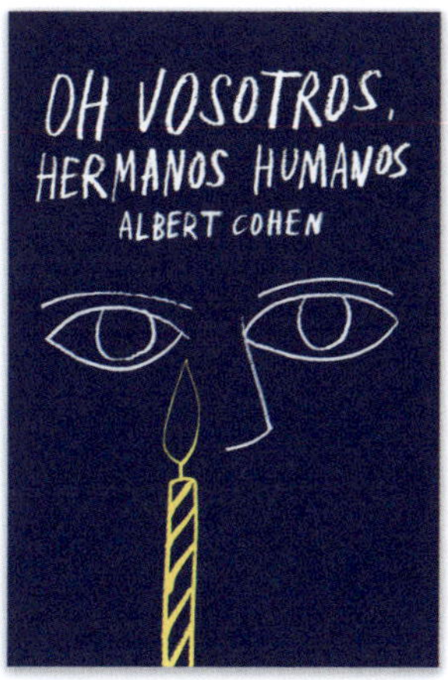

WÄHLEN SIE EIN LIEBLINGSBUCH

Ich lese sowohl Belletristik als auch Sachbücher, die mir immer wieder neue Ideen für meine Arbeit liefern. Können Sie sich an ein Lieblingsbuch erinnern, sei es für Erwachsene oder Kinder, Belletristik oder Sachbuch? Erinnern Sie sich, wo Sie es gelesen haben? Beschreiben Sie die Umgebung, Gerüche und Geräusche. Denken Sie über Ihre Gefühle und über die Ereignisse in Ihrem Leben nach. Notieren oder skizzieren Sie eine denkwürdige Figur, einen Ort oder ein Gefühl aus der Geschichte. Oder nehmen Sie eine Figur aus Ihrem Lieblingsbuch und führen Sie ein imaginäres Gespräch mit ihr. Können Sie einige Einsichten oder Hinweise aus Ihrer eigenen Zeit und Perspektive geben?

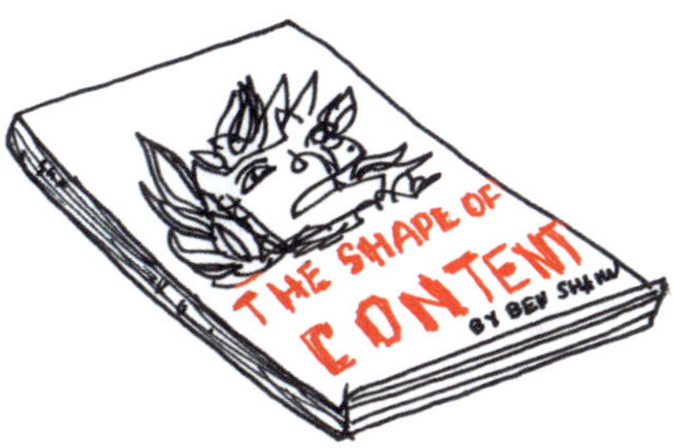

Kreative Übung

Schaffen Sie ein Bild für das Cover Ihres Lieblingsbuchs. Sie können es zeichnen, malen, mit verschiedenen Medien herstellen oder digtal kreieren.

Kreative Inspiration

Die Cover-Designs von Paul Rand, David Pearson und Coralie Bickford-Smith.

RASTER-PAPIER

ACHTSAM ZEICHNEN

Ich finde es ziemlich schwierig, eine gerade Linie zu zeichnen, aber mit einem Lineal und Millimeterpapier (oder isometrischem Papier) ist es ganz einfach. Verschiedene Papiere bieten verschiedene Raster, von Quadraten bis hin zu axonometrischen Formen, die sich ideal für die Erstellung komplizierter Muster, Winkel und 3D-Formen eignen. Ich habe Stunden damit verbracht, in Gedanken bunte Kästchen auszumalen und dabei endlose Möglichkeiten für Formen und Muster zu erkunden. Das erinnert mich an den Matheunterricht, wo ich immer gekritzelt habe, anstatt zu arbeiten.

Kreative Übung

Toben Sie sich mit verschiedenen Rasterpapieren aus. Malen Sie die Raster spontan aus. Verwenden Sie Buntstifte oder Fineliner.

Kreativer Schnellschuss

Versuchen Sie sich an Pixel-Kunst, indem Sie Bilder mithilfe von bunten Quadraten erstellen – wie diese Krabbe.

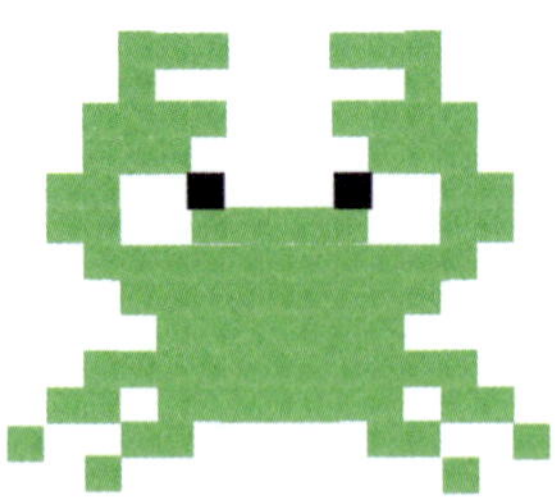

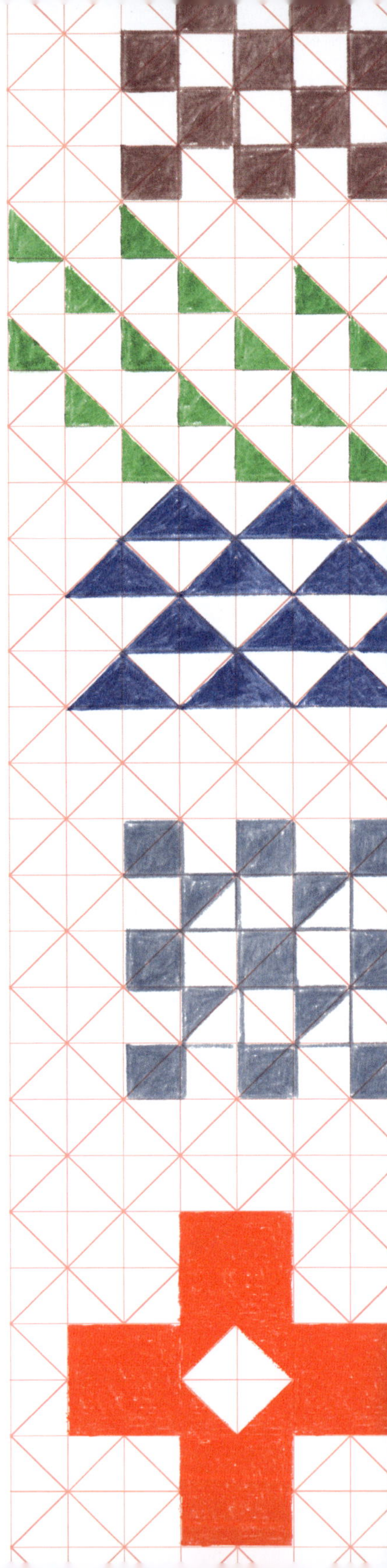

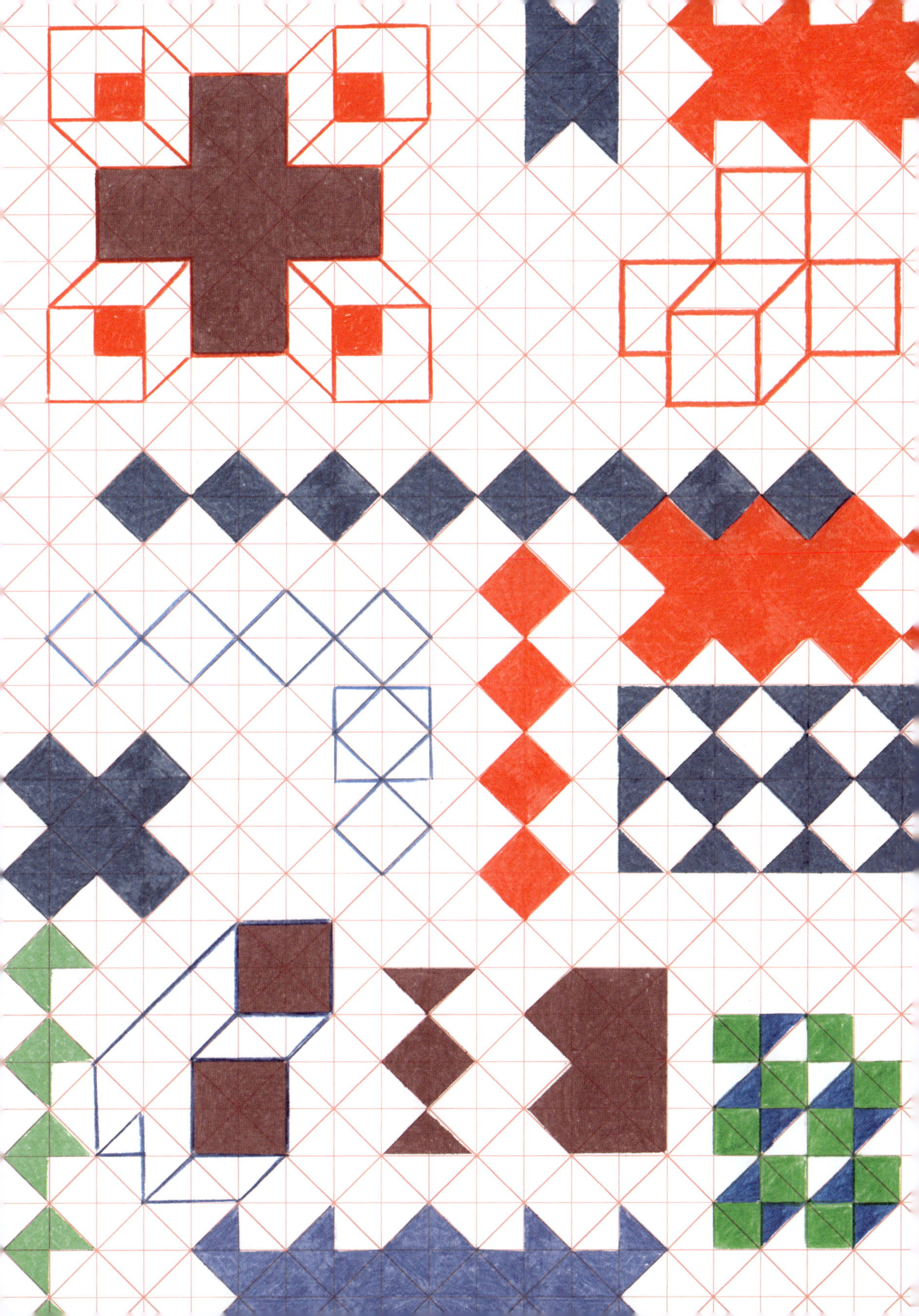

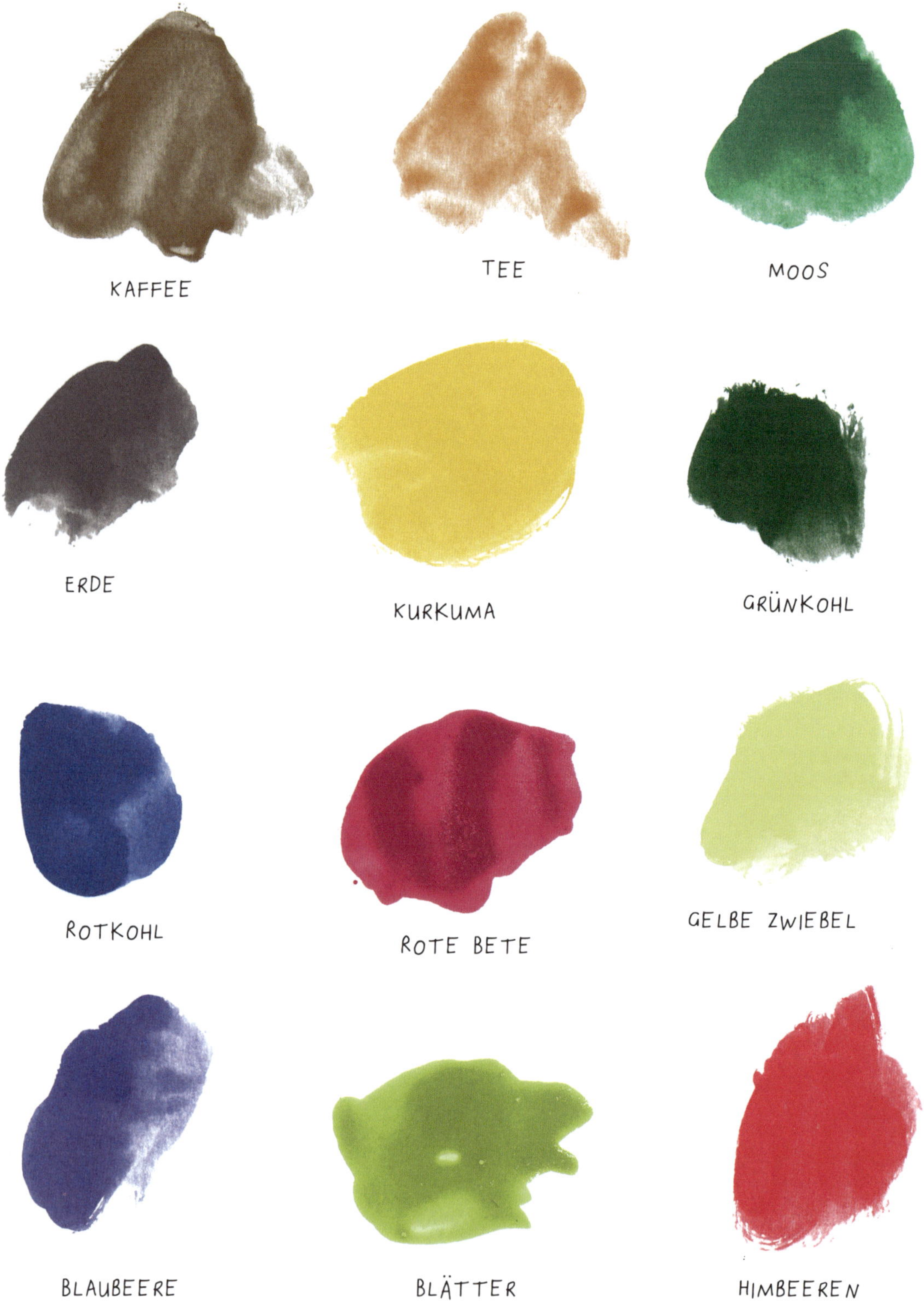
KAFFEE
TEE
MOOS
ERDE
KURKUMA
GRÜNKOHL
ROTKOHL
ROTE BETE
GELBE ZWIEBEL
BLAUBEERE
BLÄTTER
HIMBEEREN

NATÜRLICHE FARBEN

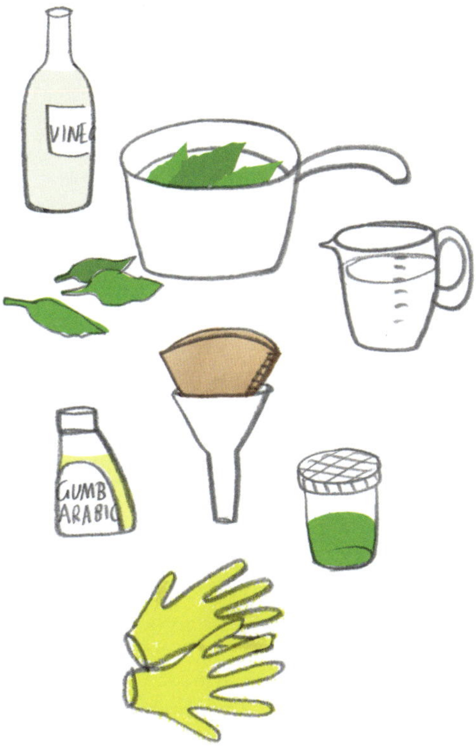

EIGENE FARBEN HERSTELLEN

Sie können Ihre eigene Naturfarbe mit Gegenständen aus Haushalt oder Natur wie Obst, Gemüse, Blumen oder Erde herstellen. Sie brauchen einen alten Topf, weißen Essig, Gummiarabikum, Salz, einen Kaffeefilter, einen Trichter und einige Gläser mit Deckeln. Kochen Sie das Material in Wasser mit einem Teelöffel Essig und einem Teelöffel Salz etwa eine Stunde lang oder bis Konsistenz und Farbe passen. Geben Sie die Mischung durch einen Kaffeefilter in ein Glasgefäß. Fügen Sie der Farbe Gummiarabikum im Verhältnis 1:10 hinzu. Jetzt können Sie mit Ihrer eigenen Tusche malen!

Kreative Übung

Suchen Sie sich Materialien in Ihrer Umgebung. Malen Sie mit diesen Farben und schaffen sie so ein Bild, das Ihre Heimat oder ihr Ortsgefühl wiedergibt.

Kreative Inspiration

Jason Logans Buch *Make Ink* und Drucke mit Lebensmitteln oder Haushaltsprodukten von Ed Ruscha.

ZEICHNEN, EGAL WOMIT

BILDER MIT FUNDSTÜCKEN

Während eines Urlaubs in Spanien fand ich diese zu Boden gefallenen Johannisbrotkernschoten. Ich habe mit ihren verschiedenen Formen – gekräuselt, gerade und gebogen – experimentiert, um Zeichnungen und Muster in großem und kleinem Maßstab zu schaffen. Ich möchte Sie ermutigen, Ihre Umgebung zu erkunden und natürliche Materialien wie Steine, Blätter, Zweige, Tannenzapfen, Treibholz, Samen, Sand oder Schlamm zu verwenden, um Ihre eigene Kunst zu inspirieren.

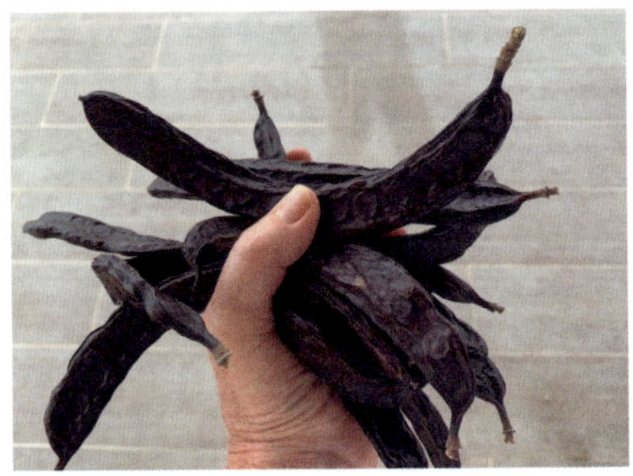

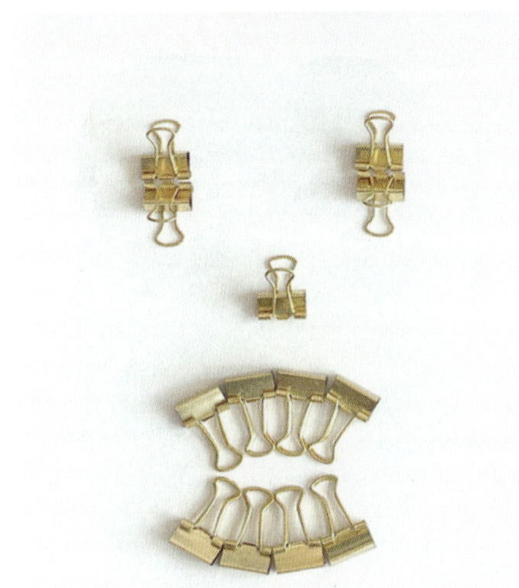

Kreative Übung

Versuchen Sie, mit Gegenständen zu »zeichnen«, die Sie zu Hause finden, wie Nudeln, Werkzeuge, Büroklammern, Heftklammern und Küchenutensilien. Sie werden überrascht sein, welche Bilder Sie daraus machen können!

Kreative Inspiration

Die Werke von Choi Jeong-Hwa und Caitlin Easterby und Simon Pascoes Kunstkollektiv, Red Earth.

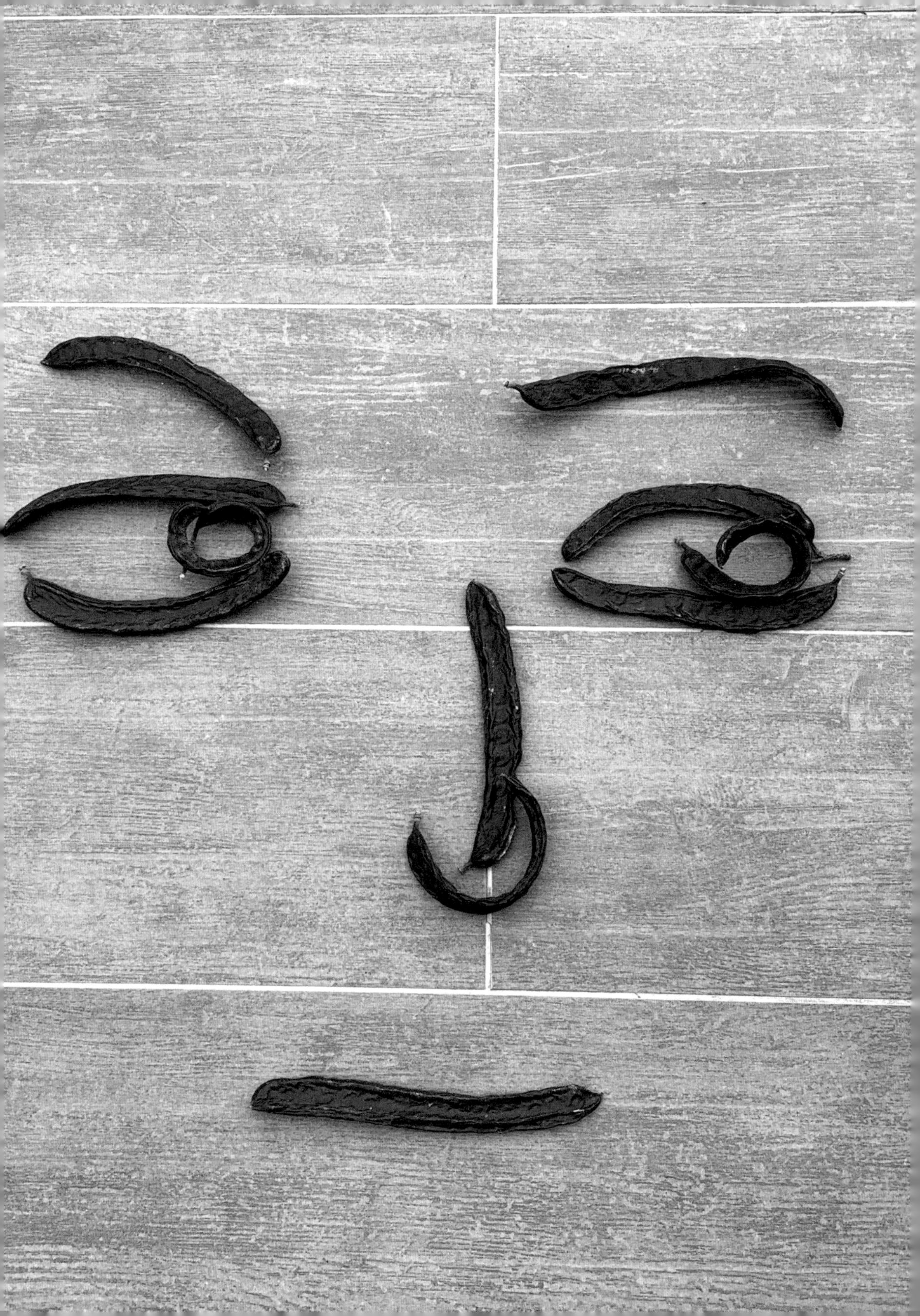

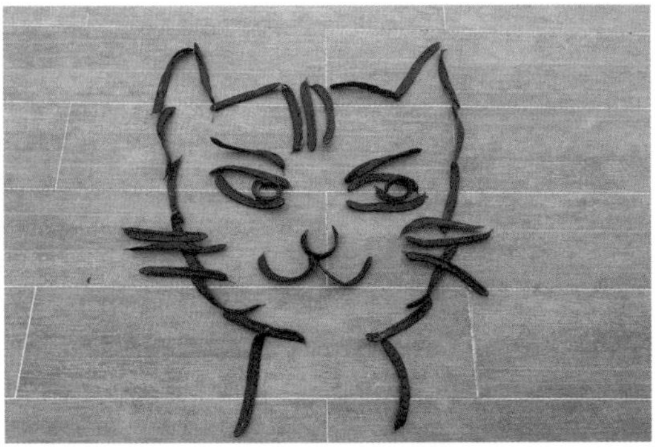
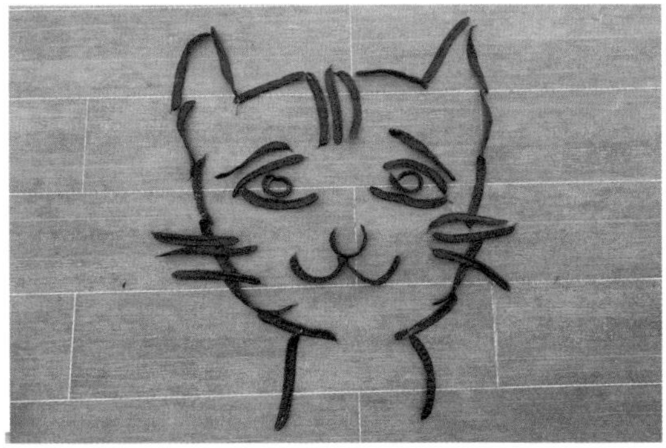
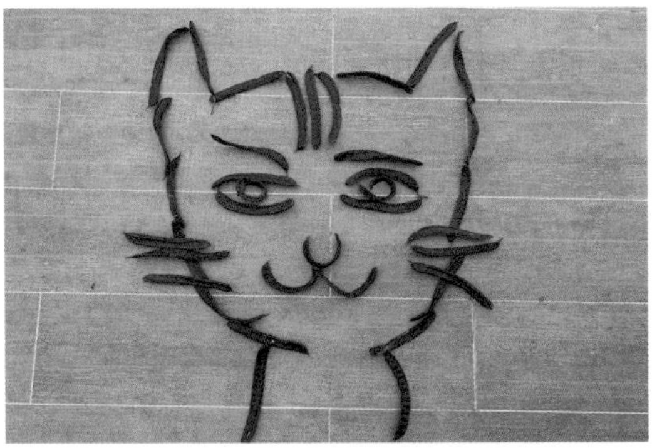
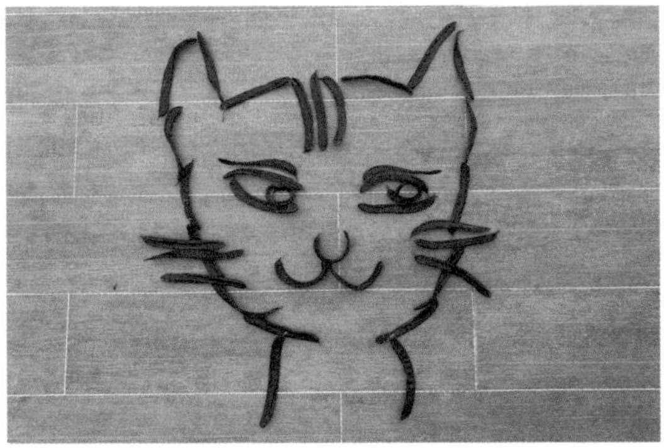
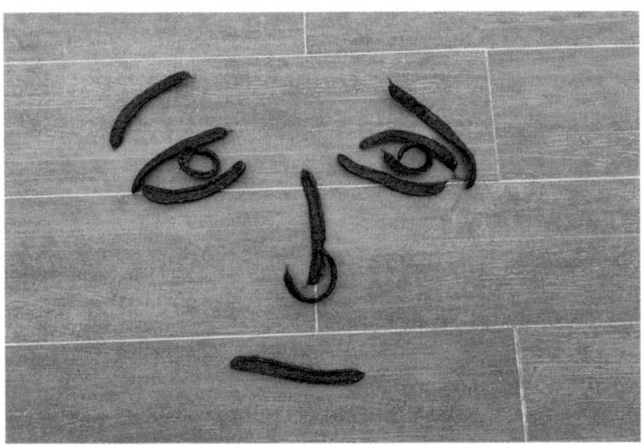
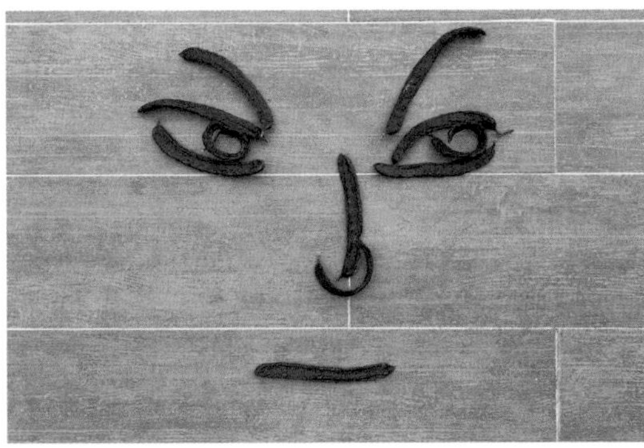
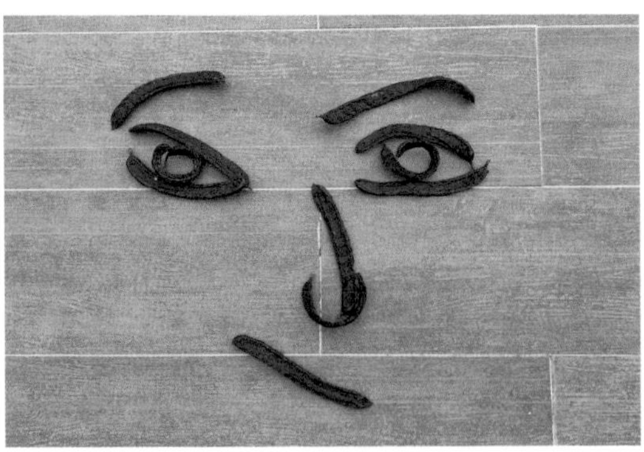
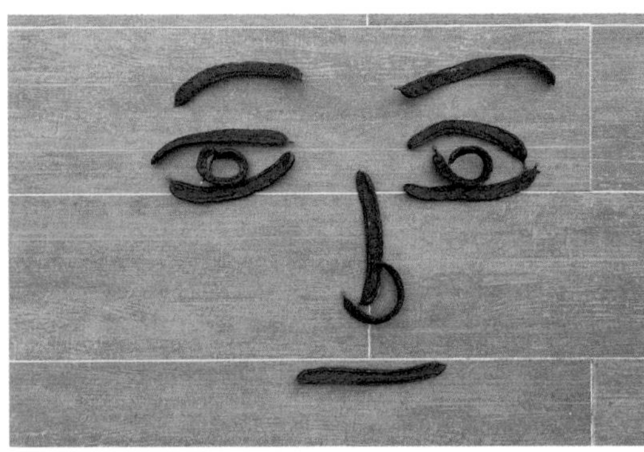

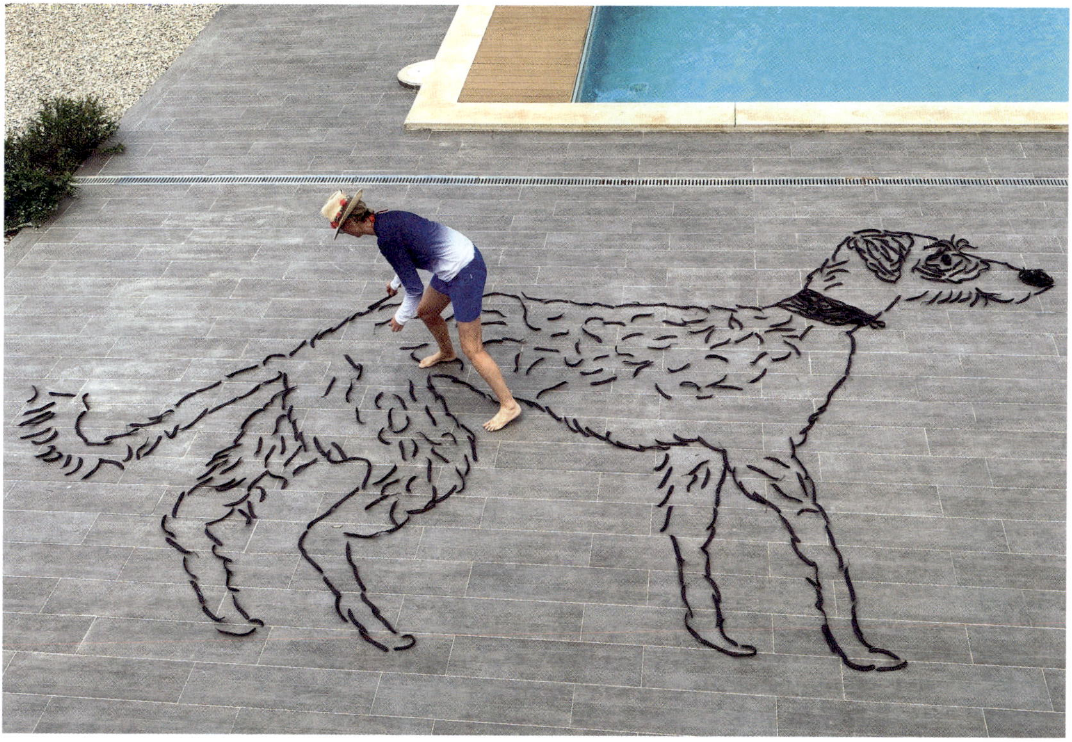

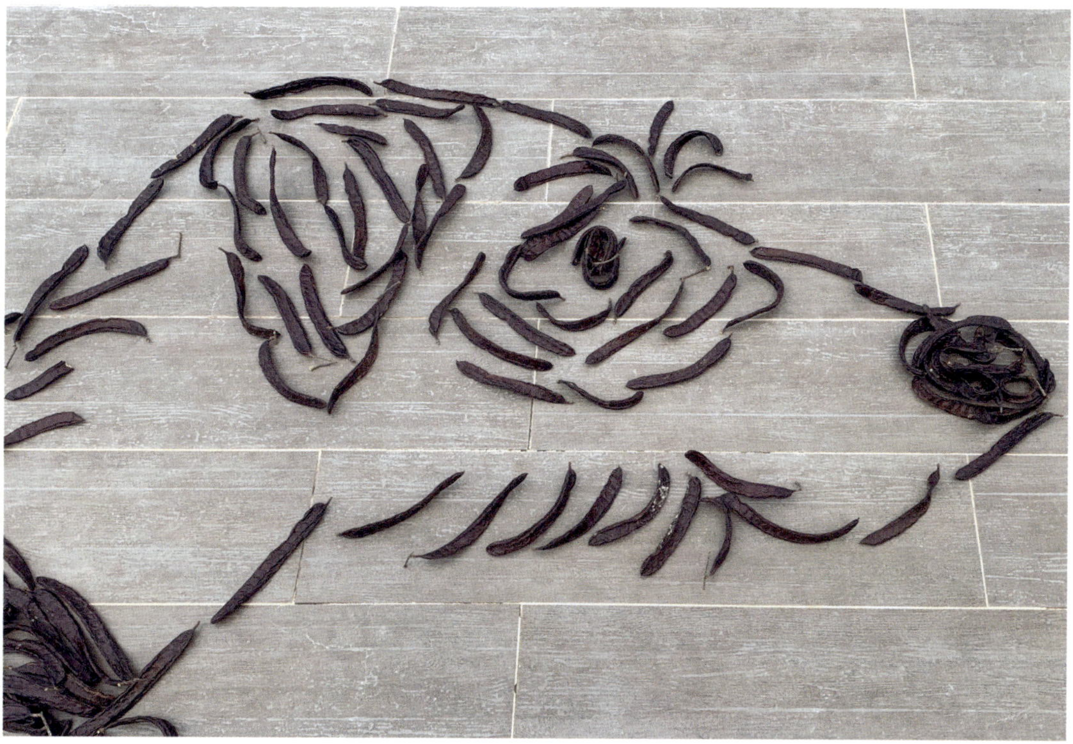

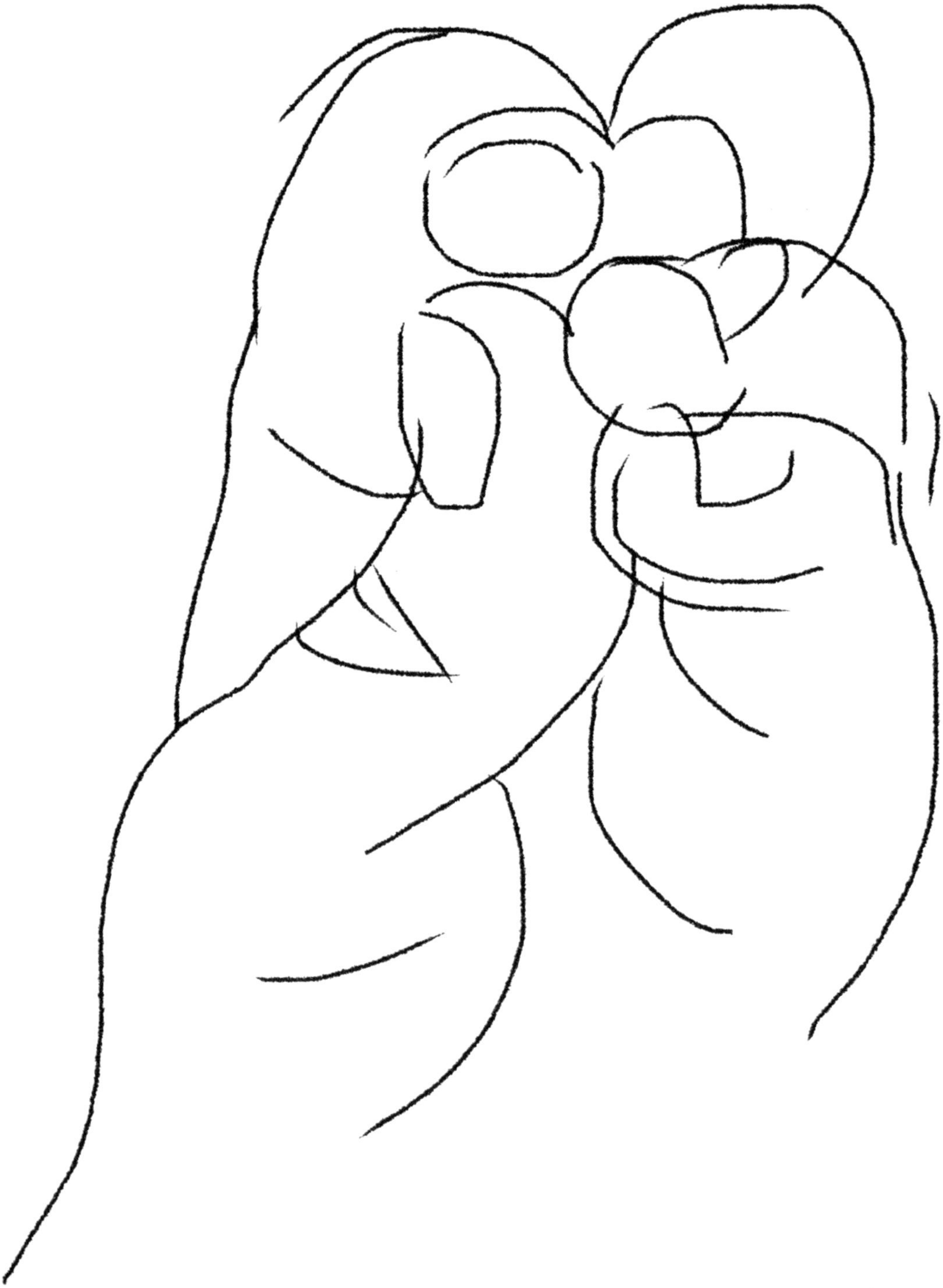

STOPPUHR-ZEICHNUNGEN

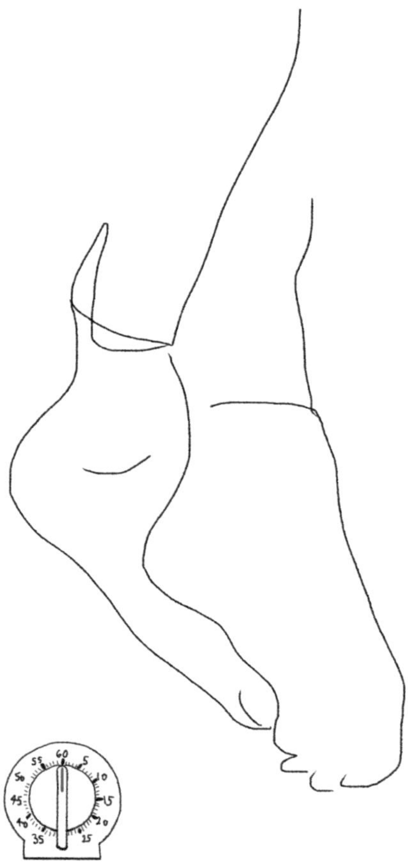

1-Minuten-Zeichnung von den Füßen meines Sohnes auf dem iPad.

SCHNELL ZEICHNEN

Das Zeichnen mit einem Timer ist eine großartige Disziplin, um übermäßiges Nachdenken und Ängste zu vermeiden. Er zwingt Sie, sich zu konzentrieren und schnelle Entscheidungen über das Wesentliche in Ihrem Kunstwerk zu treffen. Das verbessert nicht nur den Blick auf die Dinge, worum es beim Zeichnen eigentlich geht, sondern hilft auch, Spontaneität und Lebendigkeit zu entwickeln.

Kreative Übung

Machen Sie sich mit einer Stoppuhr bereit, Ihre andere Hand, Ihren Fuß oder Ihr Gesicht zu zeichnen. Zeichnen Sie das erste Bild in 1 Minute, dann 2 Minuten und schließlich 5 Minuten. Vergleichen Sie nun die drei Zeichnungen.

Kreative Inspiration

Linienzeichnungen von Quentin Blake und Louise Bourgeois.

POSTKARTEN-GEMÄLDE

DAS LEERE BLATT VERMEIDEN

Ein neues Bild zu beginnen, kann einschüchternd sein, aber wenn Sie eine Postkarte oder ein Foto als Grundlage verwenden, können Sie diese Angst abbauen. Hier habe ich Acrylgouache zum Übermalen von Postkarten und Fotos verwendet, aber Sie können jede beliebige Farbe oder jeden beliebigen Stift benutzen. Bei glänzenden Oberflächen sollten Sie vor dem Malen eine transparente Grundierung auftragen.

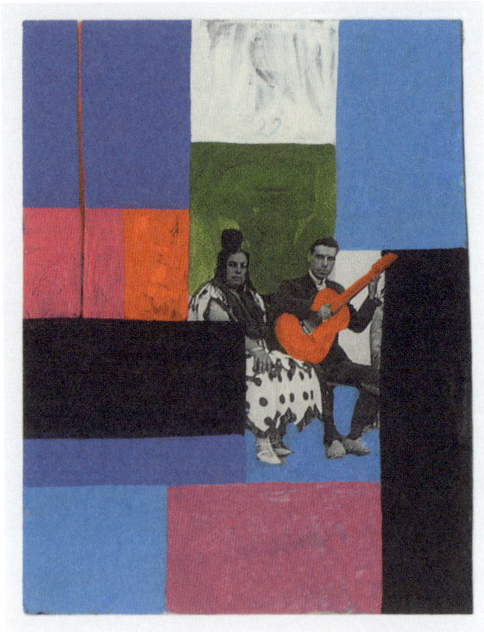

Kreative Übung

1. Malen Sie frei Hand auf eine Postkarte, ohne zu überlegen, was Sie freilassen oder verdecken.
2. Verwenden Sie auf einer anderen Karte Maskierungstechniken wie gegenüber zu sehen.
3. Bringen Sie auf einer dritten Karte Formen mithilfe von ablösbarem Klebeband an und malen Sie darüber. Lösen Sie sie dann wieder ab.

Kreative Inspiration

Das Werk von John Baldessari und die übermalten Fotografien von Gerhard Richter.

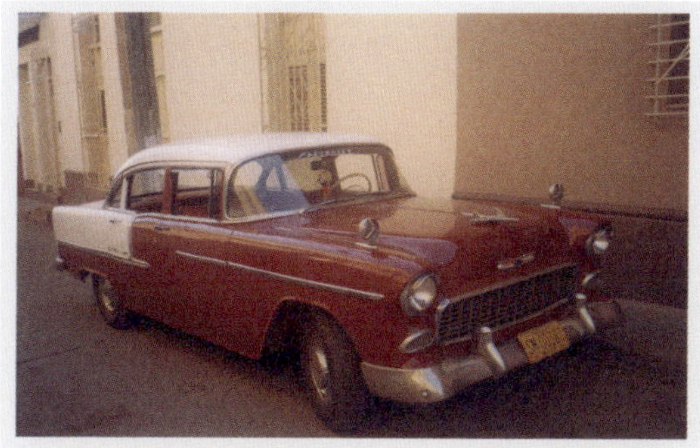

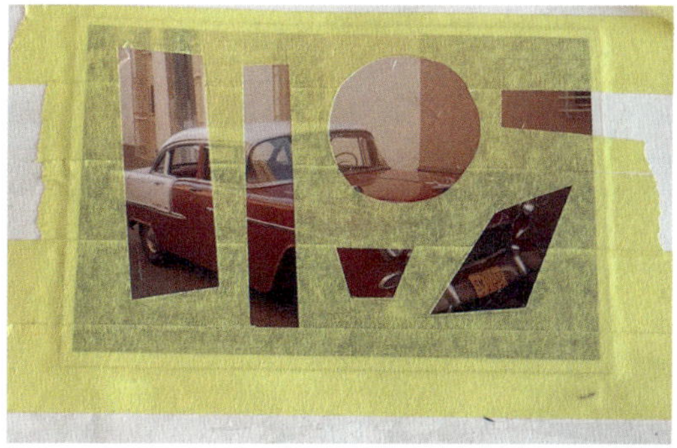

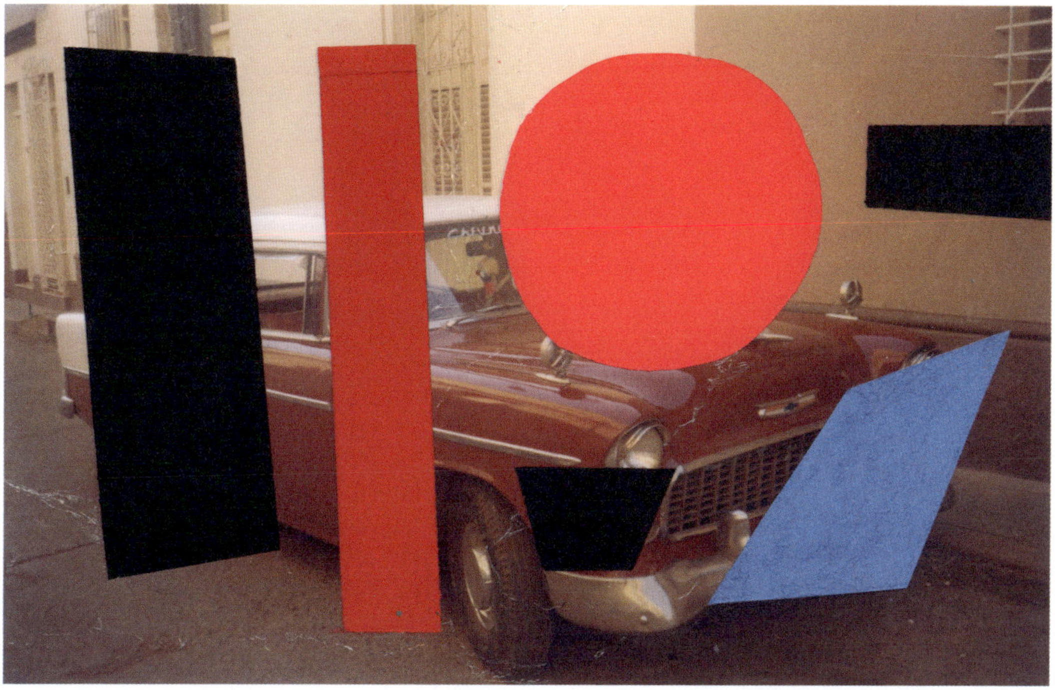

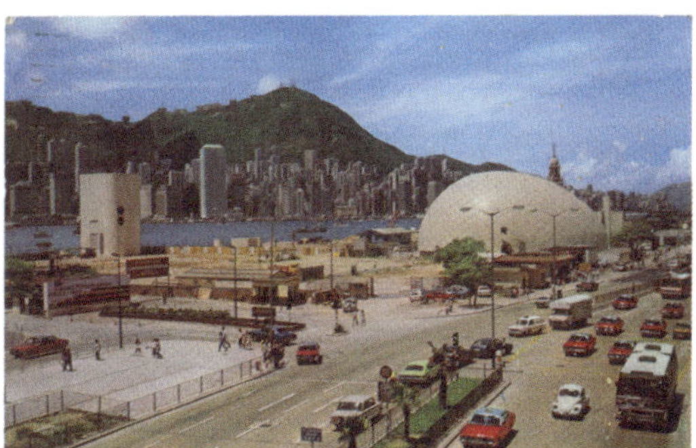

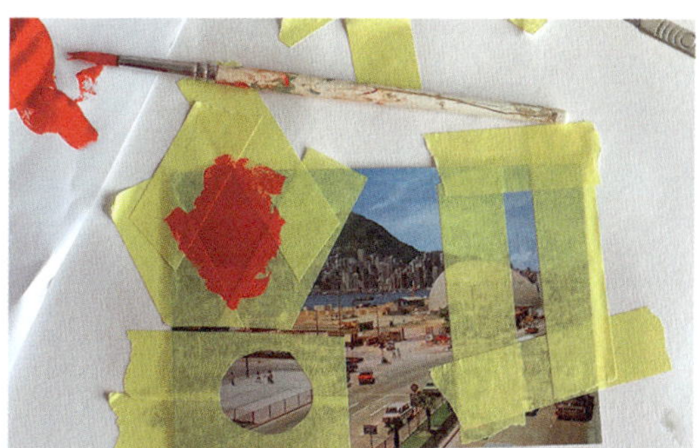

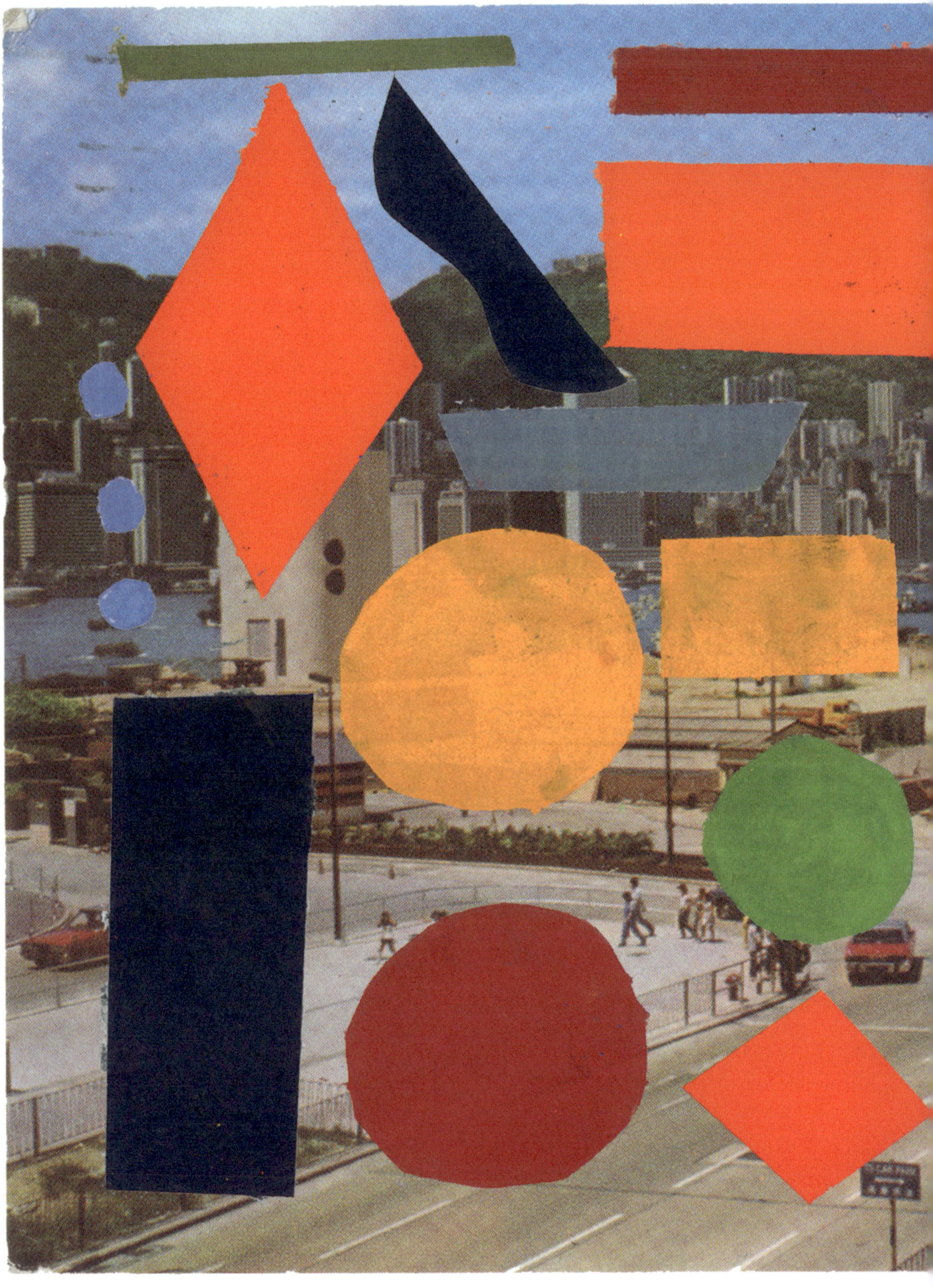

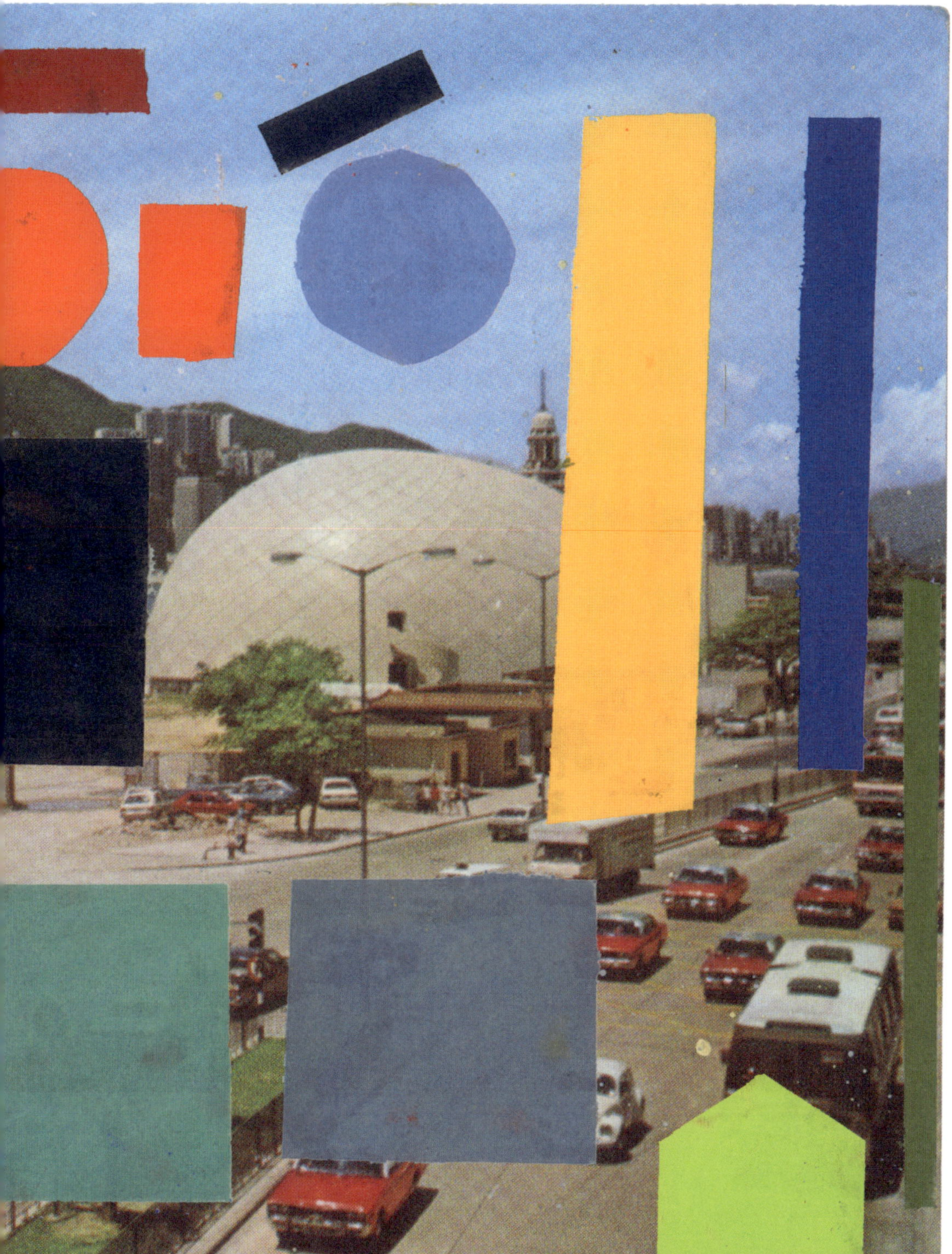

FRISTEN SETZEN

Das Schwierigste an einer kreativen Tätigkeit ist oft, überhaupt erst anzufangen. Ablenkungen und Ausreden lauern überall. Ich finde immer etwas, das mich ablenkt, sei es E-Mails zu checken oder meinen Schreibtisch aufzuräumen. Bei Prokrastination ist es am besten, einfach anzufangen: etwas zu tun, egal was.

In diesem Fall kann eine Frist als Teil der Selbstdisziplin wirklich helfen. Das kann etwas Einfaches sein, wie z. B. die Verpflichtung, einmal in der Woche zu malen oder eine kreative Tätigkeit auszuüben. Oder Sie verpflichten sich, jeden Tag zehn Minuten lang achtsam spazieren zu gehen, zu skizzieren oder einfach nur in den Himmel zu schauen. Wenn ich besonders unkonzentriert bin, hilft mir manchmal ein Küchentimer, mich zu konzentrieren. Eine Frist gibt uns etwas, auf das wir hinarbeiten können.

ICH ALS MINDMAP

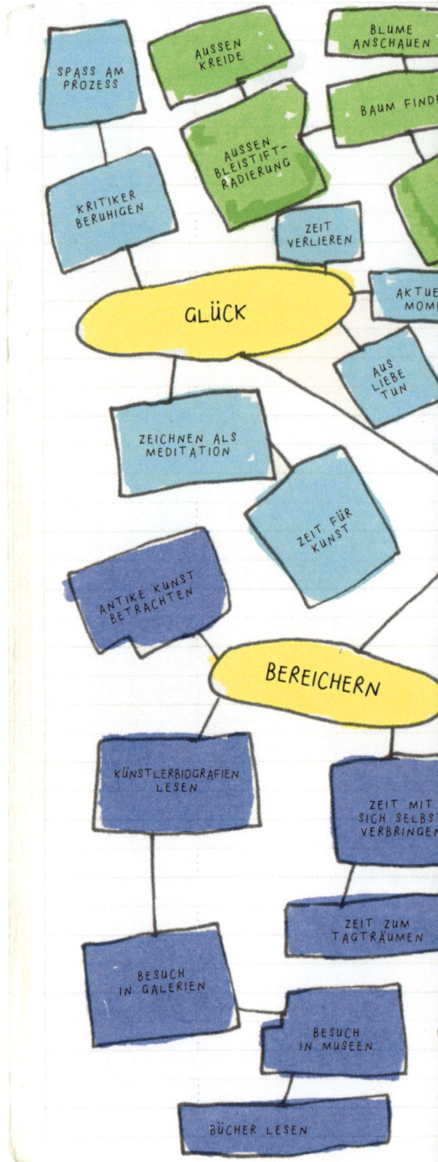

DIAGRAMM, UM IDEEN ZU ORDNEN

Mindmaps sind ein sehr nützliches Hilfsmittel, um Informationen und Ideen zu organisieren. Sie sind eine Möglichkeit, Fantasie und Assoziationen zu visualisieren und beide Seiten Ihres Gehirns zu nutzen, um neue Gedanken und Verbindungen zu schaffen. Sie können eine Mindmap für alles verwenden, von der Planung eines Buches bis zur Organisation einer Geburtstagsparty, und alles, was Sie brauchen, sind Papier und Stifte.

Kreative Übung

Erstellen Sie eine Mindmap auf einem einzigen Blatt Papier oder in einem Skizzenbuch. Beginnen Sie mit Ihrem Hauptthema in der Mitte des Blattes und lassen Sie Ihre Gedanken und Ideen davon ausgehen, wobei sich die Wörter strahlenförmig von der zentralen Idee ausbreiten. Verbinden Sie die Wörter mit Linien, wie die Äste eines Baumes.

Kreative Inspiration

Suchen Sie mal nach dem Lehrer Tony Buzan, der Mindmaps in den 1970ern erfunden hat – Sie finden alle möglichen Varianten.

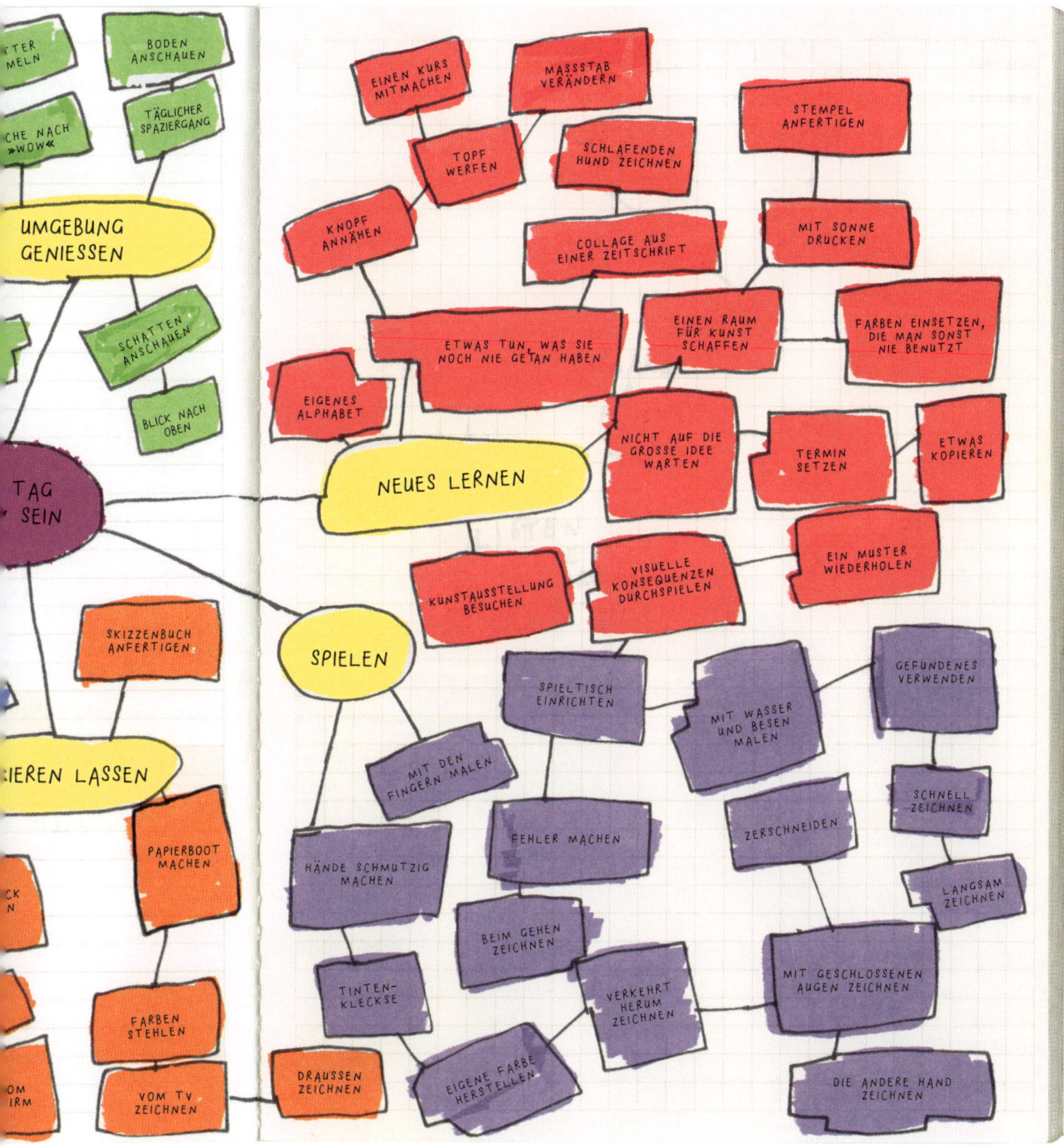

UMGEBUNG GENIESSEN
BODEN ANSCHAUEN
TÄGLICHER SPAZIERGANG
SCHATTEN ANSCHAUEN
BLICK NACH OBEN
TAG SEIN
NEUES LERNEN
EINEN KURS MITMACHEN
MASSSTAB VERÄNDERN
TOPF WERFEN
KNOPF ANNÄHEN
SCHLAFENDEN HUND ZEICHNEN
STEMPEL ANFERTIGEN
MIT SONNE DRUCKEN
COLLAGE AUS EINER ZEITSCHRIFT
ETWAS TUN, WAS SIE NOCH NIE GETAN HABEN
EINEN RAUM FÜR KUNST SCHAFFEN
FARBEN EINSETZEN, DIE MAN SONST NIE BENUTZT
EIGENES ALPHABET
NICHT AUF DIE GROSSE IDEE WARTEN
TERMIN SETZEN
ETWAS KOPIEREN
KUNSTAUSSTELLUNG BESUCHEN
VISUELLE KONSEQUENZEN DURCHSPIELEN
EIN MUSTER WIEDERHOLEN
SPIELEN
SKIZZENBUCH ANFERTIGEN
PAPIERBOOT MACHEN
FARBEN STEHLEN
VOM TV ZEICHNEN
DRAUSSEN ZEICHNEN
SPIELTISCH EINRICHTEN
MIT WASSER UND BESEN MALEN
GEFUNDENES VERWENDEN
MIT DEN FINGERN MALEN
FEHLER MACHEN
ZERSCHNEIDEN
SCHNELL ZEICHNEN
LANGSAM ZEICHNEN
HÄNDE SCHMUTZIG MACHEN
BEIM GEHEN ZEICHNEN
TINTEN-KLECKSE
VERKEHRT HERUM ZEICHNEN
MIT GESCHLOSSENEN AUGEN ZEICHNEN
EIGENE FARBE HERSTELLEN
DIE ANDERE HAND ZEICHNEN

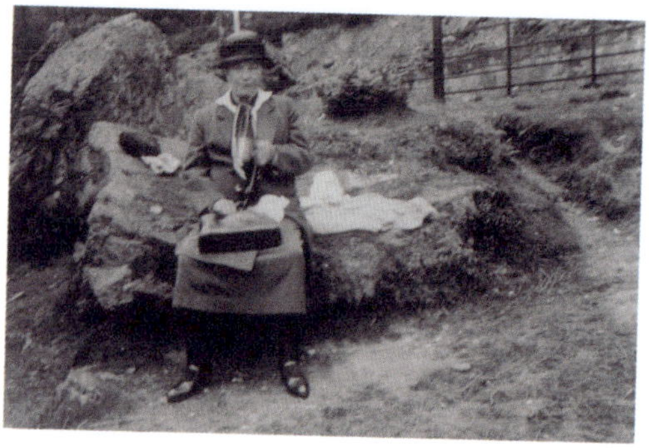

DAS LETZTE, WAS JEAN AN DIESEM HEISSEN TAG IN DEN SINN KAM, WAR ... MORD.

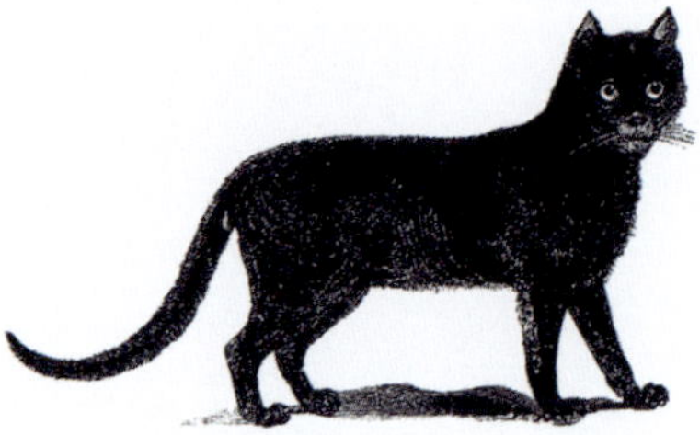

OSCAR HATTE SICH ALS KATER NIE WOHLGEFÜHLT, IN SEINEM KOPF WAR ER 100% HASE.

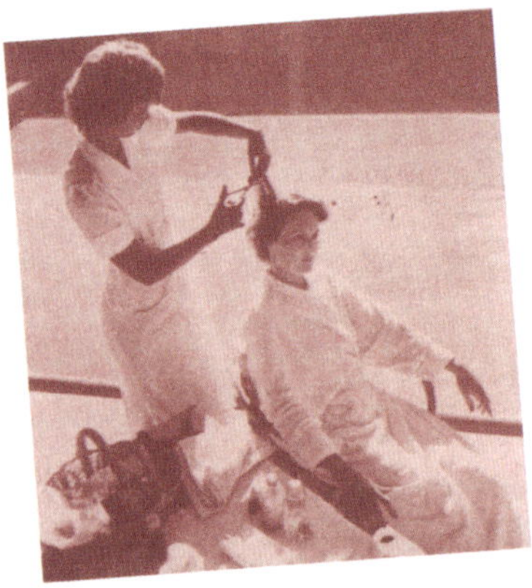

NIEMAND DURFTE DEM EXKLUSIVEN TRINITY-CLUB BEITRETEN, OHNE DASS ELIZABETH ZUERST EINE LOCKE FÜR IHRE SAMMLUNG BEKAM.

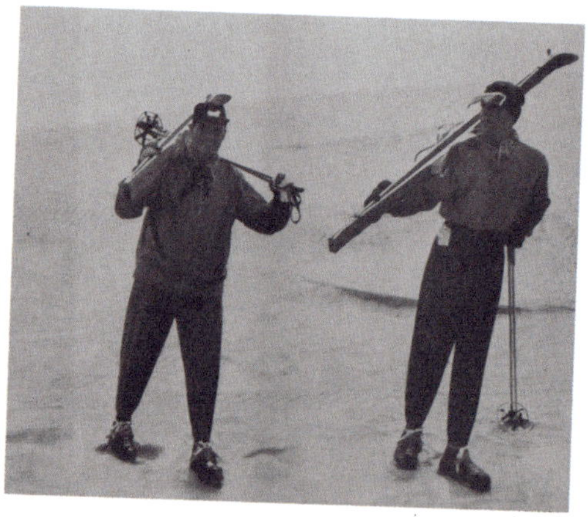

ETWAS UNTER DEM EIS MACHTE SICH LANGSAM AUF DEM WEG ZUM ESSEN ...

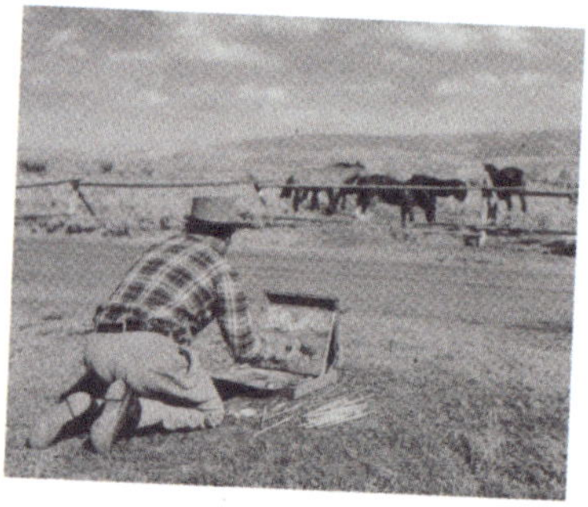

ER HATTE EINE GENIALE MÖGLICHKEIT GEFUNDEN, DIE PFERDE ETWAS ZU BÄNDIGEN: EIN LANGSAMES, TIEFES PFEIFEN, DAS SIE SOFORT INNEHALTEN LIESS.

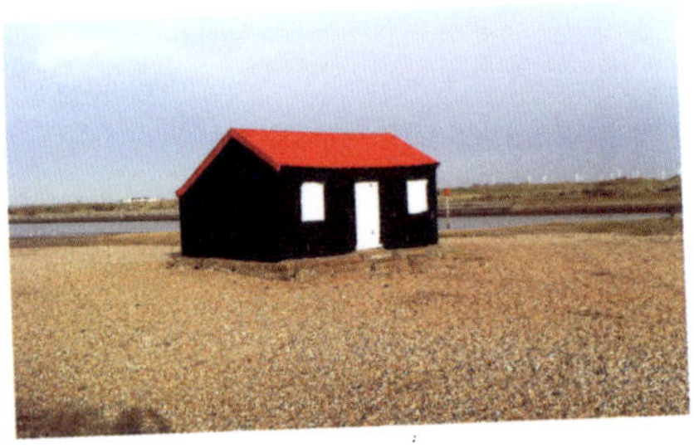

JOE VERLIESS SEIN HAUS MIT DEM ROTEN DACH NUR DIENSTAGS.

GESCHICHTEN ERZÄHLEN

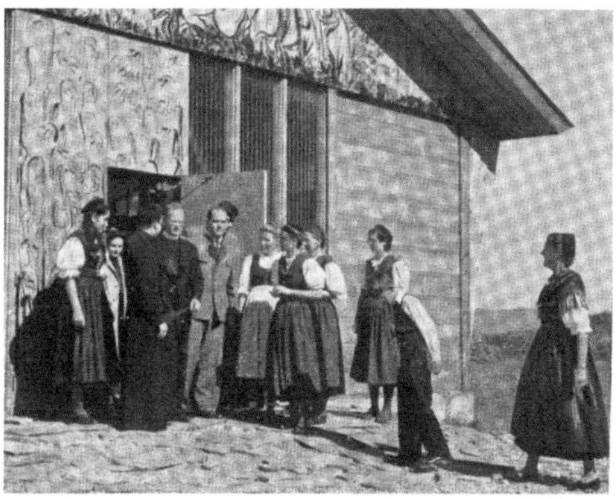

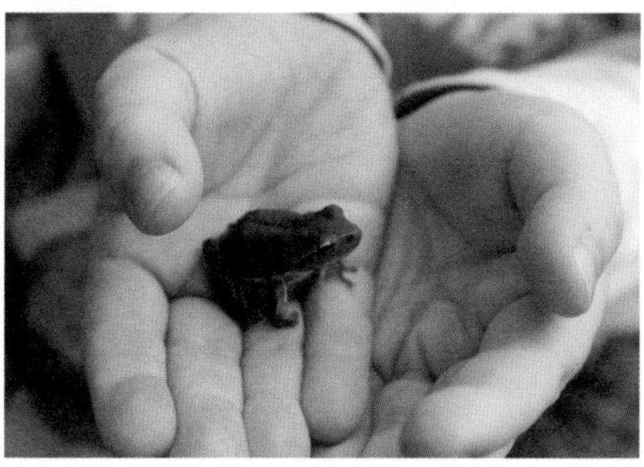

MIT EINEM BILD BEGINNEN

Ein Einzelbild oder eine Mischung aus mehreren kann lebendige Geschichten oder Kunst erzeugen. Als ich Kunst studierte, wurde mir ein sehr einfaches, aber rätselhaftes Schwarz-Weiß-Bild als Inspiration für ein Werk vorgegeben. Es zwang mich mit dem begrenzten Material zu beschäftigen. Schauen Sie sich die nebenstehenden Fotos an: Auf einem sieht eine ältere Dame unschuldig aus, könnte aber unheimlich sein – was ist in ihrer Tasche? Hat die Katze eine Persönlichkeitsstörung oder hat sich da jemand verkleidet? Die Beschränkung hilft Ihnen, Ihre Fantasie anzuregen.

Kreative Übung

In einem Schreibkurs von Lou Kuenzler hatten wir die Aufgabe, Buchtitel zu entwerfen, die von zufälligen Fotos und Zeichnungen inspiriert waren. Versuchen Sie diese Übung mit den beiden gezeigten Fotos oder verwenden Sie Ihre eigenen.

Kreative Inspiration

Das Werk von Andrzej Klimowski und Anne Howeson sowie John Bergers Buch *Ways of Seeing.*

FARBEN STEHLEN

EINE NEUE PALETTE FINDEN

Eine ausgewogene Farbpalette zu schaffen, kann entmutigend sein und dazu führen, dass wir bei alten Favoriten bleiben. Die Lösung? Leihen Sie sich Farben von anderen Künstlern oder verschiedenen Quellen. Für dieses Beispiel habe ich mich von einem alten japanischen Spielzeugkatalog inspirieren lassen, weil ich seine gedämpfte Farbpalette schätze. Versuchen Sie, diese Farben zu mischen; sie müssen nicht exakt sein. Es ist sehr anstrengend, ungewöhnliche Farben zu mischen.

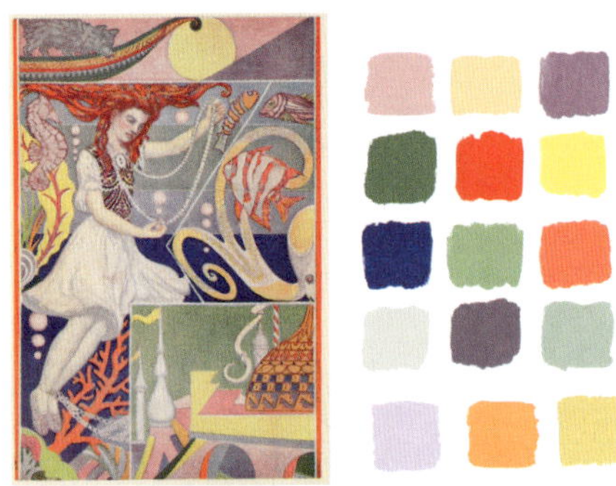

Ilona Came Floating Up Through the Waves, Jay van Everen, 1922.

Kreative Übung

Wählen Sie mindestens zwei oder drei Referenzbilder, von denen Sie Paletten kopieren. Die Madonna-Postkarte ist ein gutes Beispiel für eine kleine und begrenzte Palette, die zu mischen und zu verwenden eine Herausforderung sein wird.

Kreative Inspiration

Die Serie »Homage to the Square« der Gemälde von Josef Albers und das Buch *The History of Colour* von Neil Parkinson.

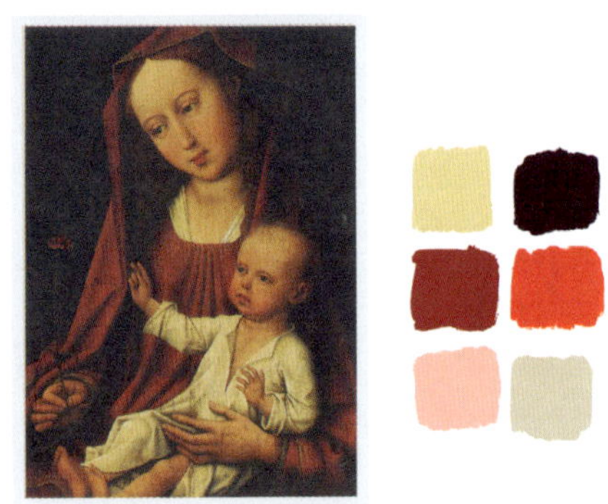

Madonna mit der Nelke, Umfeld von Rogier van der Weyden, ca. 1480.

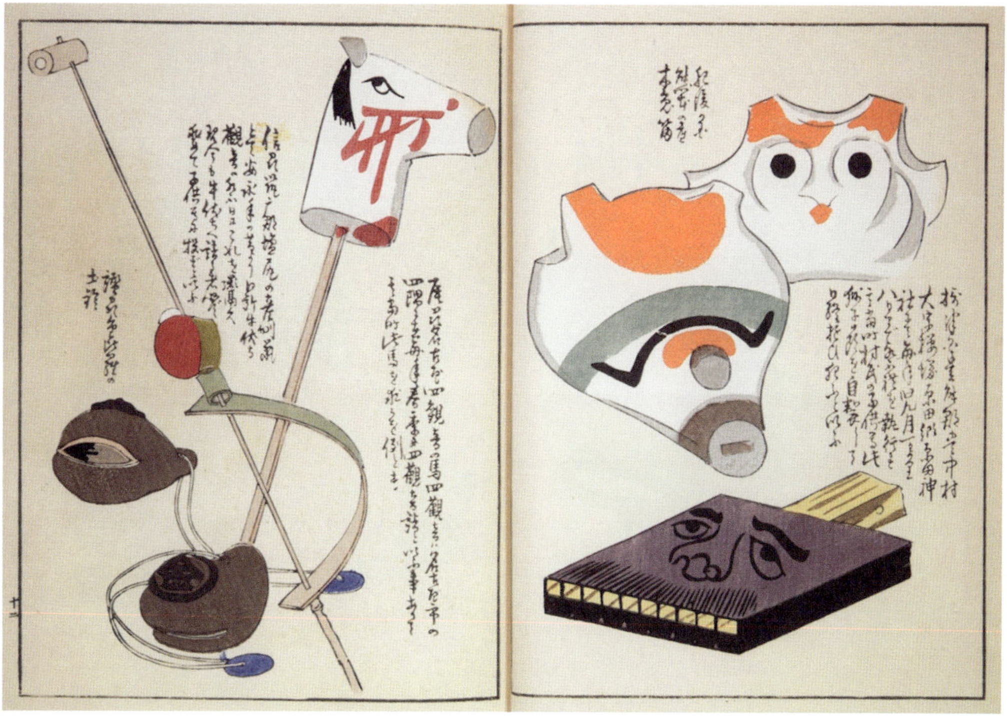

Seiten aus einem japanischen Spielzeugkatalog, 1891.

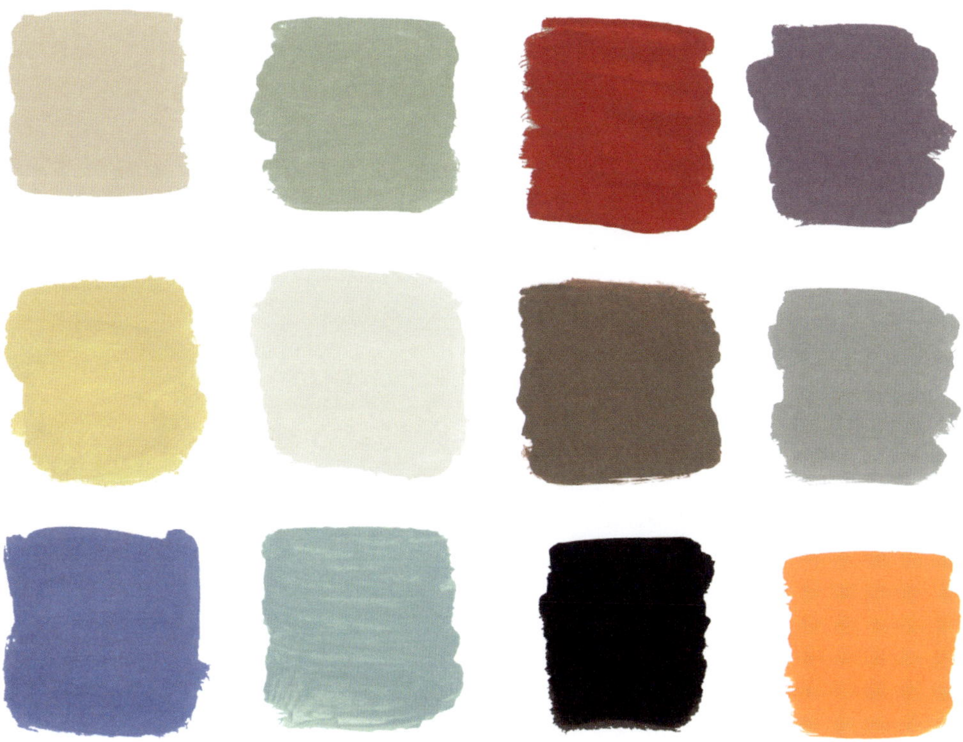

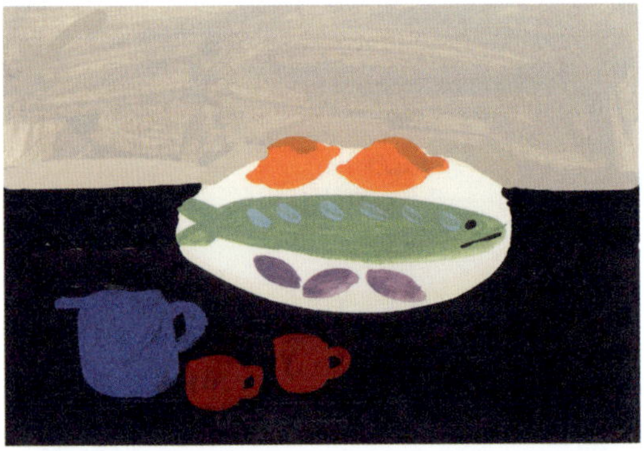
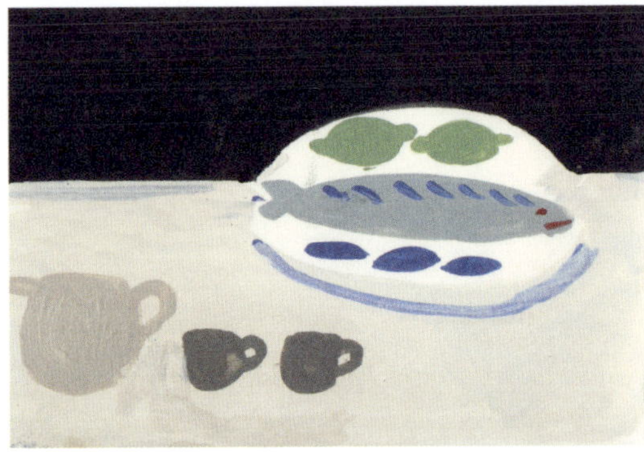
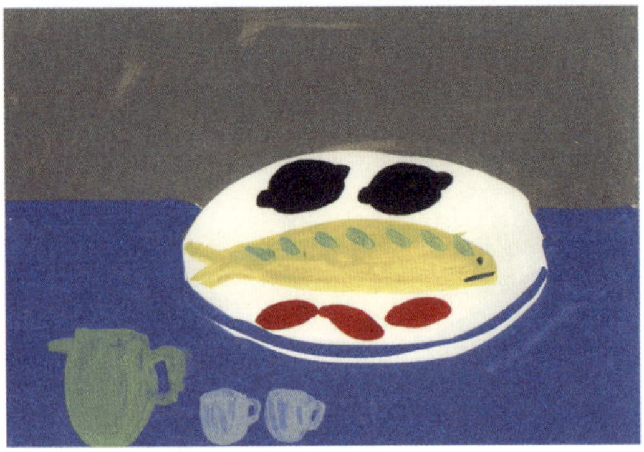
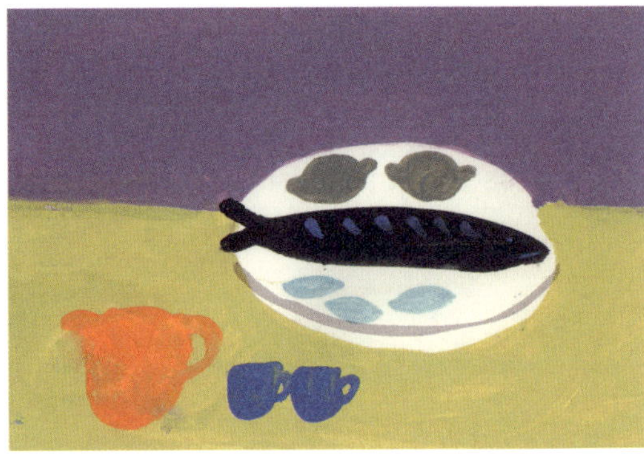
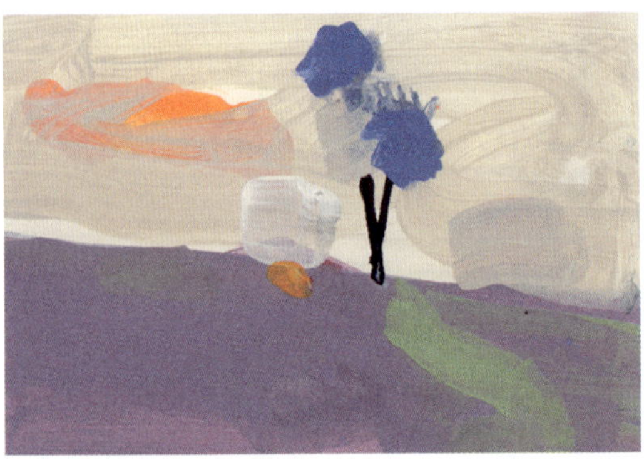
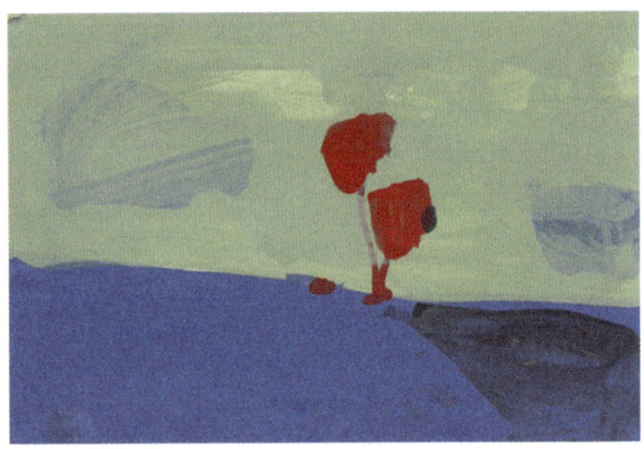
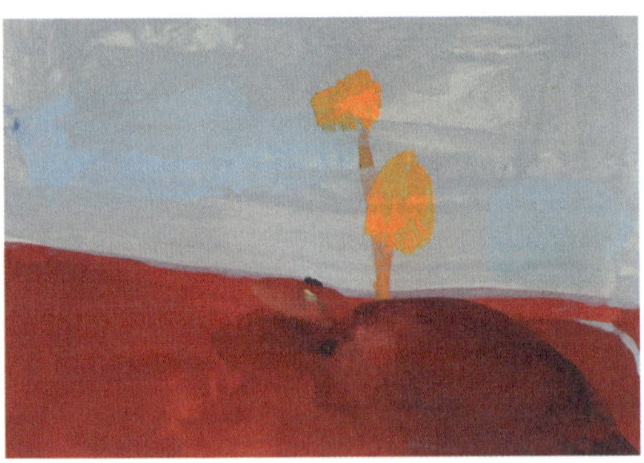
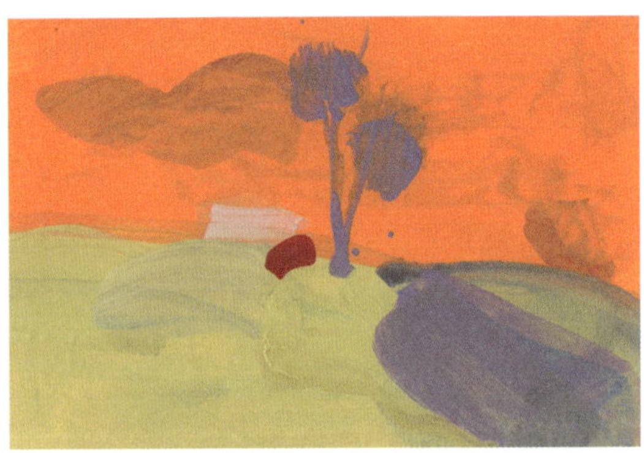

FARBEN KOMBINIEREN

NUTZEN SIE IHRE NEUE PALETTE

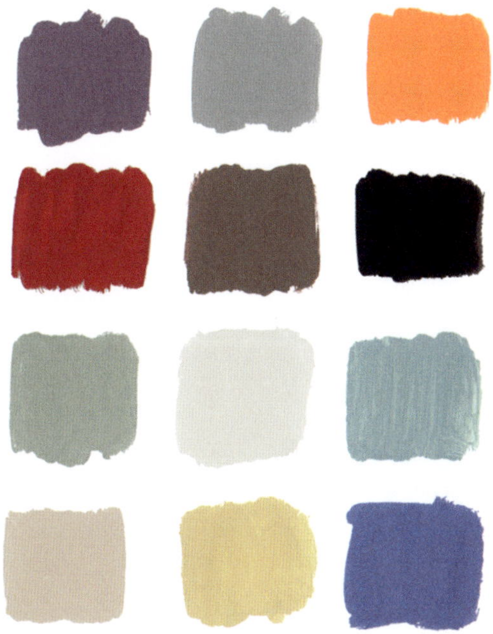

Palette aus einem japanischen Spielzeugkatalog.

Diese Übung knüpft an die vorherige an. Nachdem ich eine neue Farbpalette gemischt hatte, habe ich Stillleben und Landschaften gemalt, um sie zu präsentieren. Auf den folgenden Seiten werden Sie Vögel sehen, die ich ebenfalls mit diesen Farben gemalt habe. Die Möglichkeiten, dieselbe Palette in verschiedenen Konfigurationen zu verwenden, sind endlos. Beachten Sie, wie sich die Farben in der Wahrnehmung je nach benachbarten Farbtönen verändern; einige erscheinen heller oder dunkler.

Kreative Übung

Malen Sie Ihr eigenes Stillleben oder Ihre eigene Landschaft und versuchen Sie, so viele verschiedene Farbversionen der gleichen Szene wie möglich mit Ihrer neuen Palette zu malen. Dies wird Ihnen helfen, Farbbeziehungen zu verstehen und unerwartete Ergebnisse zu erzielen.

Kreative Inspiration

Schauen Sie sich die Zorn-Palette an, eine Technik mit vier Farben – Ockergelb, Kadmiumrot, Schwarz und Weiß –, um einen breiteren Farbbereich zu erzeugen.

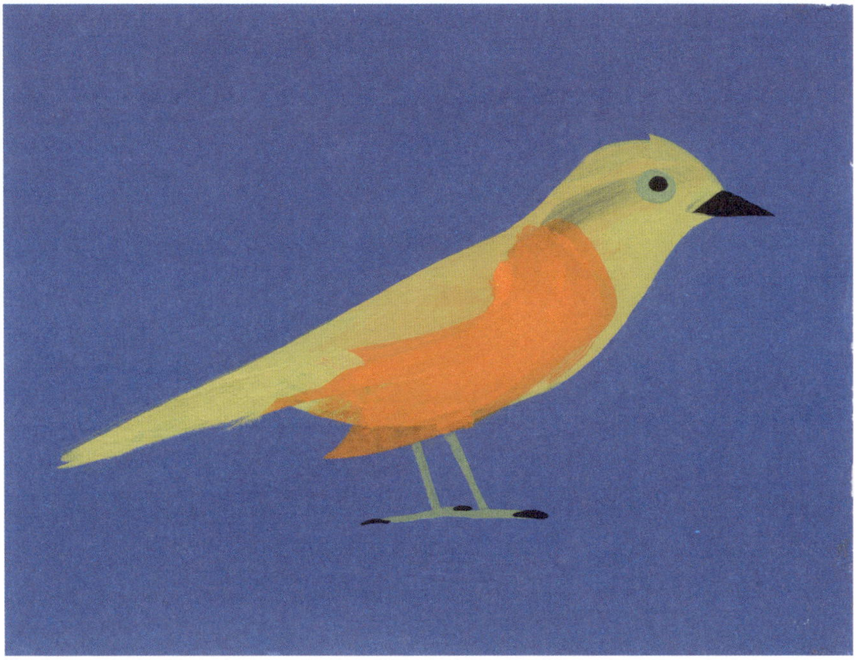

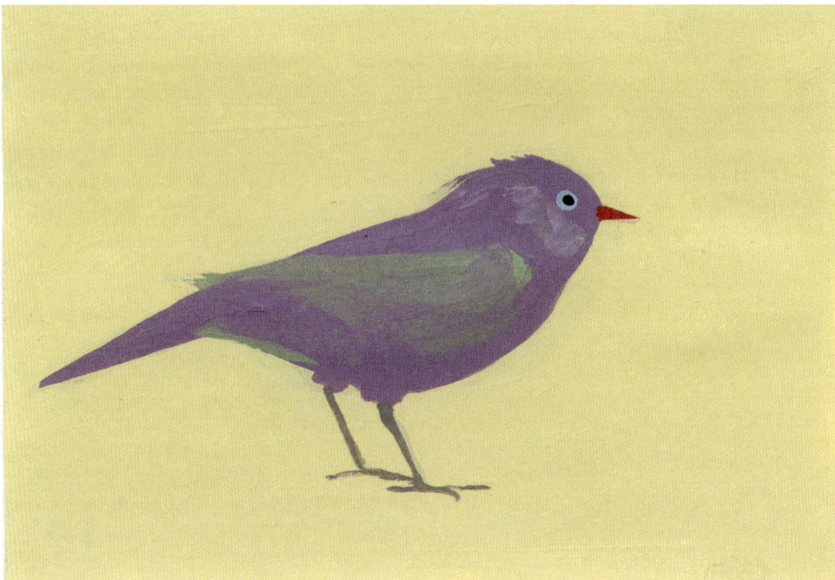

Vögel gemalt mit der Palette aus einem
alten japanischen Spielzeugkatalog.

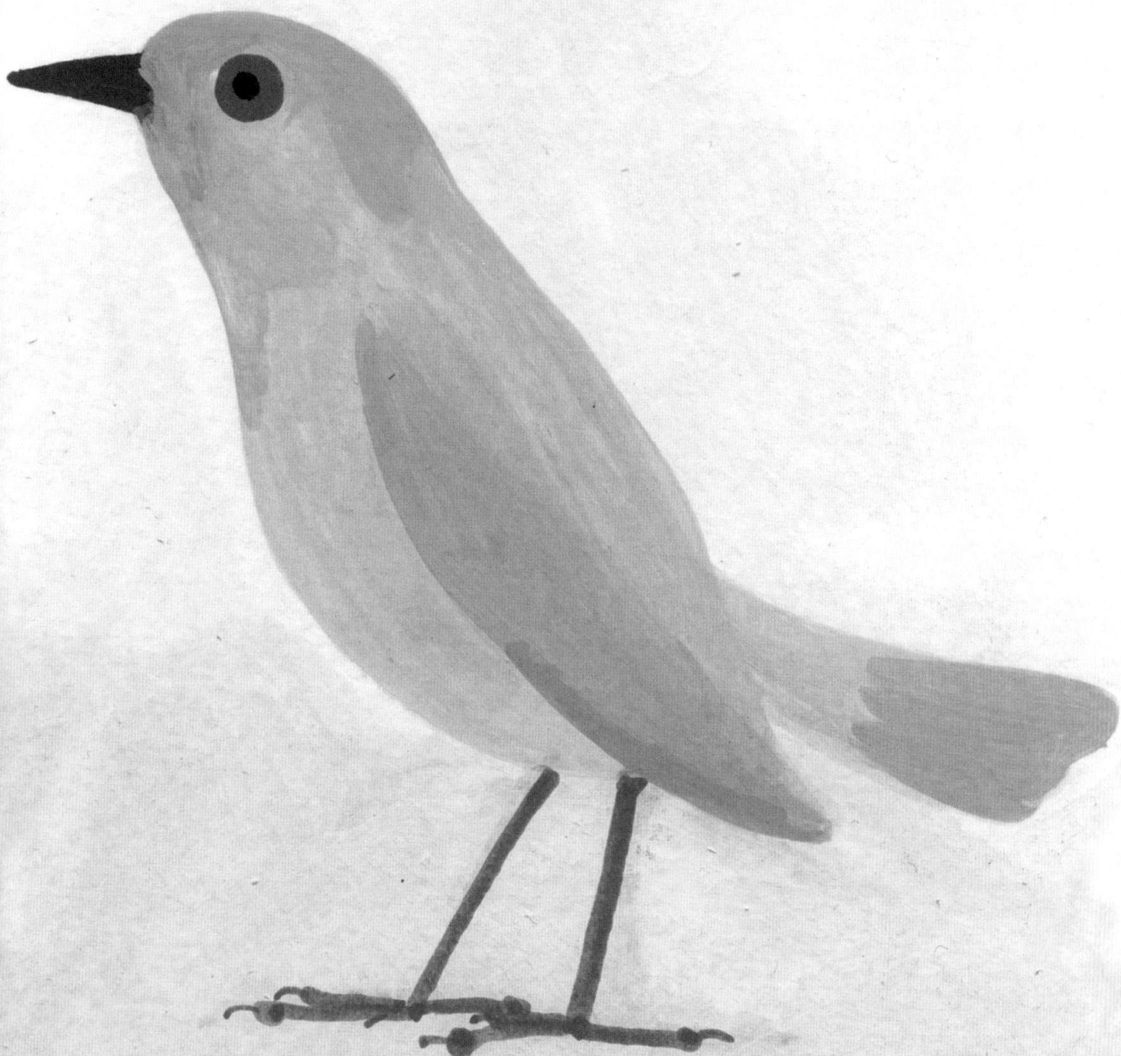

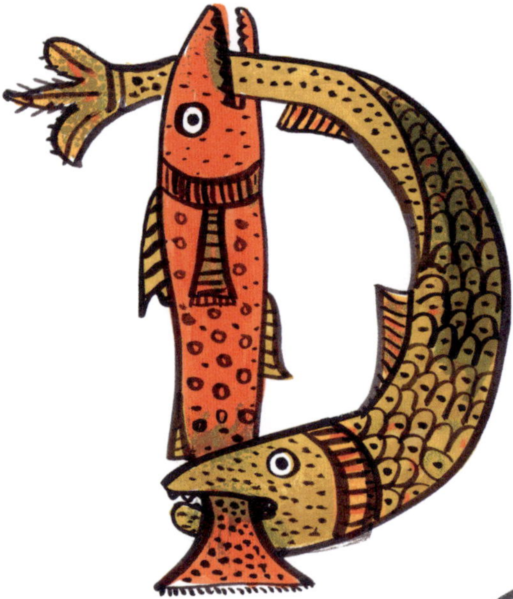

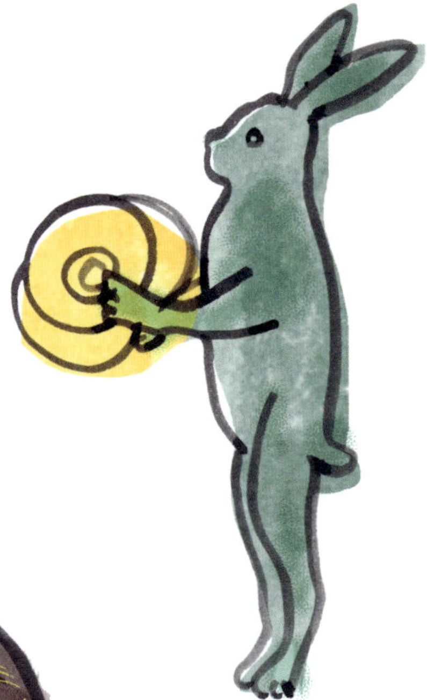

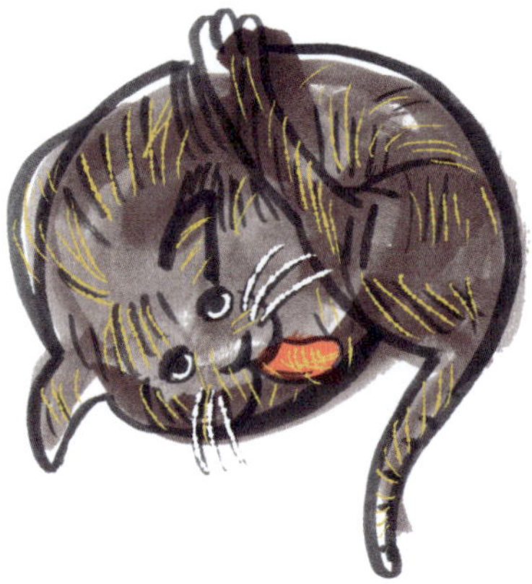

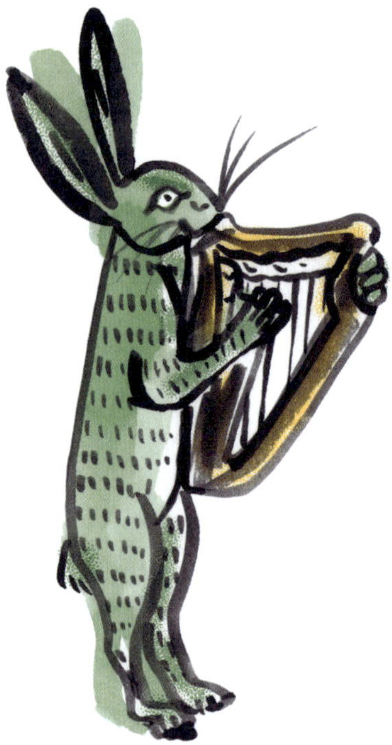

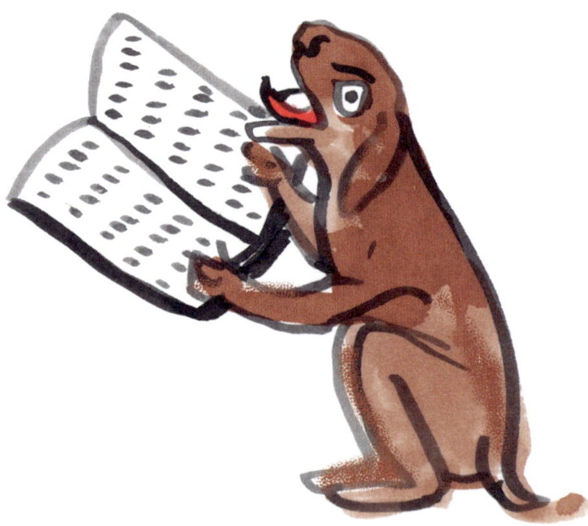

BUCH-MALEREI

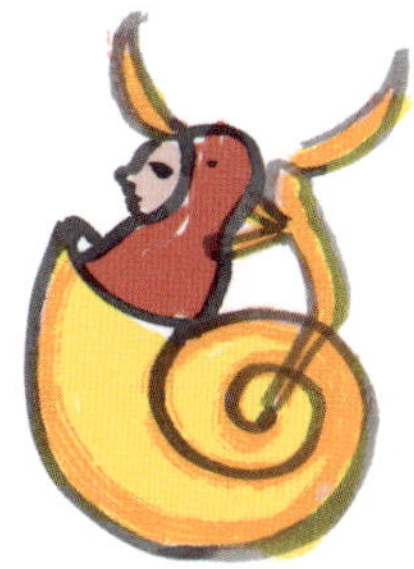

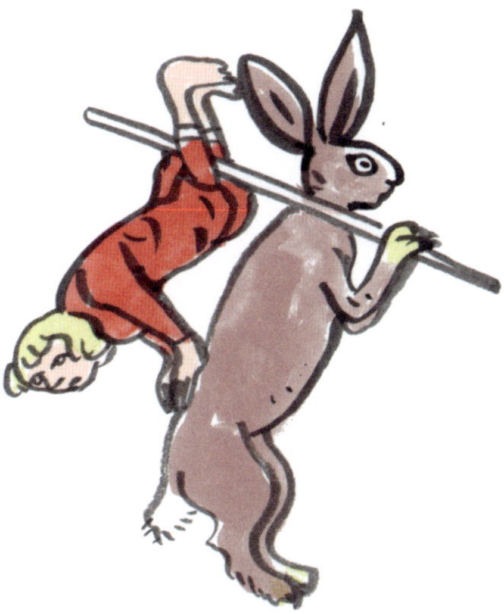

ILLUSTRIERTE FIGUREN

Große Bibliotheken wie die British Library verfügen über umfangreiche Sammlungen illuminierter (illustrierter) Manuskripte, sowohl in physischer Form als auch online. Diese Manuskripte enthalten oft symbolische und allegorische Tiere oder seltsame Kreaturen in den verzierten Initialen und Rändern. Oft werden Tiere bei menschlichen Tätigkeiten dargestellt, um verkehrte Welten widerzuspiegeln. Ich bin immer auf der Suche nach einzigartigen Inspirationen, und dies ist eine wahre Fundgrube.

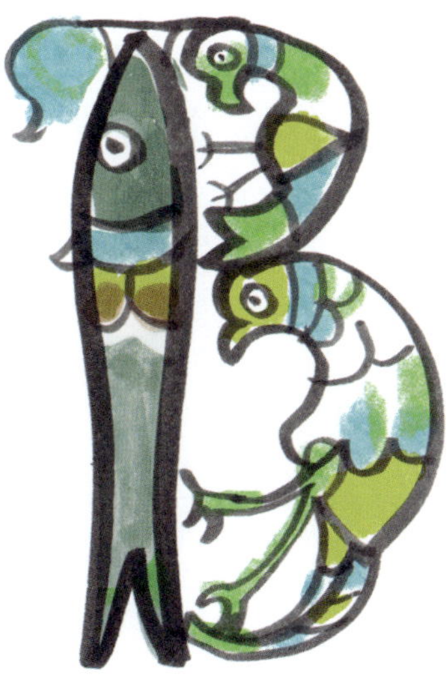

Kreative Übung

In Handschriften sind die Initialen oft mit zoomorphen oder blattförmigen Motiven versehen, bei denen sich Tiere oder Blumen der Form des Buchstabens anpassen. Gestalten Sie Ihre eigenen Initialen auf diese Weise.

Kreativer Schnellschuss

Schauen Sie sich diese beiden berühmten illustrierten Manuskripte an: *The Book of Kells* und *Lindisfarne Gospels*.

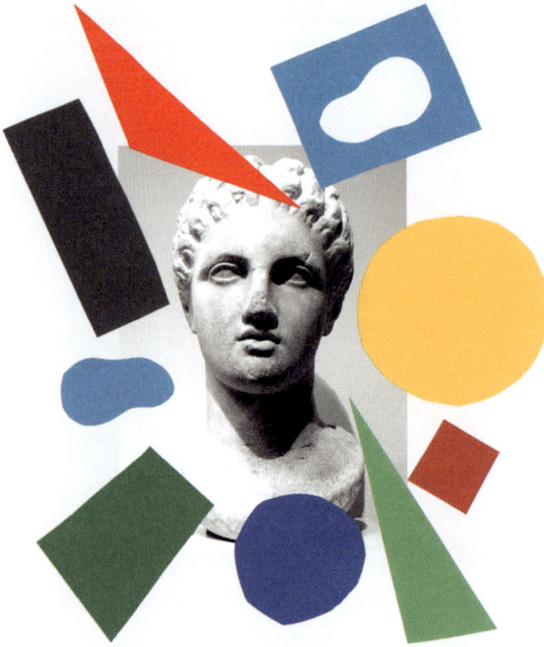

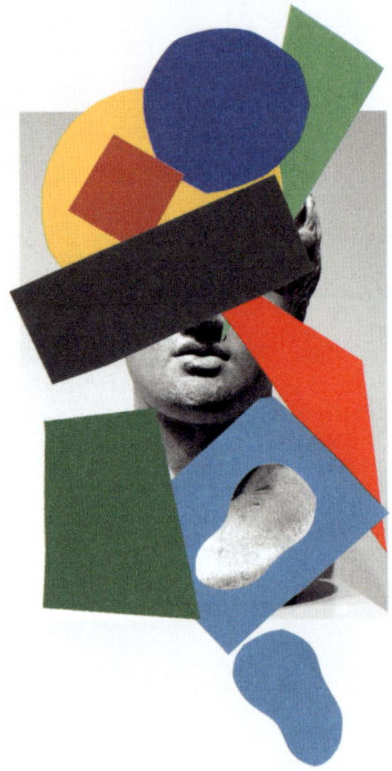

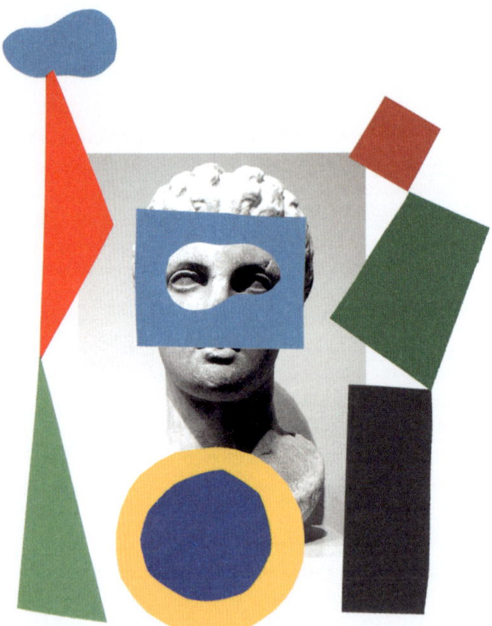

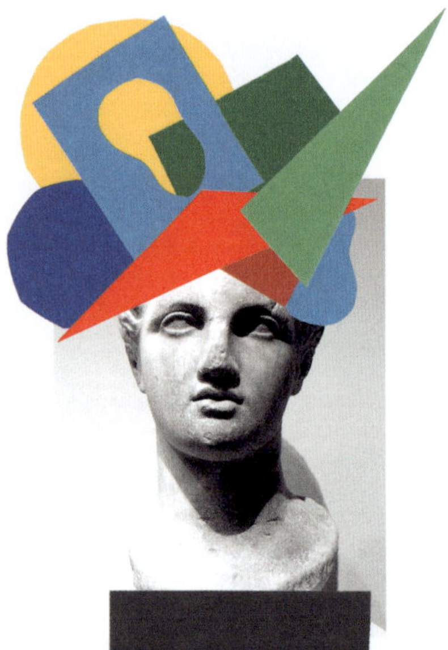

VERRÜCKTE KOMPOSITION

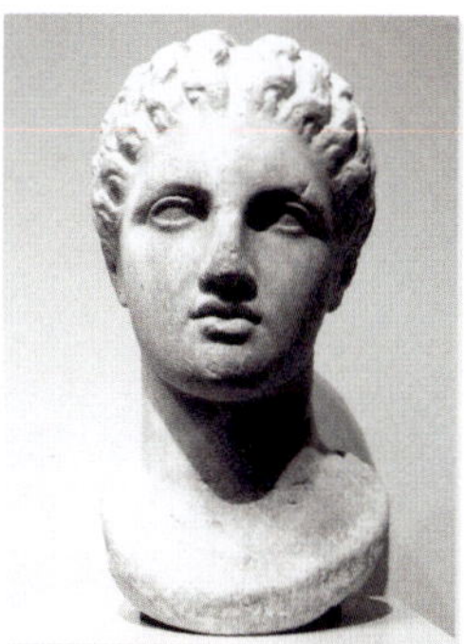

VARIATIONEN IM DESIGN

Die Fotografie habe ich mit denselben Elementen zu einer Collage kombiniert, um unerwartete, dynamische Variationen zu schaffen. Ich habe ein Schwarz-Weiß-Foto einer klassischen Statue einfachen, aus farbigem Papier ausgeschnittenen Formen gegenübergestellt. Sie können die Formen wahllos oder gezielt anordnen; der Schlüssel ist der taktile Prozess der Platzierung und des Experimentierens.

Kreative Übung

Probieren Sie diese Übung mit einem Foto eines menschlichen Kopfes, zeitgenössisch oder antik. Sie können Ihr eigenes farbiges Papier herstellen, indem Sie die Blätter mit Gouache- oder Acrylfarbe bemalen.

Kreative Inspiration

Die Werke von Peter Blake, die Papierschnitte von Henri Matisse und die Multimedia-Arbeiten von Lorna Simpson.

STÖCKE

STÖCKE BEMALEN

Sammeln Sie einige Stöcke in einem Park oder in freier Natur. Verwenden Sie Acrylstifte oder Farbe und beginnen Sie, sie mit schwarzen und weißen Mustern zu verzieren, um sich auf das Design zu konzentrieren. Wenn Sie sich sicher fühlen, können Sie weitere Farben hinzufügen, um mehr Lebendigkeit zu schaffen. Damit verbinden Sie sich mit den Traditionen unserer Vorfahren und rufen Bilder von Menschen hervor, die sich in ähnlicher Weise künstlerisch ausdrückten.

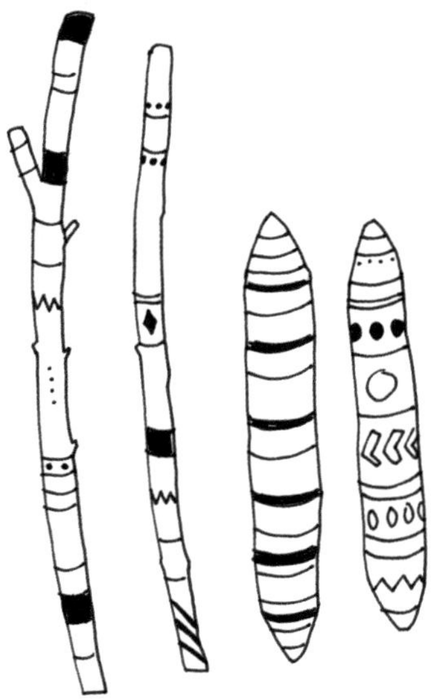

Kreative Übung

Fügen Sie Ihren Stöcken ein funktionelles Element hinzu. Sammeln Sie etwas dickere Stöcke, die etwa 15 cm lang sind, und spitzen Sie die Enden an, um sie in Clapsticks zu verwandeln. Australische Ureinwohner verwendeten sie, um bei Liedern und Tänzen den Takt zu halten. Verzieren Sie sie mit bunten Farben.

Kreative Inspiration

Indigene australische Schlaghölzer und die Keramik-Totems der amerikanischen Bildhauerin Sally Russell.

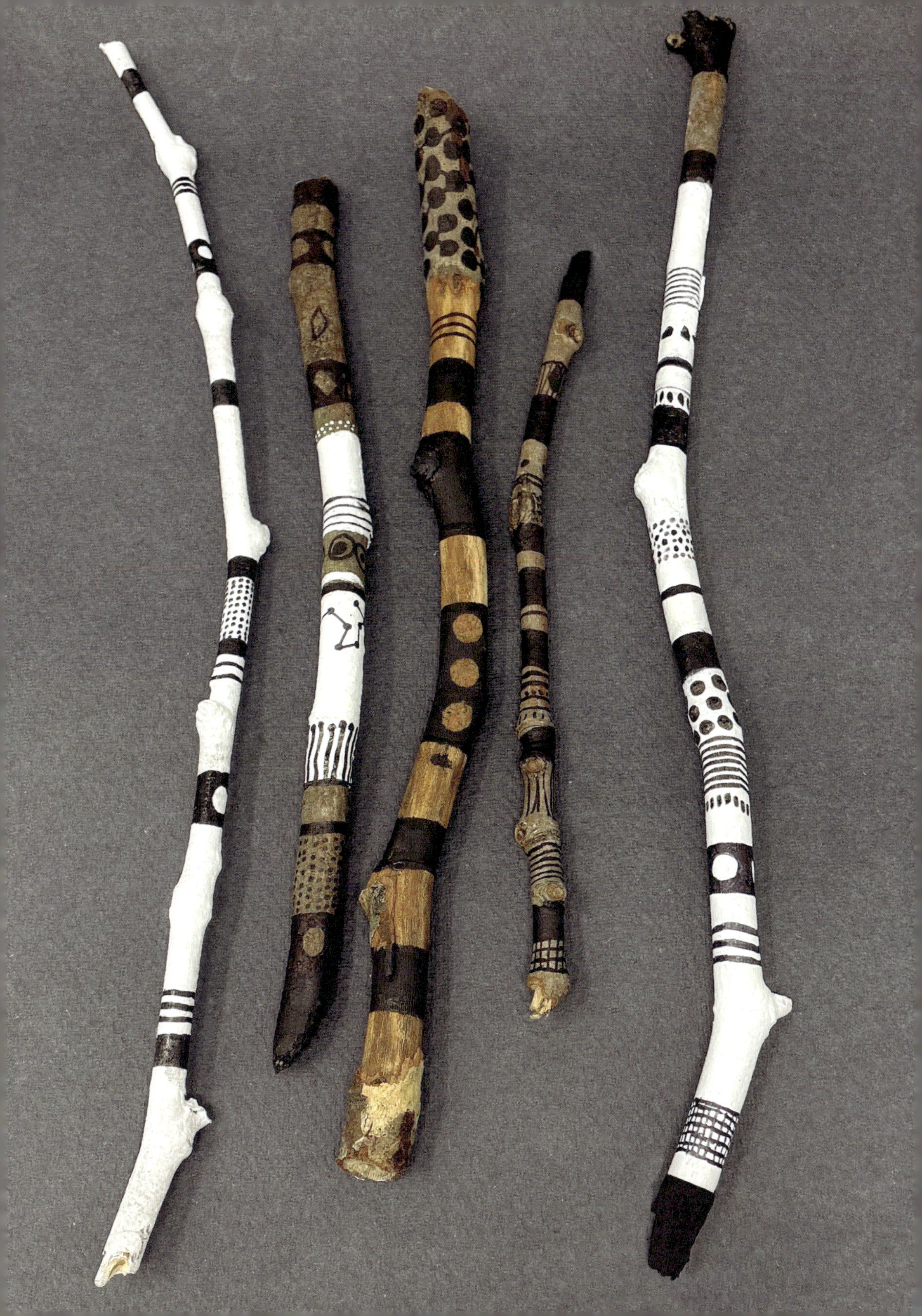

WEIß AUF SCHWARZ

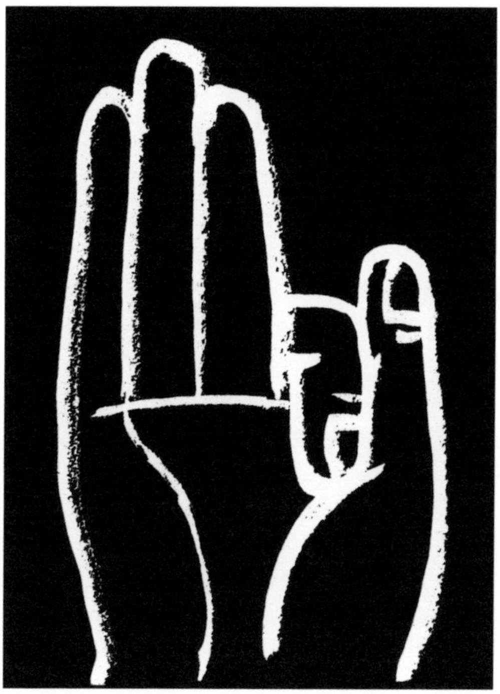

NEGATIV-ZEICHNUNGEN

Ich verwende diese Technik oft, weil sie mich herausfordert und überrascht. Die Arbeit mit weißen Medien auf schwarzem Papier lässt mich die traditionellen Schattierungs- und Schichtungstechniken neu überdenken. Dieser Ansatz ist besonders effektiv, um starke, einfache lineare Bilder zu schaffen. Sie ermutigt Sie zu einem minimalistischen Stil, da das schwarze Papier auf natürliche Weise Teil des negativen Raums wird. Hier habe ich einen Totenkopf gezeichnet, der vom mexikanischen Fest zum Tag der Toten inspiriert ist, sowie eine grafische Hand, inspiriert von mittelalterlichen Manuskripten.

Kreative Übung

Wählen Sie ein Motiv. Es kann etwas Bekanntes sein, z. B. Katzen, Gesichter oder Blätter. Zeichnen Sie mit weißer Farbe, Tusche, Kreide oder Acrylstiften auf schwarzem, mattem Papier. Zeichnen Sie schnell und kühn. Die entstehende Reihe von Zeichnungen lässt Sie entspannen.

Kreative Inspiration

Die Werke von Keith Haring und Aubrey Beardsley.

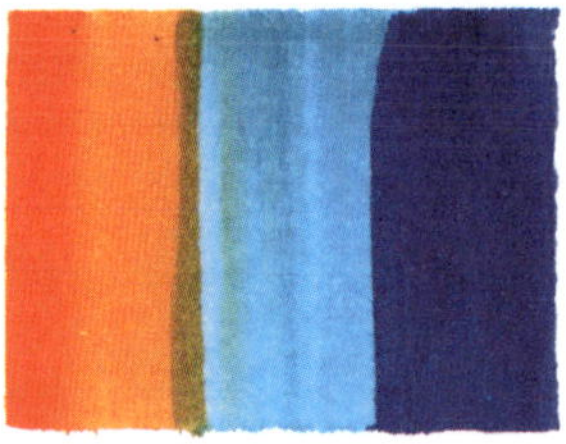
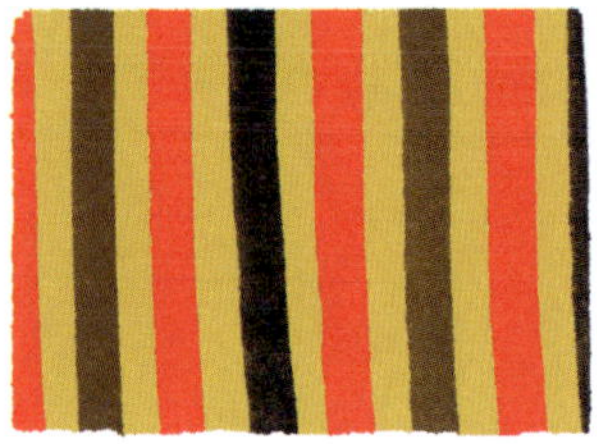
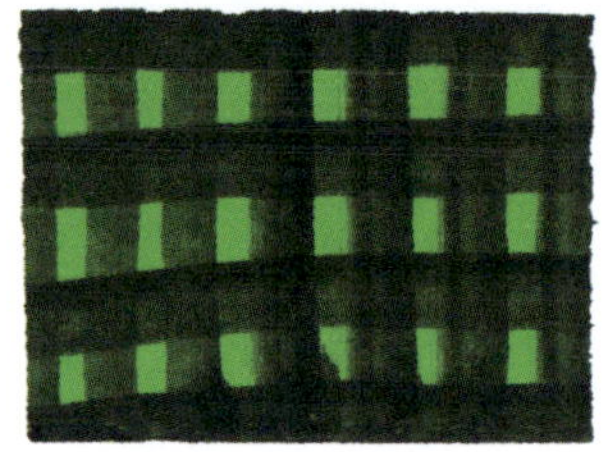
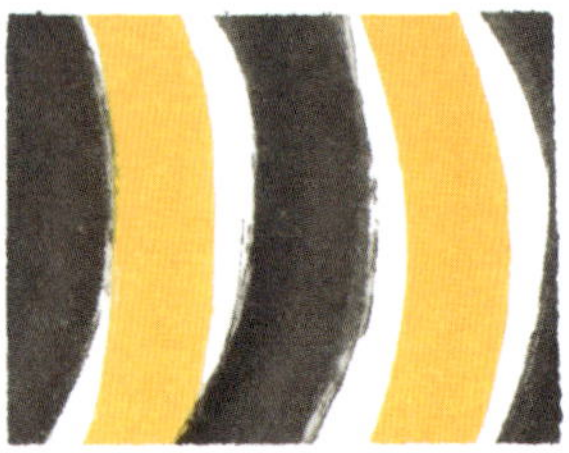
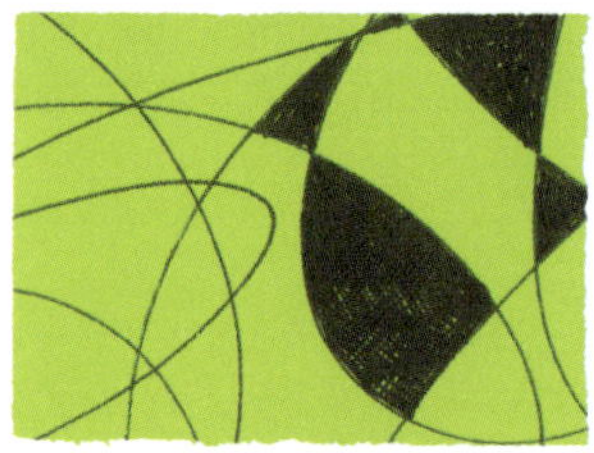
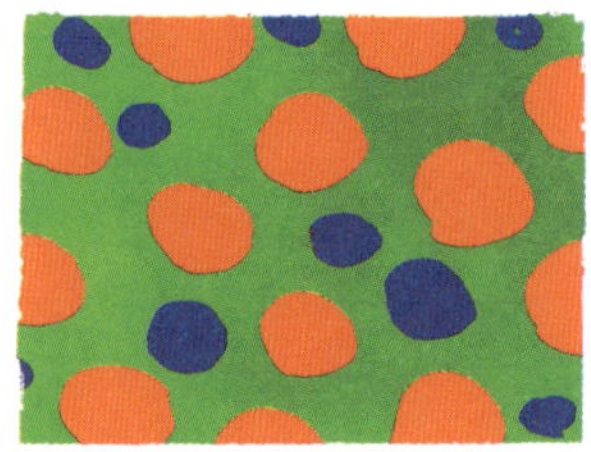
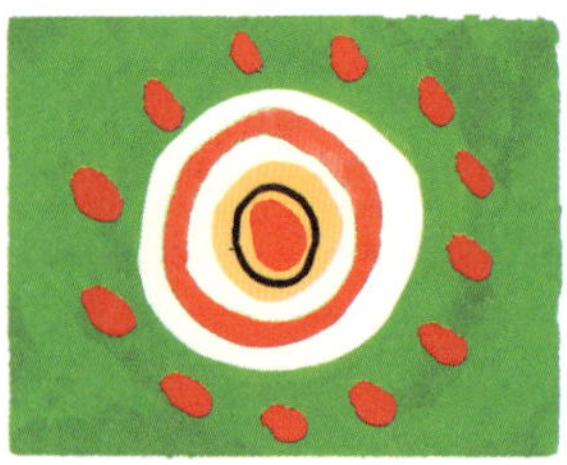
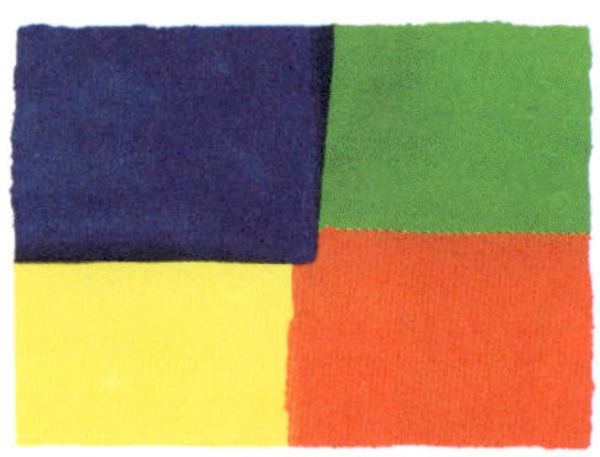

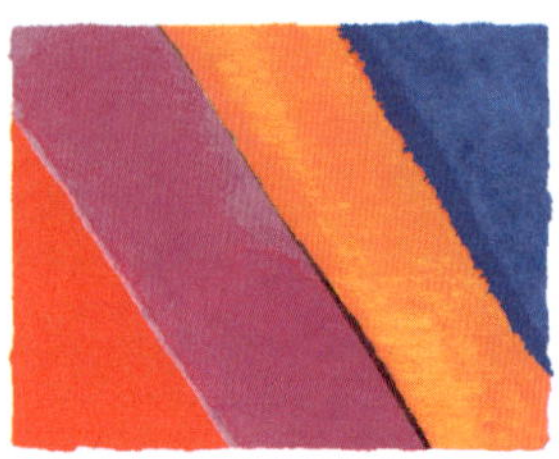
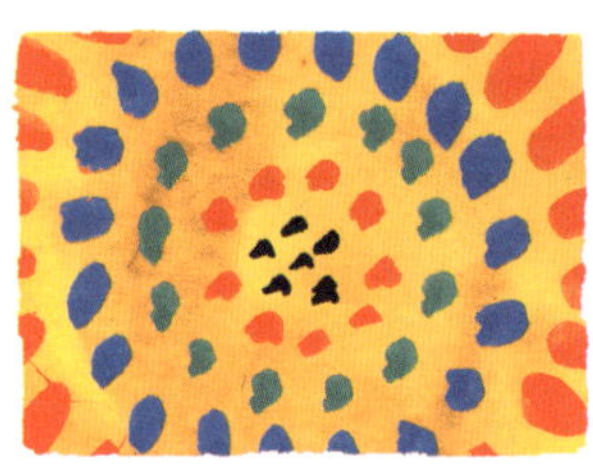
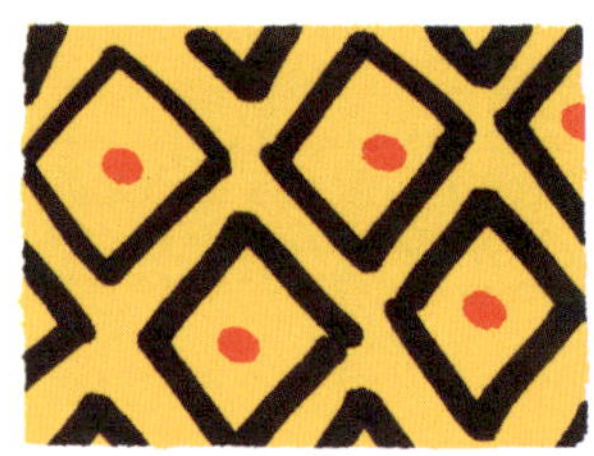
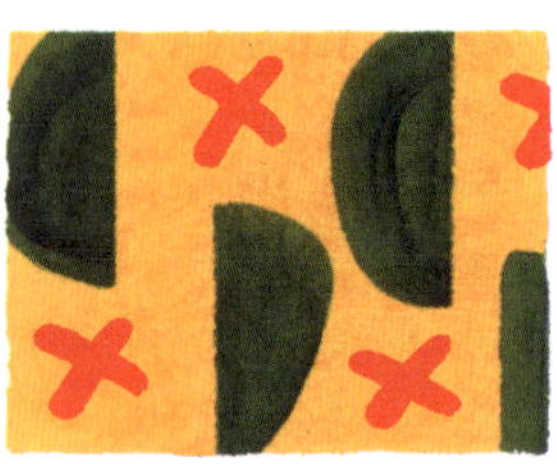
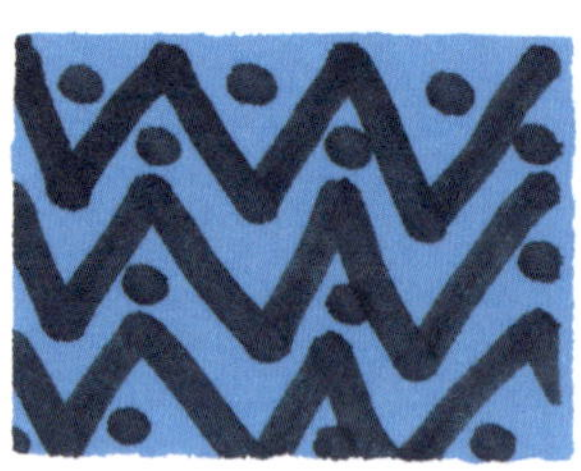
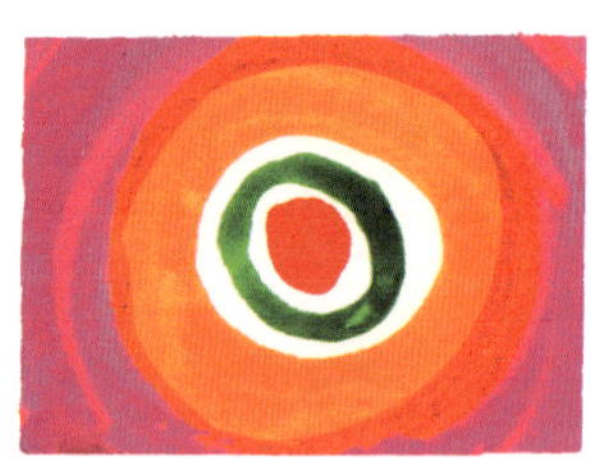

IM RASTER

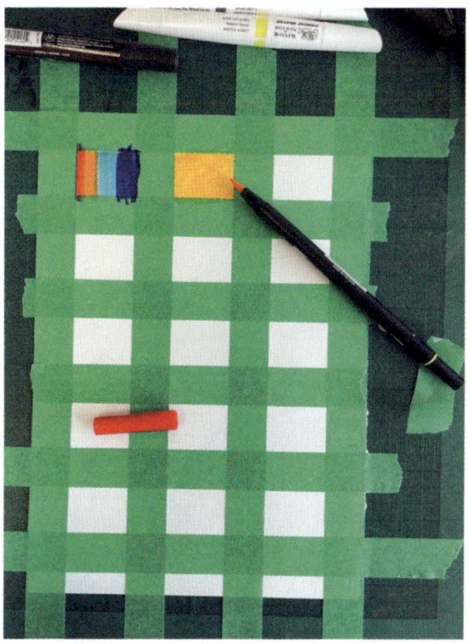

MUSTER ÜBERALL

Wir alle können Muster erkennen. Der Mensch neigt dazu, Muster im Alltag zu suchen und zu finden. Beginnen Sie mit Kritzeln und üben Sie dann, mit Stiften oder Bleistiften Muster in verschiedenen Farben zu zeichnen. Dies kann eine sehr meditative Übung sein und Ihnen helfen, Ihre gestalterischen Fähigkeiten wie Gleichgewicht, Symmetrie und Farbtheorie zu verbessern – alles anwendbar auf verschiedene Kunstformen.

Kreative Übung

Kleben Sie ablösbares Abdeckband auf Papier, um ein Gitter aus Rechtecken oder Quadraten zu bilden. Füllen Sie diese Formen mit verschiedenen Mustern. Entfernen Sie anschließend das Klebeband, um ein ordentliches Muster zu erhalten. Sie können Klebeband auch für andere Arten von Bildern verwenden – versuchen Sie, Porträts oder Landschaften in den Quadraten zu gestalten.

Kreative Inspiration

Die aufwendig gemalten Muster der australischen Künstlerin Betty Chimney.

MOBILE SKULPTUREN

POST-IT!

Gestalten Sie Ihre eigene tragbare Kunst, inspiriert von Bruno Munaris Konzept der reisenden Skulpturen. Munari schlug vor, kleine, bewegliche Skulpturen aus Papier anzufertigen, um den eigenen Raum unterwegs zu personalisieren. Bei meiner Umsetzung dieser Idee habe ich Haftnotizen verwendet, die leicht zugänglich und vielseitig sind. Man kann sie entweder mit einer Schere zurechtschneiden oder von Hand zerreißen. Diese Miniaturkunstwerke verleihen Ihrer Umgebung eine persönliche, kreative und inspirierende Note!

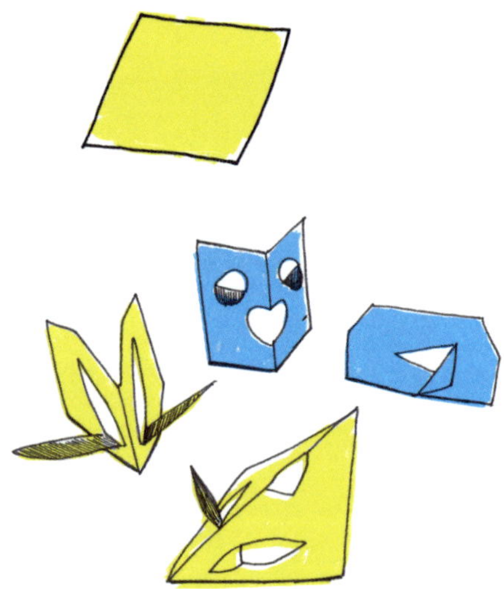

Kreative Übung

Schneiden Sie verschiedene Formen aus Pappe oder dickem Papier aus und machen Sie in jede einen Schlitz. Verbinden Sie die Formen miteinander, um eine einzigartige Skulptur zu schaffen, eine Technik, die von Künstlern wie Picasso und Miró verwendet wurde.

Kreative Inspiration

Die Papierskulpturen von Picasso, die »Stabiles« von Alexander Calder und die Skulpturen von Isamu Noguchi.

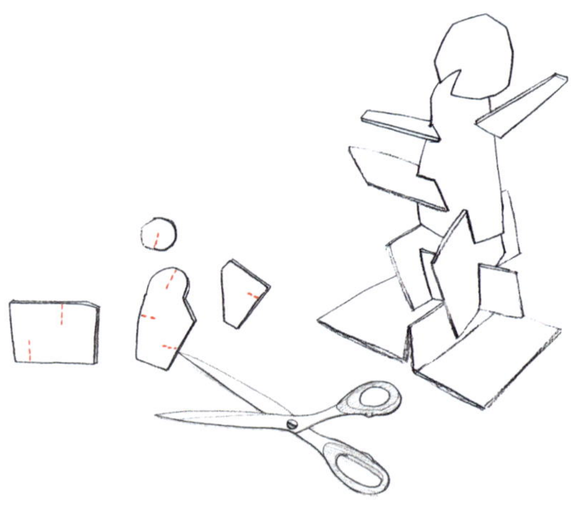

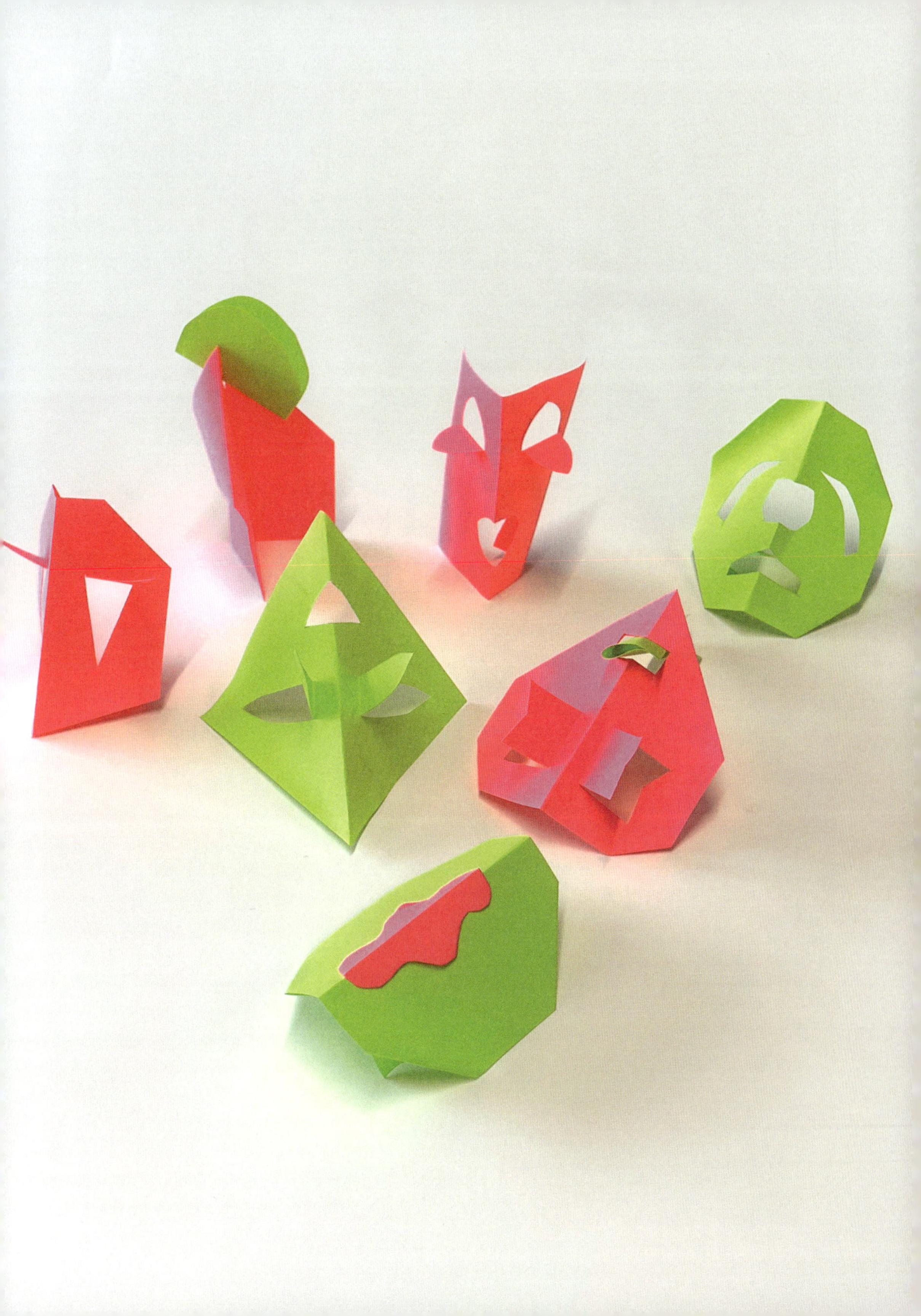

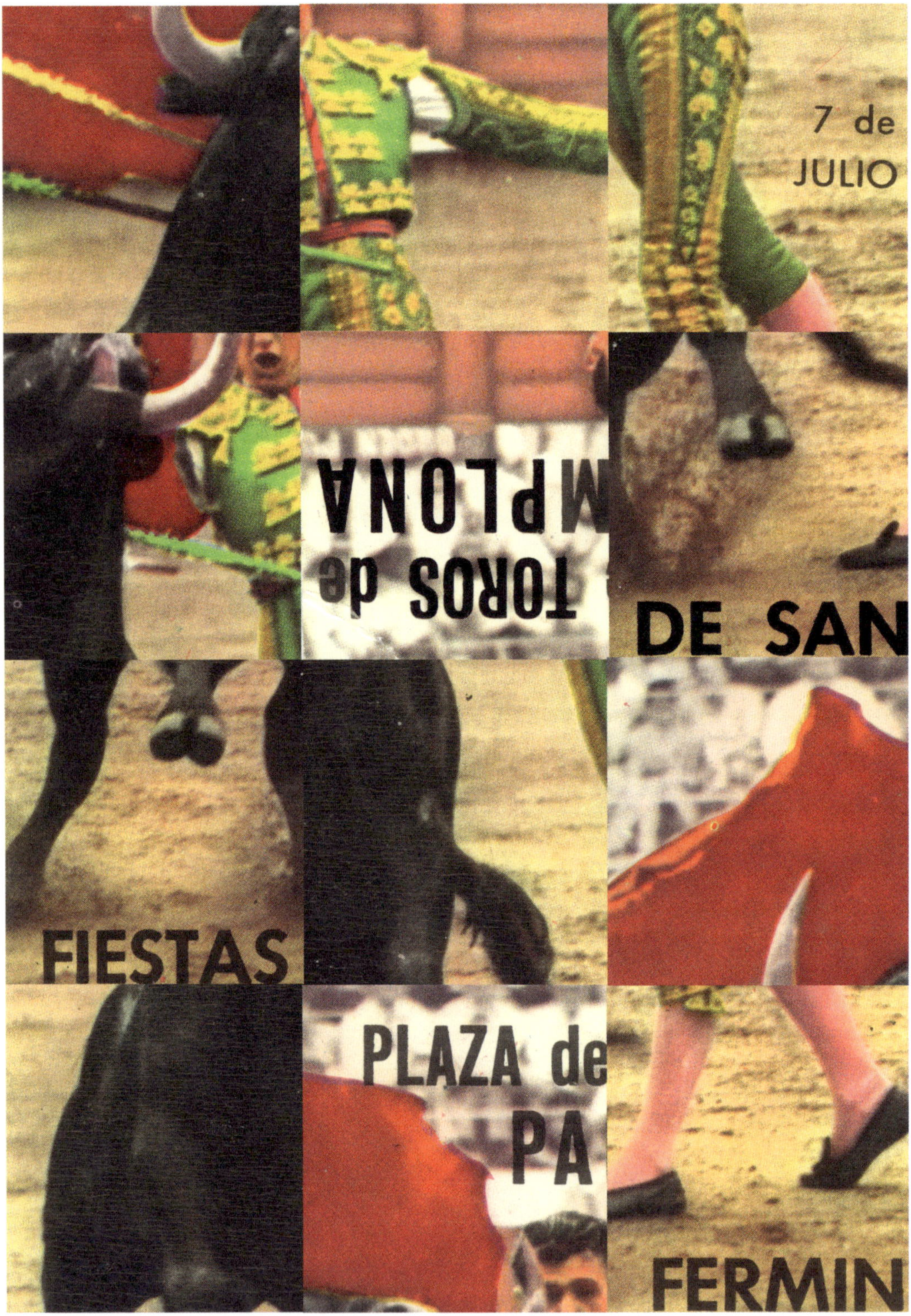
7 de
JULIO
TOROS de
MPLONA
DE SAN
FIESTAS
PLAZA de
PA
FERMIN

MIXEN

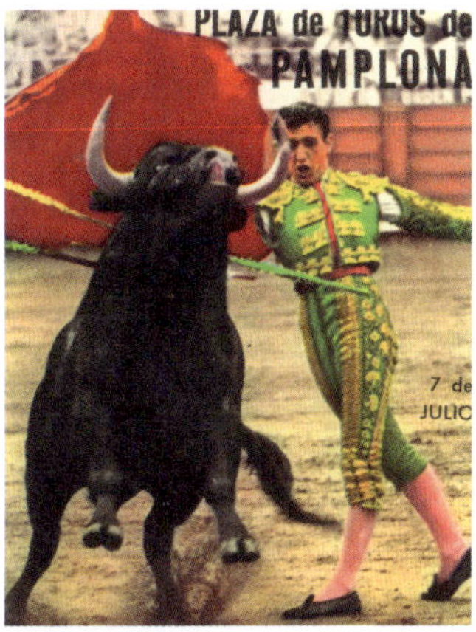

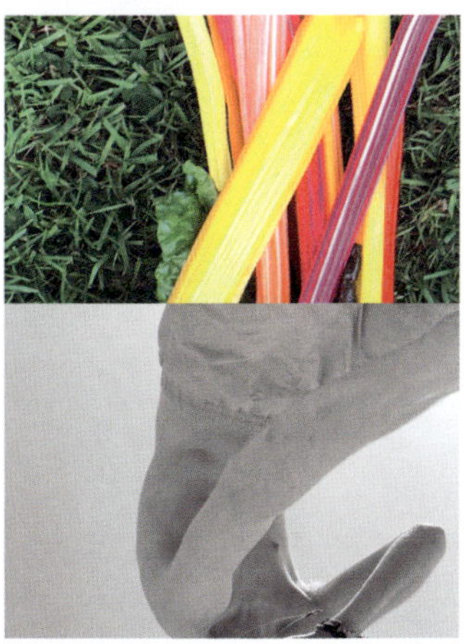

EIN BILD ZERLEGEN

David Hockney experimentierte bekanntlich mit dem Zerschneiden und Neuarrangieren von Fotografien zu abstrakten Rastern. Ich habe mich für ein altes spanisches Stierkampfplakat entschieden, das mich durch seine leuchtenden Farben, seine dynamische Bewegung und seine Typografie angezogen hat. Nachdem ich es in 12 gleiche Quadrate geschnitten hatte, habe ich sie gemischt, bis ich mit der Komposition zufrieden war. Es ist faszinierend, wie die Manipulation eines Bildes seine ursprüngliche Botschaft verstärken kann.

Kreative Übung

Schneiden Sie ein Bild in 9 oder 12 gleiche Quadrate oder Rechtecke. Ordnen Sie sie auf einer Seite neu an, bis Sie mit der Komposition zufrieden sind. Experimentieren Sie sowohl mit Farb- als auch Schwarz-Weiß-Fotografie oder sogar mit Zeichnungen.

Kreativer Schnellschuss

Stellen sie zwei gänzlich verschiedene Bilder einander gegenüber. Lassen Sie sich vom Werk von Man Ray oder John Stezaker inspirieren.

HINLEGEN

VERÄNDERTE PERSPEKTIVE

Ich erinnere mich, dass ich als Kind ein Bild von mir selbst in mein Skizzenbuch gezeichnet habe. Die Zeichnung überschritt die Seiten meines Skizzenbuchs, um meinen Körper bis hin zu meinen Füßen darzustellen. Bei einer anderen Gelegenheit habe ich versucht, Dinge aus der Sicht meines dreijährigen Kindes zu zeichnen. Diese veränderte Perspektive kann zu interessanten Zeichnungen führen. Versuchen Sie, sich hinzuknien oder auf den Bauch zu legen und zu zeichnen, was Sie von dort unten sehen.

Kreative Übung

Versuchen Sie, sich selbst aus einer ungewöhnlichen Perspektive oder an einem ungewöhnlichen Ort zu zeichnen: im Bad, auf dem Bauch liegend oder so, wie Sie Ihren Körper von oben nach unten sehen. Sie können auch mit einem Spiegel arbeiten. Oder Sie zeichnen sich aus der Perspektive Ihres Hundes oder Ihrer Katze.

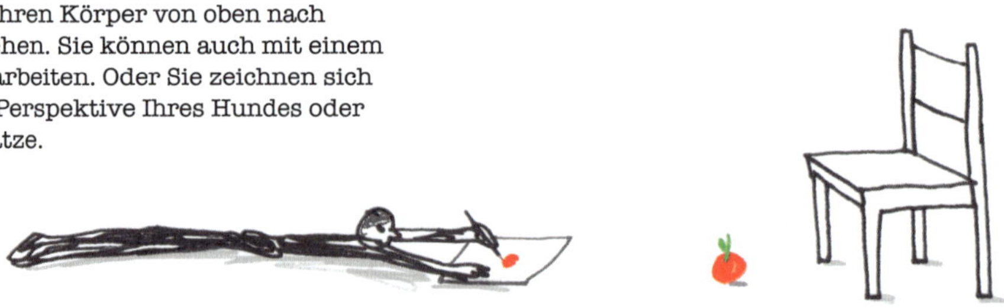

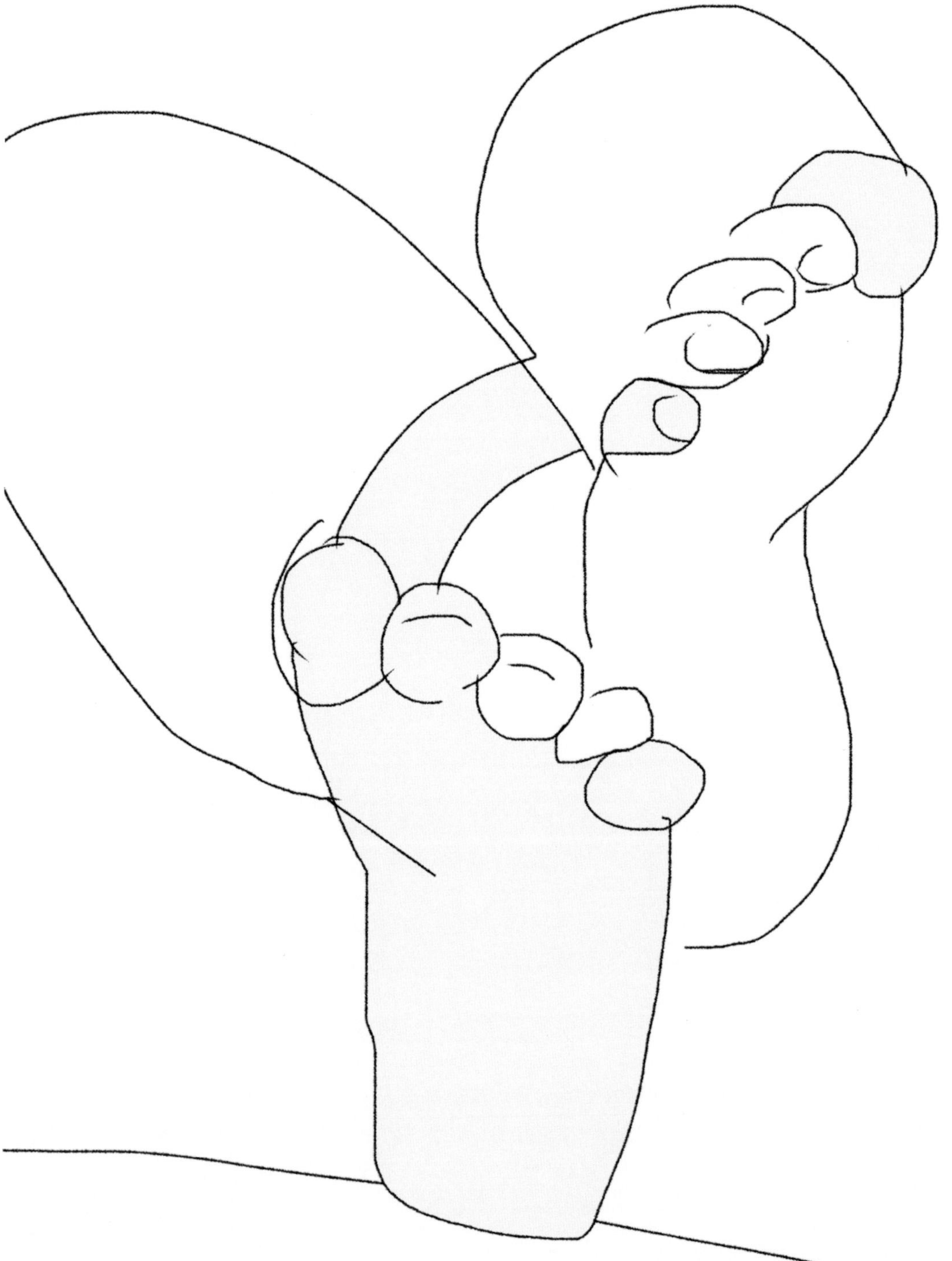

TAGTRÄUMEN NICHT VERGESSEN

Als Kind machte ich einen meiner Lieblingsspaziergänge zu einem kleinen grasbewachsenen Vorsprung. Dort habe ich meine Beine über den Rand gehängt und träumte vor mich hin. Meine Geschwister fanden das eine merkwürdige Art, den Nachmittag zu verbringen. »Was machst du denn den ganzen Tag da oben?«, fragten sie. Diese Angewohnheit ist mir geblieben. Es ist wie die Erkundung eines Multiversums, in dem jede Entscheidung oder Idee zu einem anderen Ergebnis führen kann. In einer Welt, in der das Beschäftigtsein über alles andere gestellt wird, finde ich in dieser »Zwischenzeit« Inspiration.

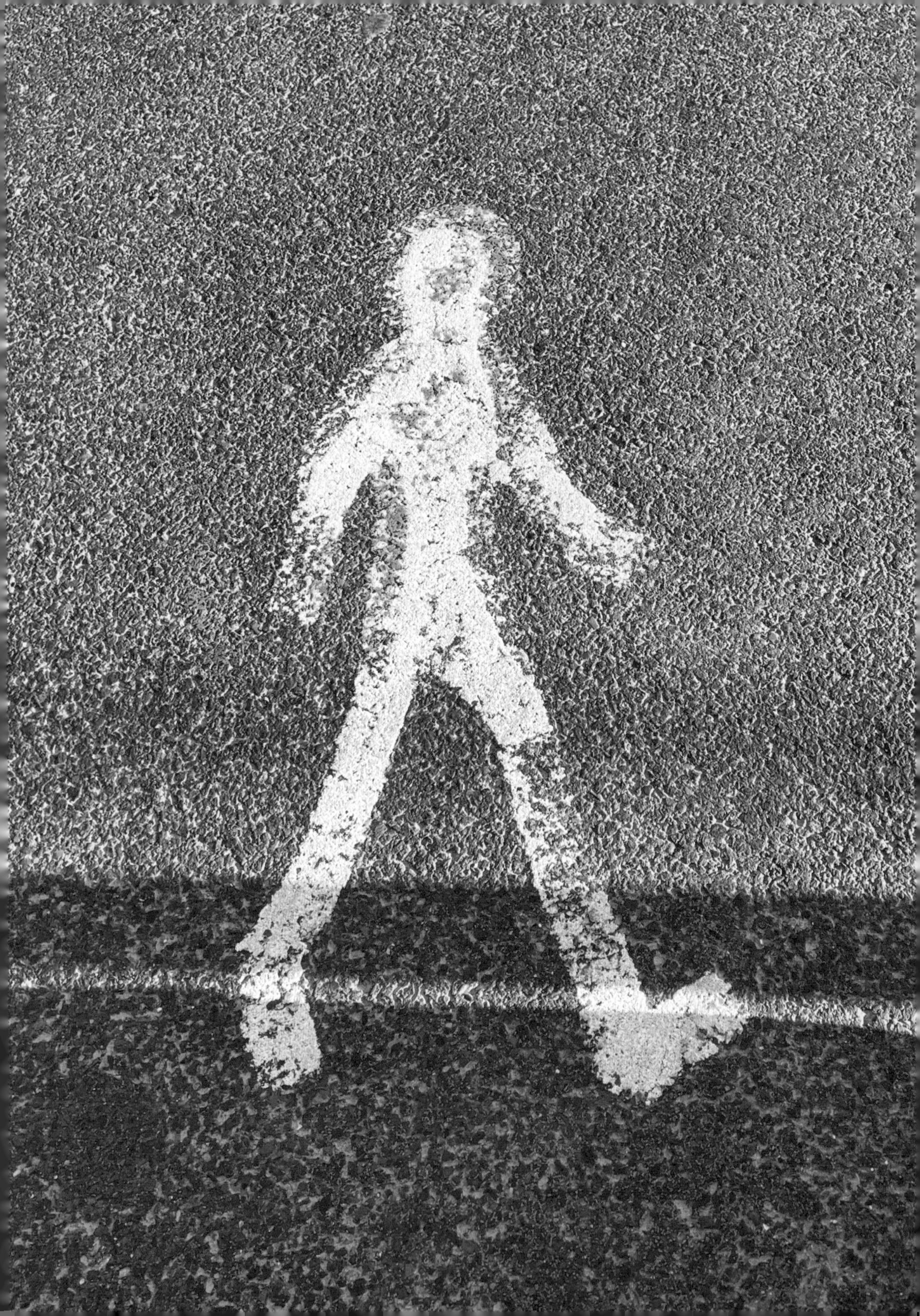

PFAD DER SINNE

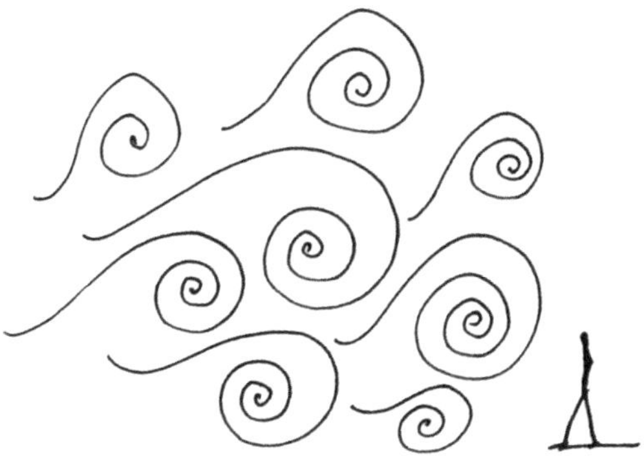

INTENSIVES WAHRNEHMEN ÜBEN

Ein guter Spaziergang kann unglaublich produktiv sein. Der Abstand zu Bildschirmen und Terminen führt oft zu mehr Klarheit und Aha-Momenten. Ein Spaziergang setzt Endorphine frei, baut Stress ab und schafft einen geistigen Zustand, der Inspiration und Kreativität förderlich ist.

Kreative Übung

Nehmen Sie sich eine halbe Stunde Zeit für eine Spaziergang – die Strecke kann bekannt oder neu sein. Nehmen Sie ein kleines Skizzenbuch und eine Stift mit.

1. Die ersten 10 Minuten: Beobachten und skizzieren Sie Details wie Wolken, Blätter oder Muster.
2. Die nächsten 10 Minuten: Fokussieren Sie sich auf Gerüche wie feuchtes Gras, Benzin oder Essen.
3. Die letzten 10 Minuten: Berühren Sie Dinge wie Borke von Bäumen oder einen kalten Laternenpfahl.

Schreiben Sie alle Erfahrungen auf und entwickeln Sie Zeichnungen.

Kreative Inspiration

Die Werke von Richard Long und Hamish Fulton oder die »Walking Meditation« von Tara Brach.

SCHATTEN-WELT

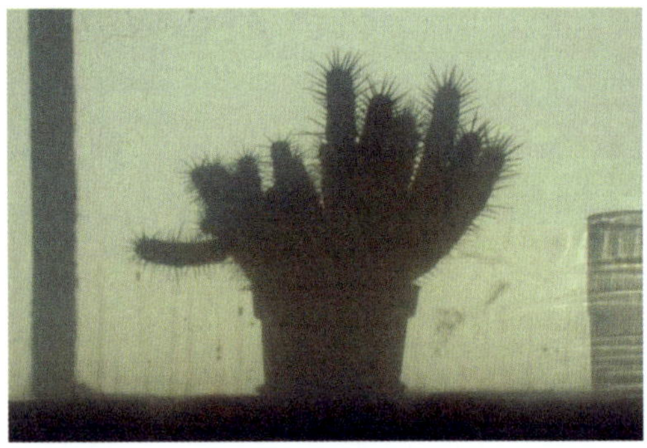

FOKUS AUF LICHT UND SCHATTEN

»Ohne Schatten gäbe es keine Schönheit«, schrieb der Autor Junichiro Tanizaki in seinem Buch *In Praise of Shadows*. Tanizaki argumentierte, dass die Japaner eine einzigartige Wertschätzung für Schatten und Dunkelheit haben, die sich in ihrer Kunst, Architektur und Kultur widerspiegelt. Verbringen Sie einen Tag damit, sich ausschließlich auf die Schatten zu konzentrieren; das verändert Ihre Wahrnehmung und Wertschätzung der alltäglichen Umgebung. Diese Fotos habe ich hauptsächlich auf meinem Weg zur Arbeit in London aufgenommen.

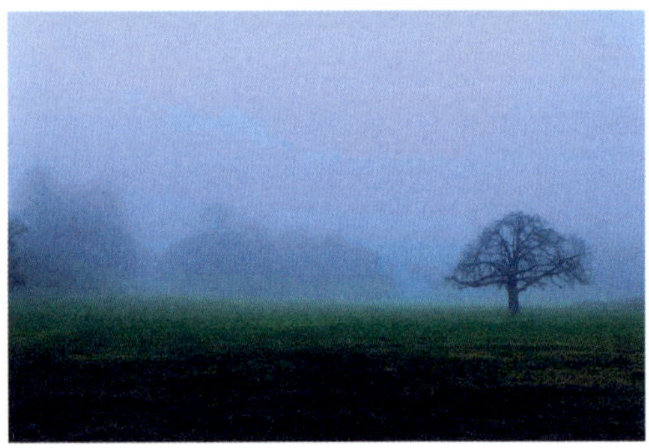

Kreative Übung

Schaffen Sie Ihre eigene Kunst, indem Sie die Schönheit der Dunkelheit untersuchen. Das könnte alles sein von Gemälden, Zeichnungen bis hin zu Fotografie oder Schreiben.

Kreativer Schnellschuss

Beobachten Sie die Schatten um sich herum und versuchen Sie, ein Haiku (ein dreizeiliges Gedicht mit einem 5/7/5-Silben-Muster) zu schreiben, das festhält, was Sie sehen oder fühlen.

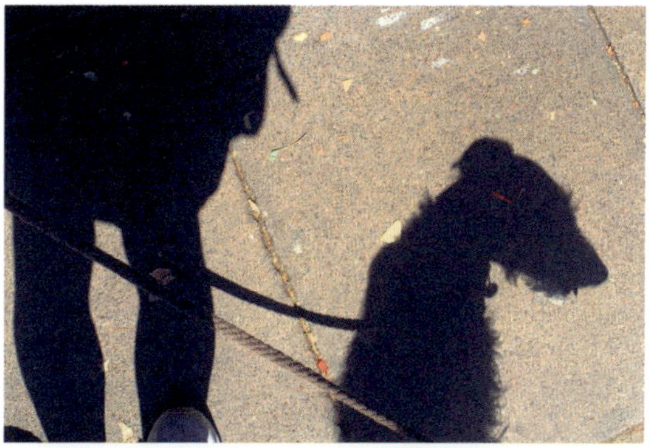
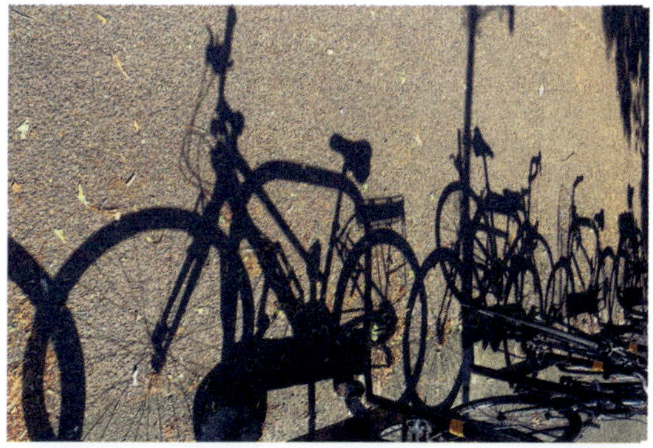
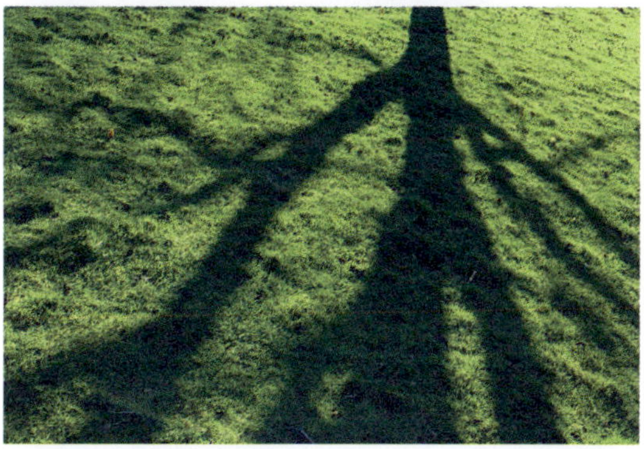
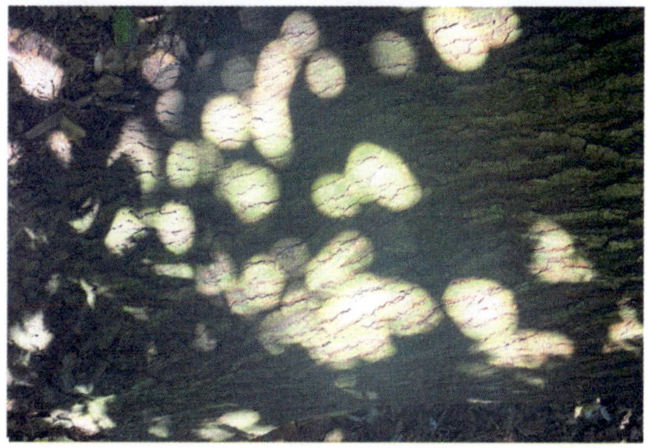
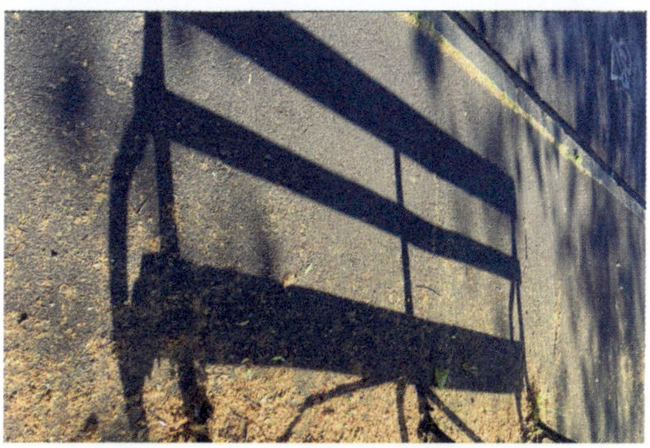
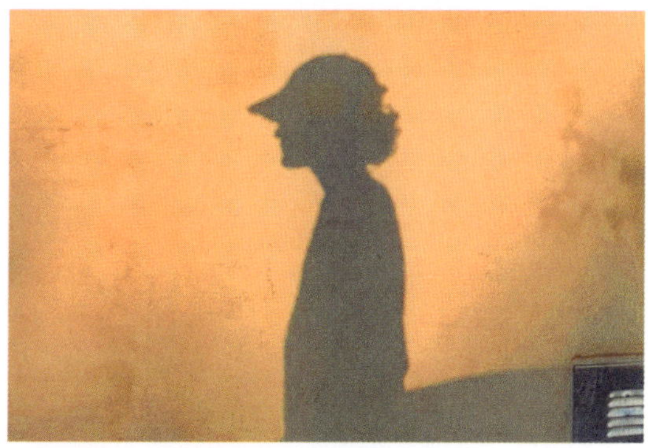
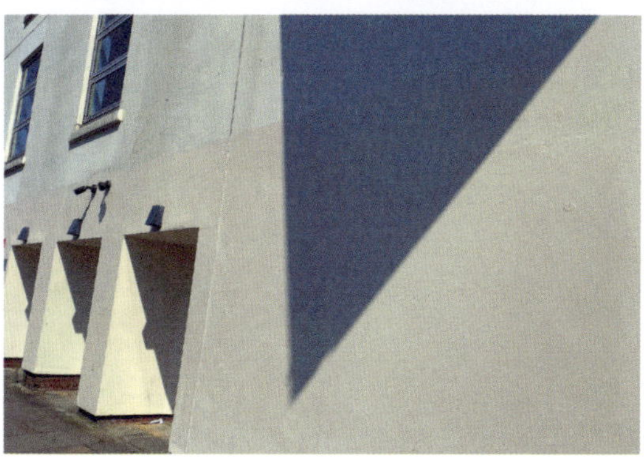
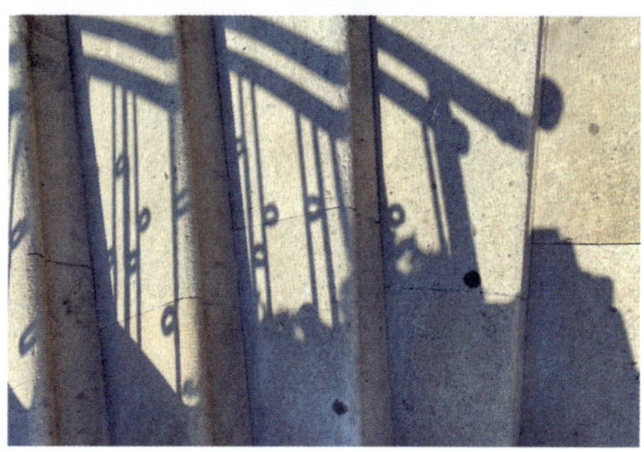

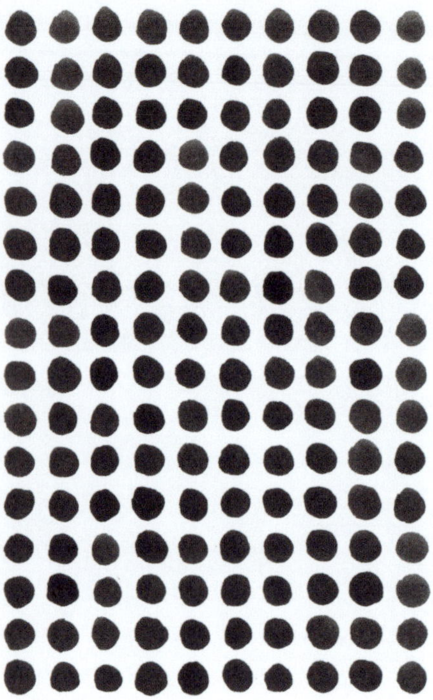

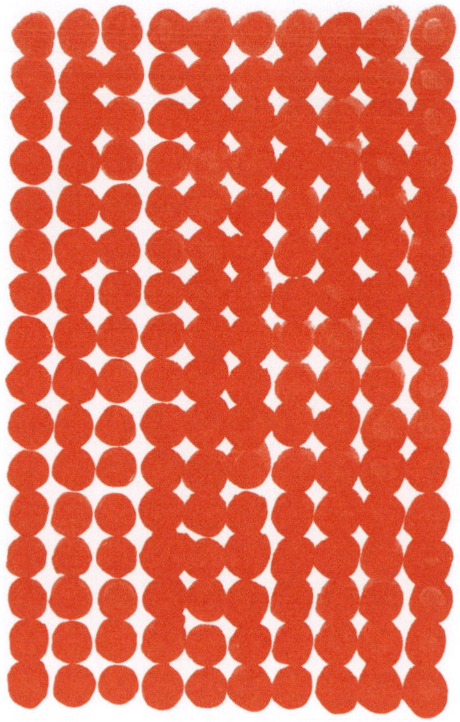

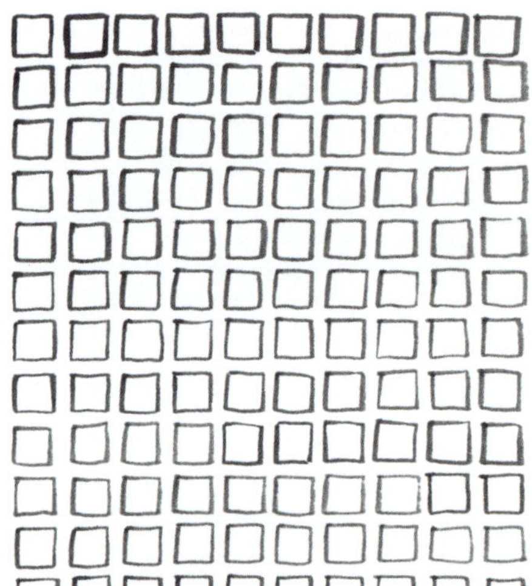

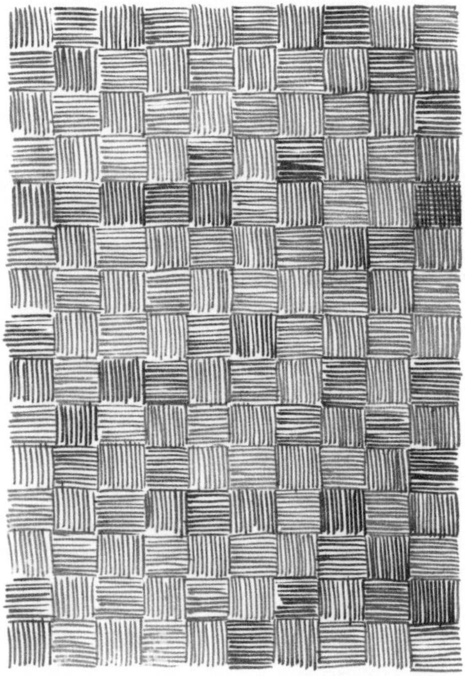

VISUELLER RHYTHMUS

ACHTSAME WIEDERHOLUNG

Die Arbeit mit einem einzigen visuellen Element wie gemalten Punkten oder Quadraten hilft Ihnen, die Prinzipien des Minimalismus und die Funktionsweise des visuellen Rhythmus zu verstehen. Das scheinbare Kritzeln ist eine Einladung, sich mit einfachem Design, Mustern, Wiederholungen und Platzierung auseinanderzusetzen. Auf ein weißes Blatt Papier habe ich leicht mit Bleistift ein Raster gezeichnet, das mir als Orientierung diente, um es dann mit Acrylgouache und einem feinen, runden Pinsel das Blatt so gleichmäßig wie möglich zu füllen.

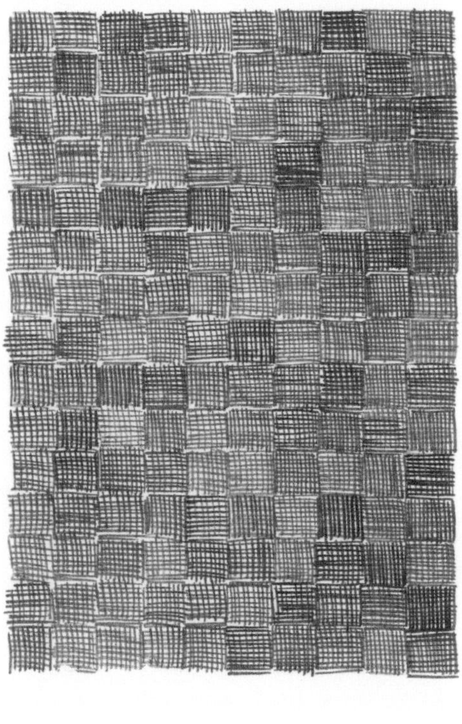

Kreative Übung

Wählen Sie auf einer gerasterten Seite ein Quadrat oder einen Punkt aus. Versuchen Sie, durch Größe, Position und Anhäufung ein rhythmisches Muster zu erzeugen. Achten Sie darauf, wie jeder Punkt oder jedes Quadrat die Gesamtkomposition beeinflusst.

Kreative Inspiration

Die Rasterzeichnungen von Eva Hesse und Sol LeWitt.

SCHABLONEN

SPIELERISCH SPRÜHEN

Schablonieren als Kunstform erlangte durch Künstler wie Banksy große Aufmerksamkeit, hat seine Ursprünge aber in Straßengraffiti und Aktivistenplakaten. Diese einfachen Schablonen wurden mit zugeschnittenem Papier und einer Sprühdose hergestellt. Wenn Sie keine Sprühdose haben, versuchen Sie es mit einer Tintenflasche und einem Tintenzerstäuber, die in den meisten Bastelläden erhältlich sind. Damit erhält man einen etwas fleckigeren Effekt, der aber genauso interessant ist.

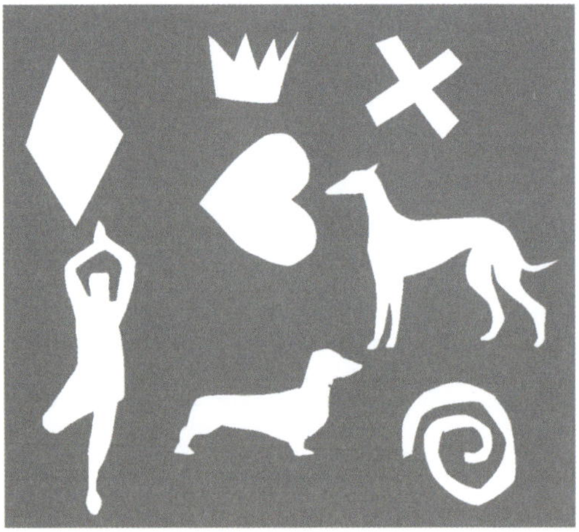

Kreative Übung

Gestalten Sie Ihr eigenes Protestplakat. Es kann ein beliebiges Thema behandeln und Worte oder nur Bilder enthalten. Halten Sie das Bild einfach. Wenn Sie Papier verwenden, können Sie die Schablone nicht so oft verwenden, aber sie lässt sich leichter schneiden als Pappe.

Kreative Inspiration

Die Werke von Banksy und Miss. Tic sowie das Buch *Protest Stencil Toolkit* von Patrick Thomas.

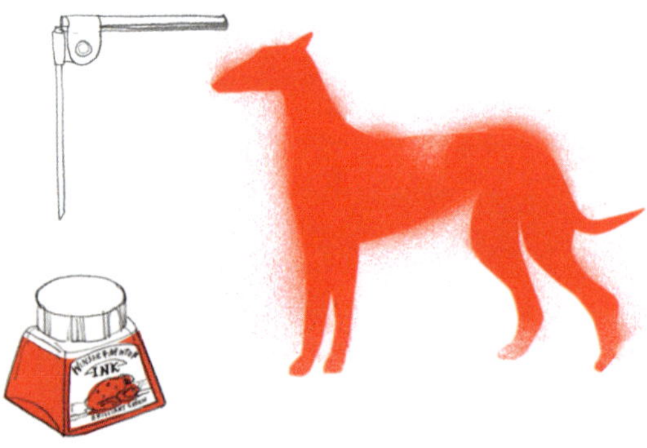

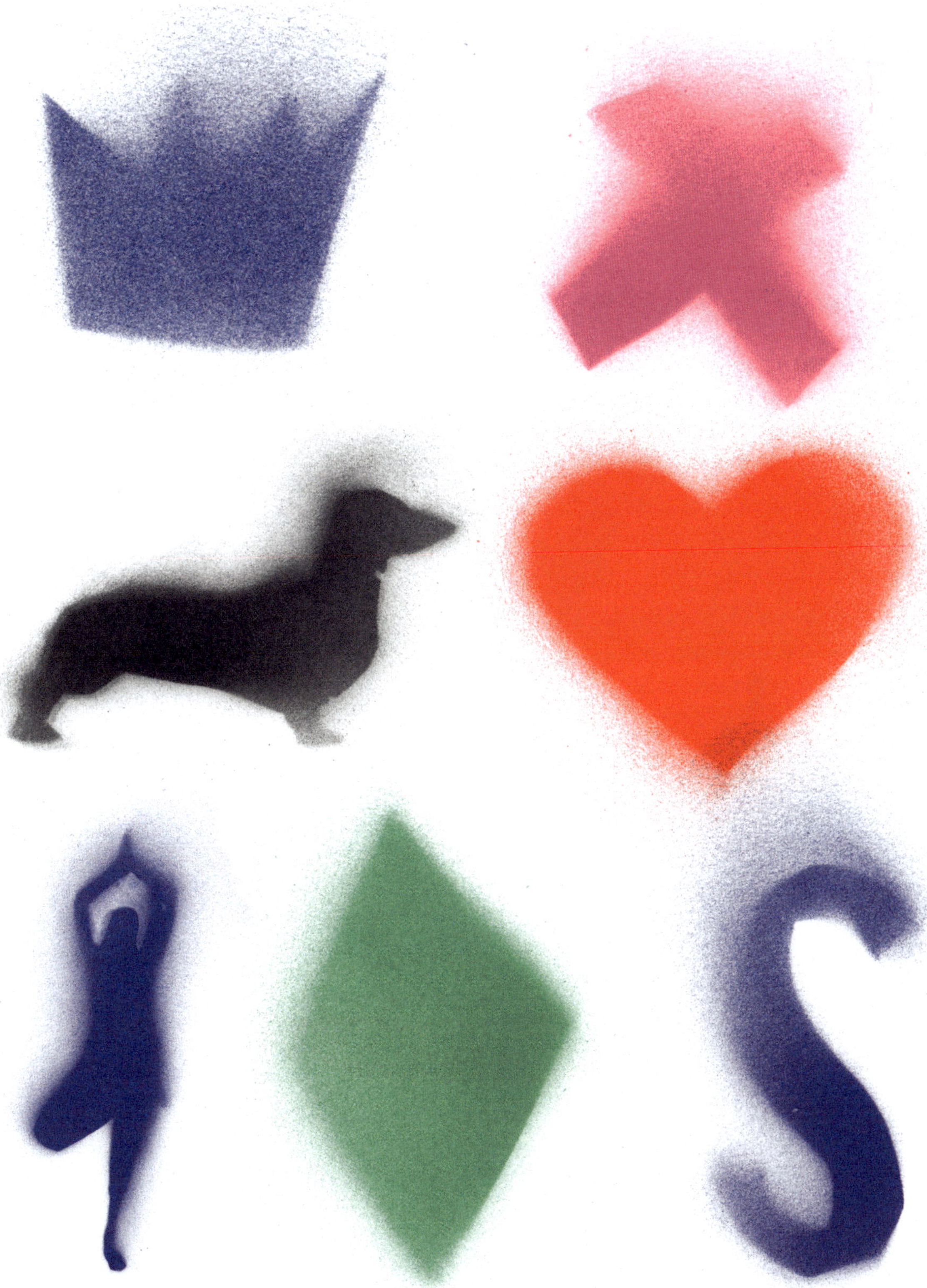

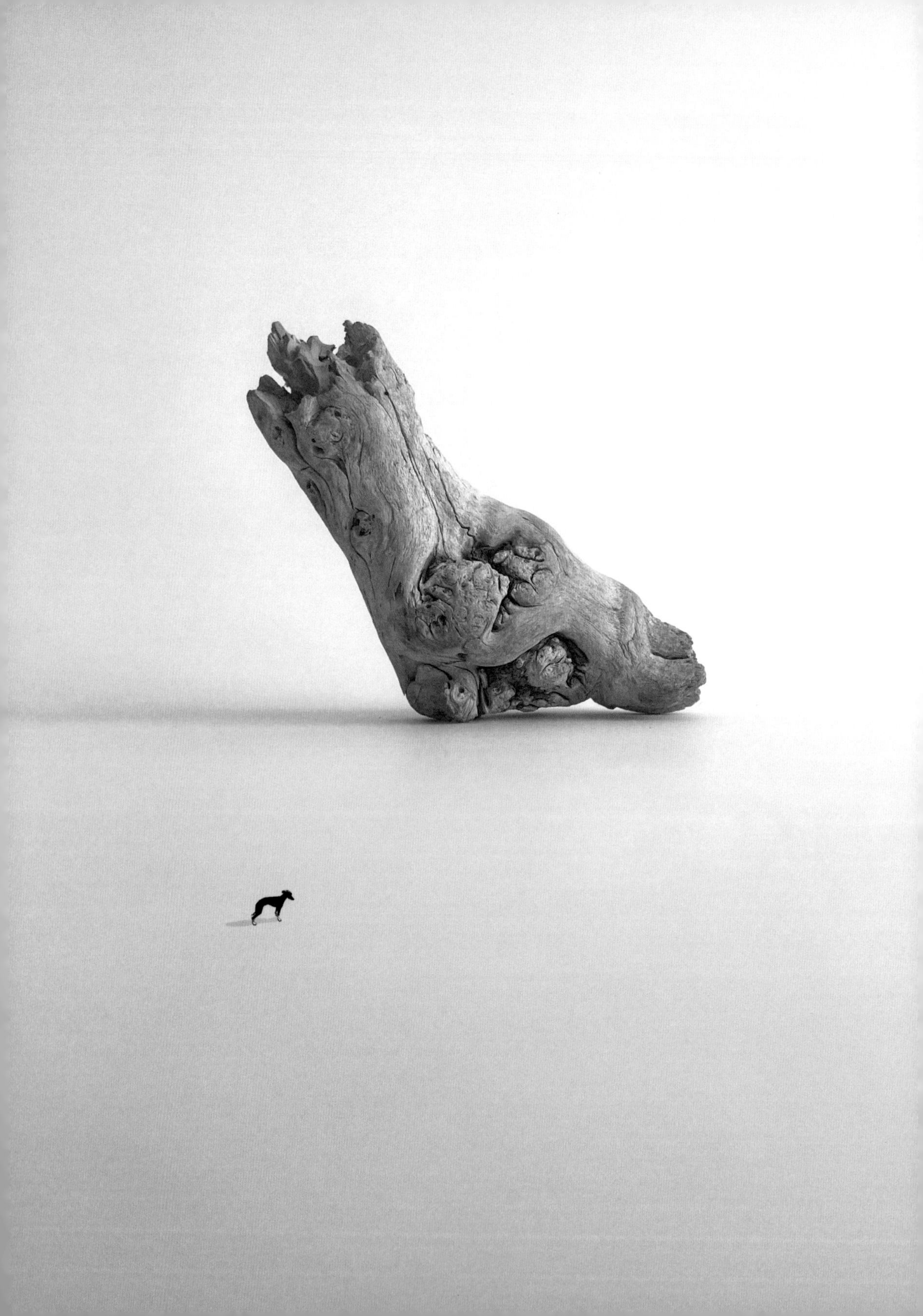

FREIER MAẞSTAB

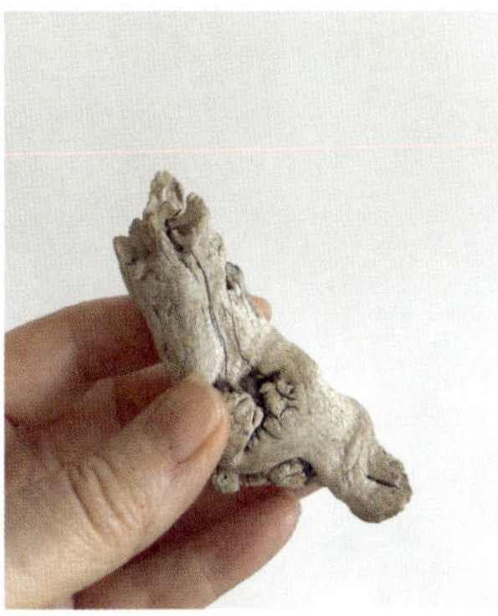

SPIEL MIT DER WAHRNEHMUNG

Objekte zu fotografieren und den Maßstab und die Wahrnehmung zu manipulieren, ist eine tolle Möglichkeit, faszinierende Bilder zu machen. Hier habe ich ein Stück Treibholz vor einem weißen Hintergrund fotografiert und dann mit Computergrafiken den kleinen Hund in das Bild eingefügt. Sie können das Bild auch ausdrucken und manuell darauf zeichnen, um einen ähnlichen Effekt zu erzielen.

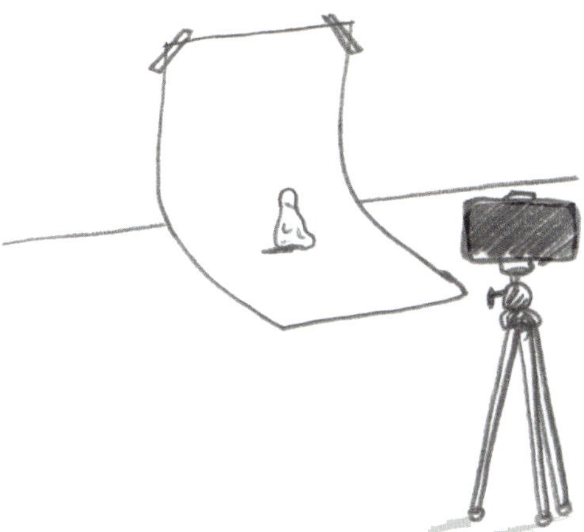

Kreative Übung

Sammeln Sie einige Gegenstände, die Sie fotografieren möchten, und versuchen Sie, Ihr eigenes faszinierendes Bild zu kreieren. Hängen Sie beim Fotografieren von Gegenständen am besten ein weißes oder graues Tuch oder Papier an die Wand und lassen sie es auf dem Tisch oder dem Boden liegen, um den Gegenstand darauf zu platzieren. Dadurch wird er sowohl zeitlich als auch räumlich isoliert.

Kreative Inspiration

Die Werke von Leonora Carrington und Kansuke Yamamoto.

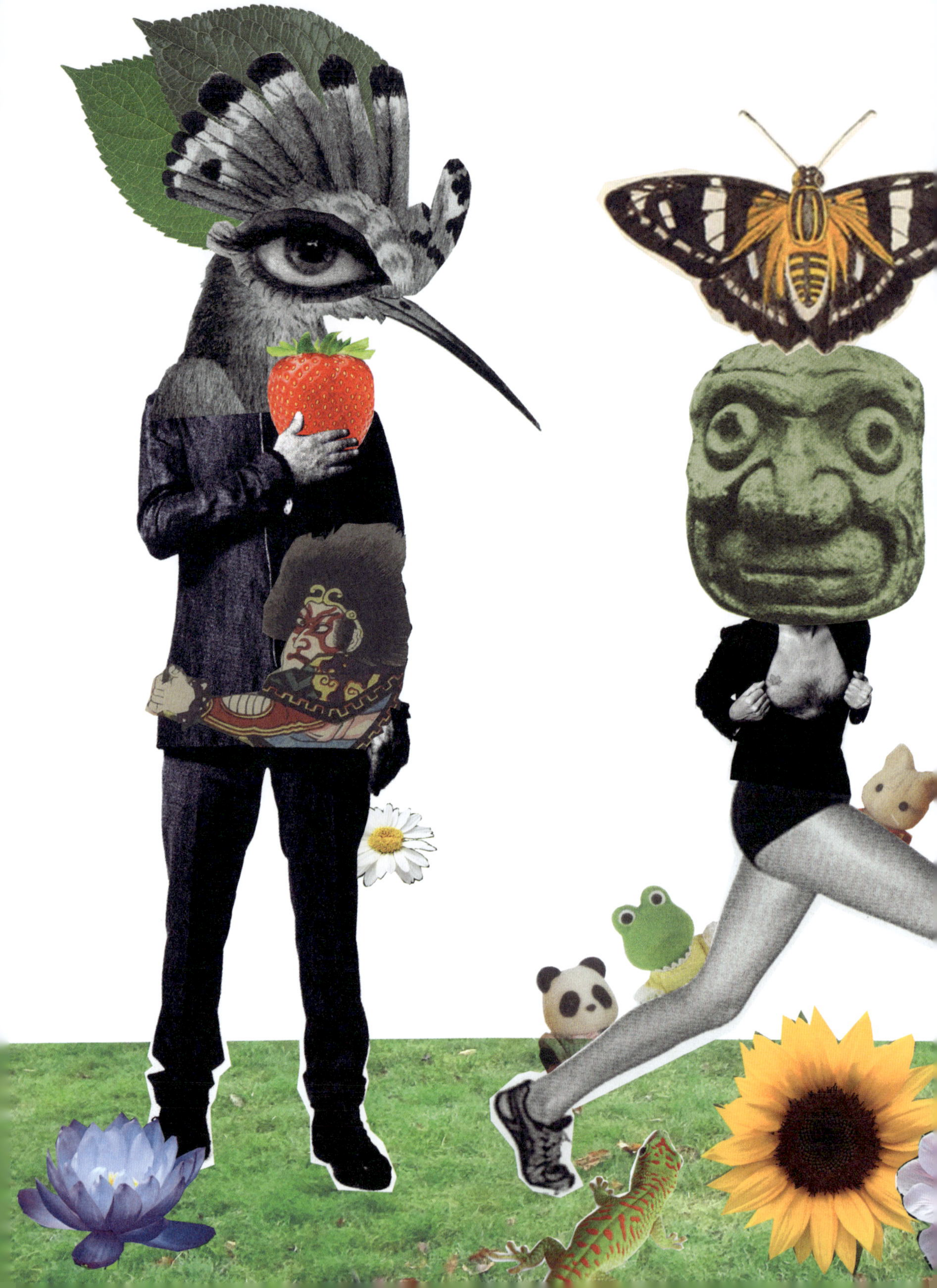

SO SURREAL

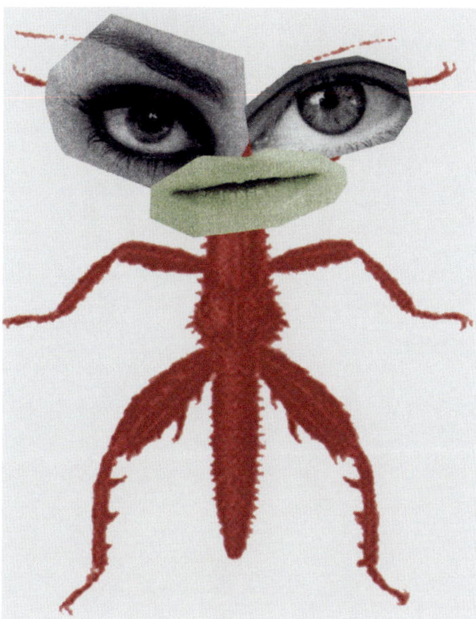

COLLAGE MIT FOTOS

Hannah Höch, eine Schlüsselfigur der Dada- und Surrealismus-Bewegung, wird weithin für die Popularisierung der Fotomontage gefeiert. Im heutigen digitalen Zeitalter ist es einfacher denn je, solche Montagen zu erstellen, und die Menge an verfügbarem Druckmaterial ist unendlich. Die Beispiele, die ich hier gezeigt habe, sind zwar recht grob, aber die seltsamen Nebeneinanderstellungen ergeben eine starke, ungewöhnliche Bildsprache.

Kreative Übung

Sammeln Sie Material aus Zeitschriften und dem Internet und experimentieren Sie mit unkonventionellen Gegenüberstellungen und ungewöhnlichen Kompositionen. Mischen Sie Bilder neu, um alternative Erzählungen zu entwickeln. Arbeiten Sie auf einem einzigen Blatt oder in einem Skizzenbuch. Überlegen Sie sich, wie Sie Ihr Projekt durch Erzählungen vertiefen können.

Kreative Inspiration

Die Werke von of Hannah Höch, Martha Rosler und Lorna Simpson.

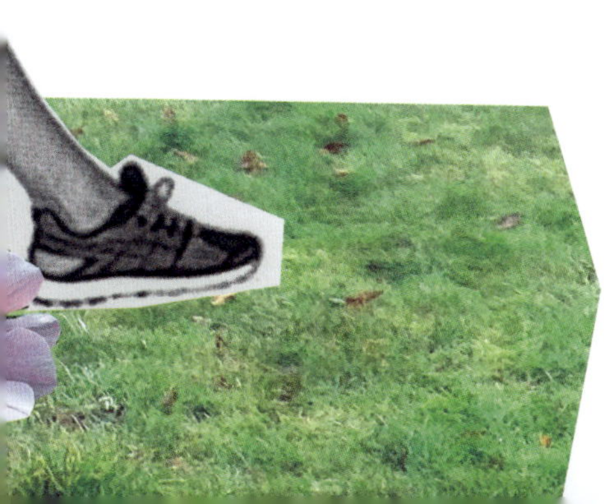

KLEBEBAND

TYPOGRAFIE MIT TAPE

Mit Materialien wie Klebeband, runden oder quadratischen Aufklebern und ausgeschnittenem Papier können Sie verschiedene Arten von Schriftzügen herstellen. In diesen Beispielen habe ich ein Alphabet mit Kreppband, einem scharfen Messer und einem Lineal erstellt. Das ging schnell und ohne groß zu überlegen. Unten, in Farbe, sind die Buchstaben ABCD entstanden, indem ich farbiges Klebeband zerrissen und aufgeklebt habe.

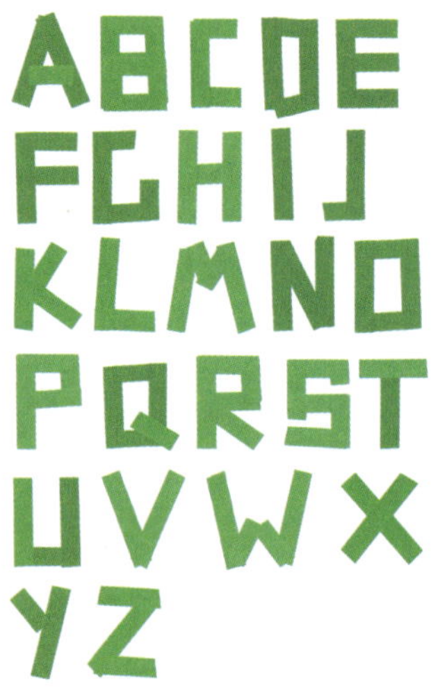

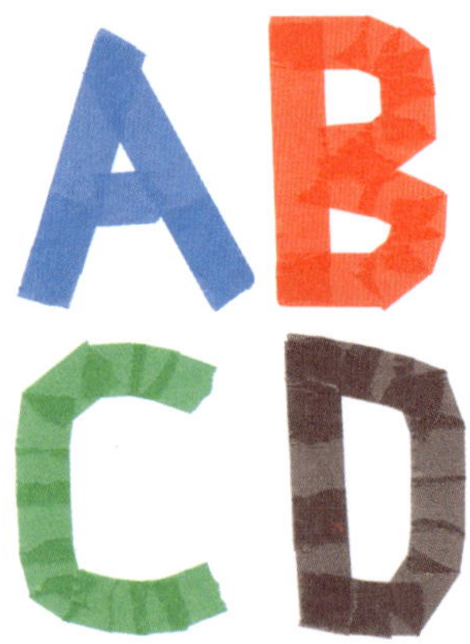

Kreative Übung

Gestalten Sie mit farbigem Klebeband Ihr eigenes Poster mit Klebeband- oder Stickertypografie. Wählen Sie ein Zitat aus oder kreieren Sie Ihr eigenes, wobei eine harmonische Anordnung auf Ihrem Papier wünschenswert ist. Die handgemachte Ästhetik verstärkt den Charme und die Unmittelbarkeit.

Kreative Inspiration

Die Papierschnitte von Rob Ryan und die experimentelle Typografie von Sarah Boris.

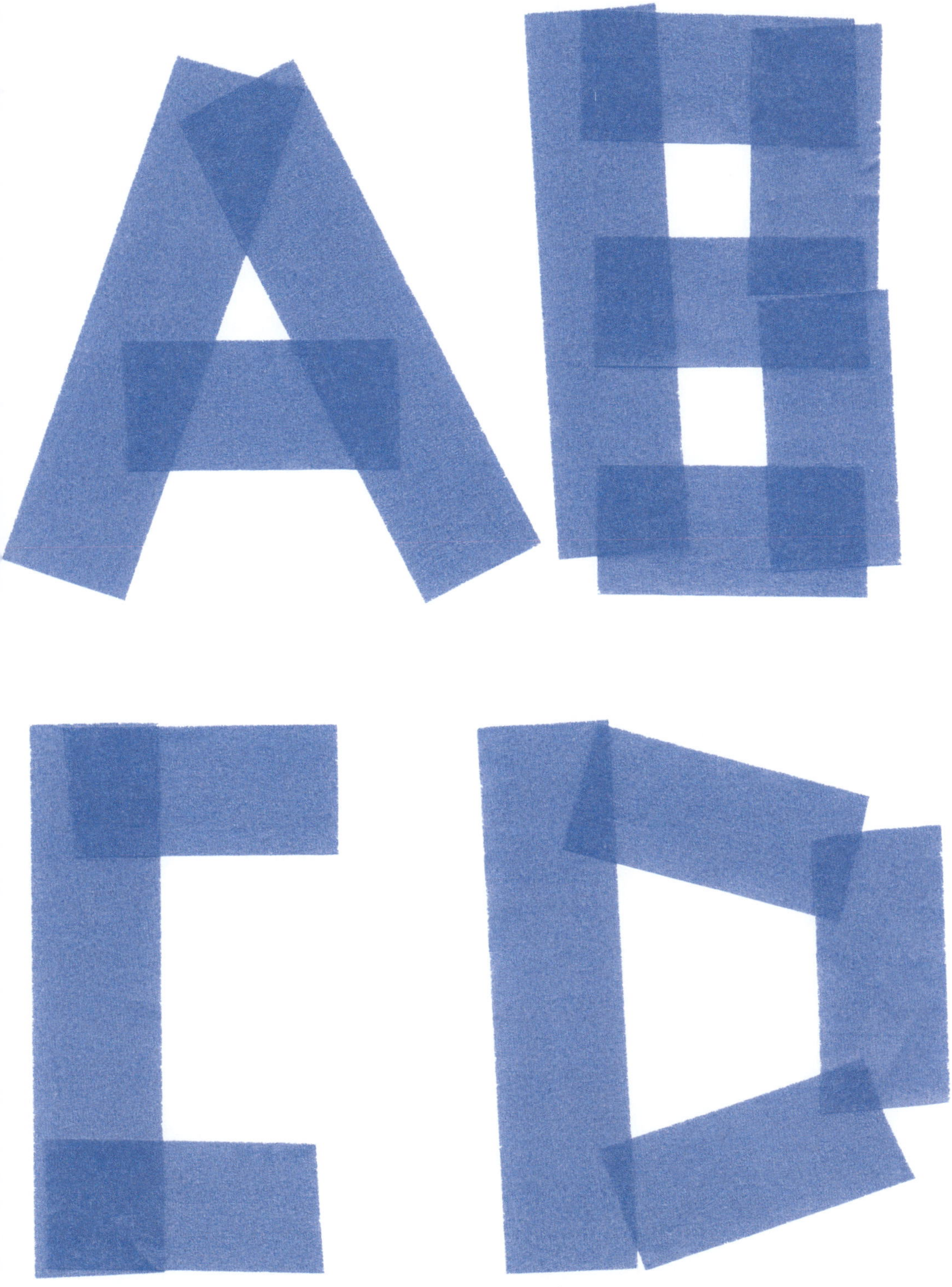
AB
CD

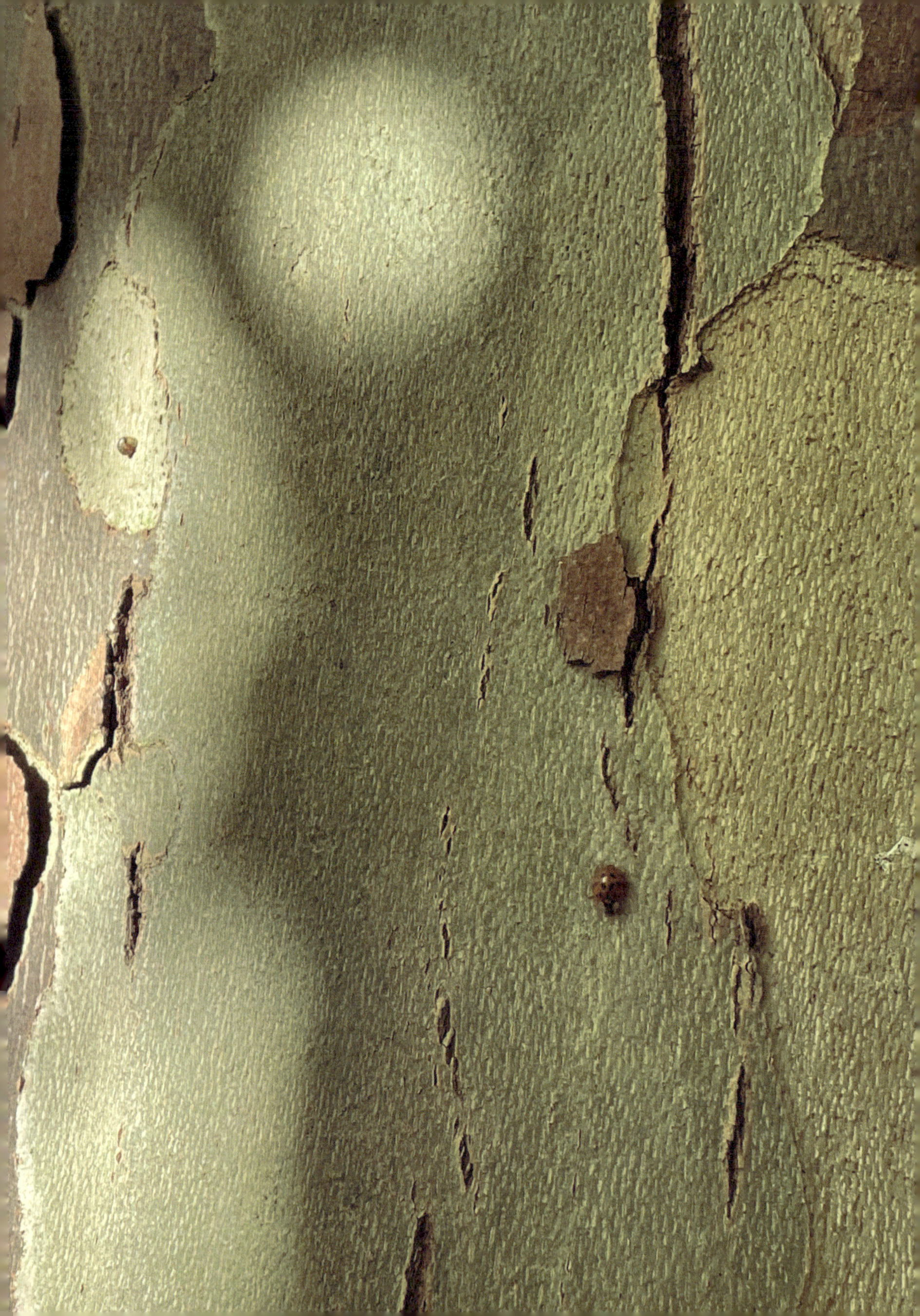

BÄUME JEDEN TAG

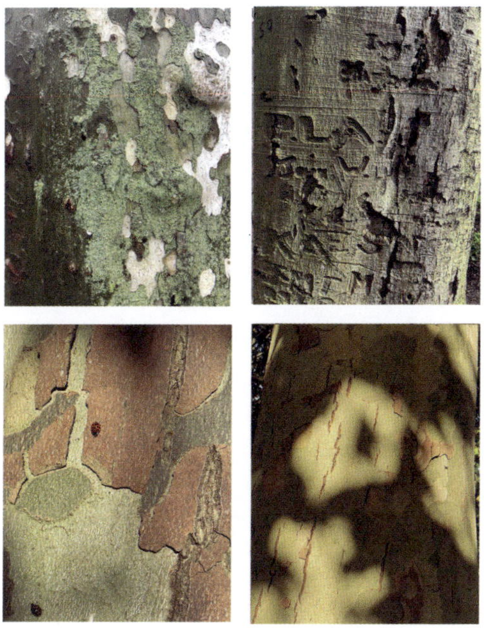

INSPIRATION DURCH BÄUME

Bäume sind für mich eine unerschöpfliche Quelle der Inspiration. Da ich in London lebe, einer Stadt mit vielen Bäumen, kann ich bei meinen täglichen Spaziergängen die jahreszeitlichen Veränderungen beobachten. Ich habe mehrere Bäume, die einen besonderen Platz in meinem Herzen einnehmen und deren Entwicklung ich regelmäßig beobachte. Natürliche Elemente können zum Nachdenken und zur Kreativität anregen, ob ich nun Wolken betrachte, auf Flüsse schaue oder Bäume beobachte.

Kreative Übung

Suchen Sie sich einen Baum aus, der Sie fasziniert, und achten Sie auf seine Form, Farbe und Rindenmuster. Beschreiben Sie diese Merkmale anschaulich in Ihrem Skizzenbuch. Wenn Sie ein Problem oder eine Idee im Kopf haben, sehen Sie sich die Rindenstruktur noch einmal an. Die Muster geben Ihnen neue Einsichten oder Lösungen. Diese Technik ist als Übung bei kognitiver Verhaltenstherapie und Achtsamkeit beliebt.

Kreative Inspiration

Lesen Sie *The Artist's Way* von Julia Cameron oder *How to Do Nothing* von Jenny Odell.

EINFACHE BÜCHER

EIN EIGENES BUCH BASTELN

Es gibt viele Möglichkeiten, ein einfaches Buch zu gestalten, das als Skizzenbuch, Magazin oder Notizbuch verwendet werden kann. Hier sind zwei meiner Favoriten, weil sie so einfach sind. Auf dieser Seite sehen Sie, wie Sie mit einem Blatt Papier und einem einzigen Schnitt ein Heft herstellen können. Gegenüber zeige ich Ihnen, wie Sie ein Buch mit dem einfachsten Einband machen können. Kein Nähen erforderlich.

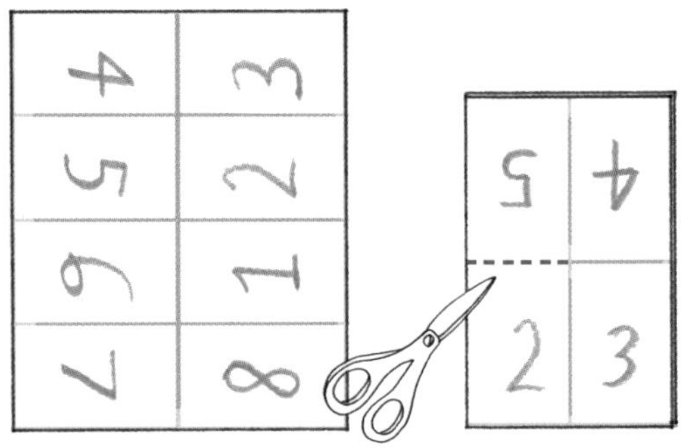

1. Falten Sie ein A4-Blatt in Achtel. Öffnen Sie es und schreiben Sie wie oben die Ziffern 1 bis 8.

2. Falten Sie es halb und schneiden Sie es ein wie eingezeichnet.

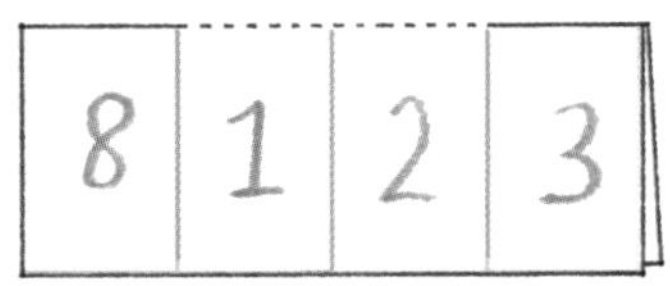

3. Öffnen Sie es erneut und falten Sie es der Länge nach.

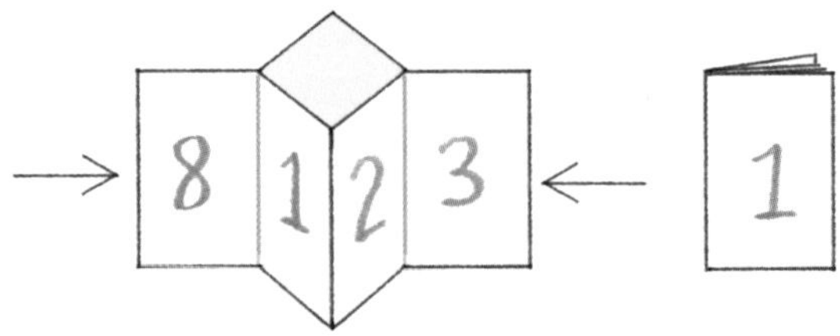

4. Stecken Sie die beiden Enden ineinander und falten Sie ein Buch.

Kreative Übung

Gestalten Sie Ihr eigenes Magazin. Beginnen Sie mit einem Titelbild, wählen Sie ein Thema und versuchen Sie dann, das Buch mit Bildern, Geschichten, Zitaten oder gefundenen Bildern zum Thema zu füllen. Brechen Sie die Regeln, wie ein Buch auszusehen hat, indem Sie die Seiten zerschneiden, Löcher machen oder Seiten zerreißen.

Kreative Inspiration

Die Bücher von Bruno Munari und Keri Smith.

1. Beginnen Sie mit einen Papierstapel, etwa A4. Falten Sie die Papiere der Länge nach. Sie können jedes Altpapier verwenden. Legen Sie ein etwas stärkeres Papier unten in den Stapel.

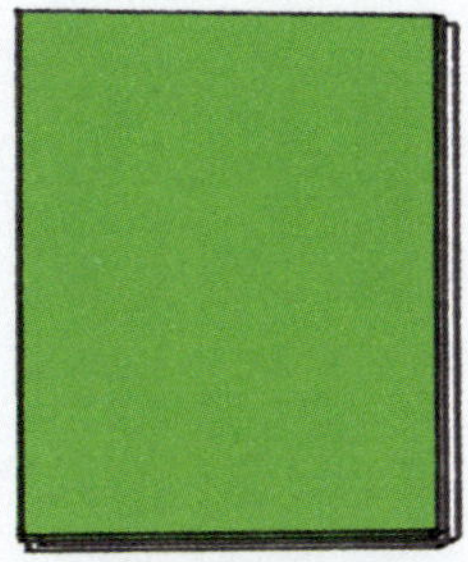

2. Drücken Sie den Falz fest zusammen, um eine scharfe Kante zu erhalten.

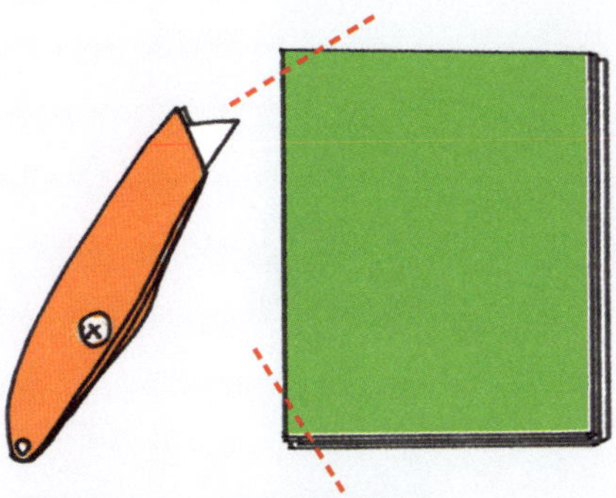

3. Schneiden Sie die Ecken der Falte mit einem scharfen Messer oben und unten diagonal ab.

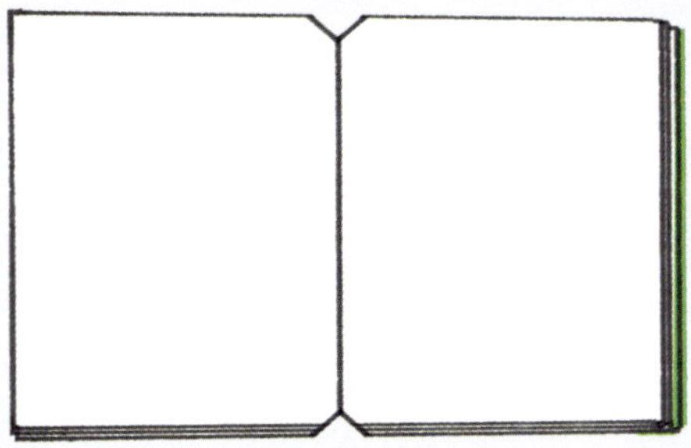

4. Öffnen Sie den Papierstapel. Er sollte jetzt so aussehen.

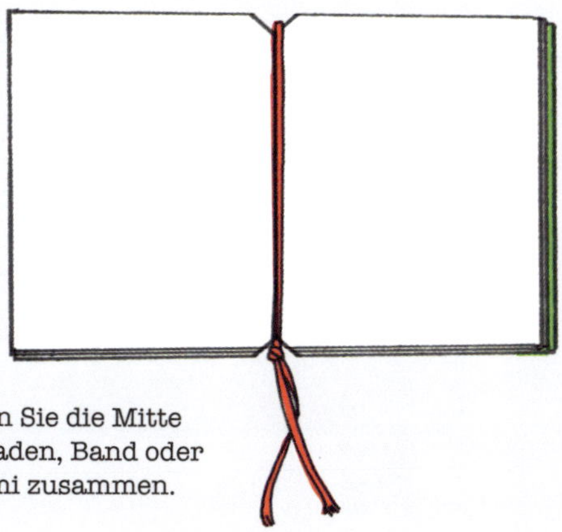

5. Halten Sie die Mitte mit Faden, Band oder Gummi zusammen.

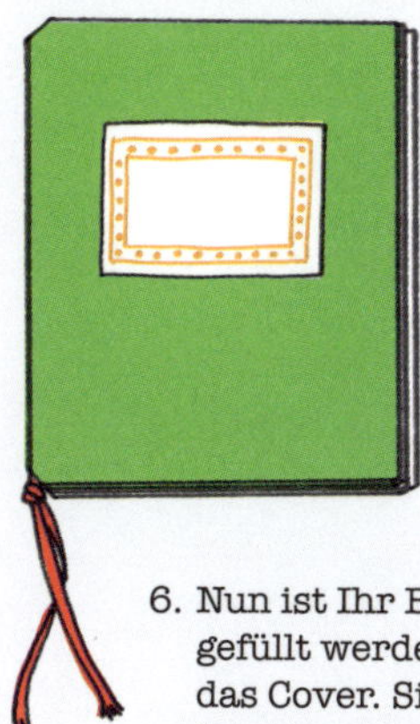

6. Nun ist Ihr Buch fertig und kann gefüllt werden. Gestalten Sie das Cover. Sie können auch eine Quaste oder andere dekorative Objekte an dem Faden anbringen.

PERSPEKTIV-WECHSEL

BASTELN SIE EINEN SUCHER

Ein Sucher ist ein nützliches Werkzeug für Kunstschaffende und ein spielerisches Hilfsmittel für alle, die einen neuen Blickwinkel auf ihre Umgebung gewinnen wollen. Er hilft Ihnen, sich auf die wichtigen Elemente zu konzentrieren. Die Herstellung eines Suchers ist einfach und erfordert nur wenige Materialien. Schneiden Sie ein Rechteck aus festem Papier aus oder verwenden Sie zwei zusammengeklebte »L«-Formen. Bei der zweiten Möglichkeit können Sie die Größe für verschiedene Szenen leicht ändern.

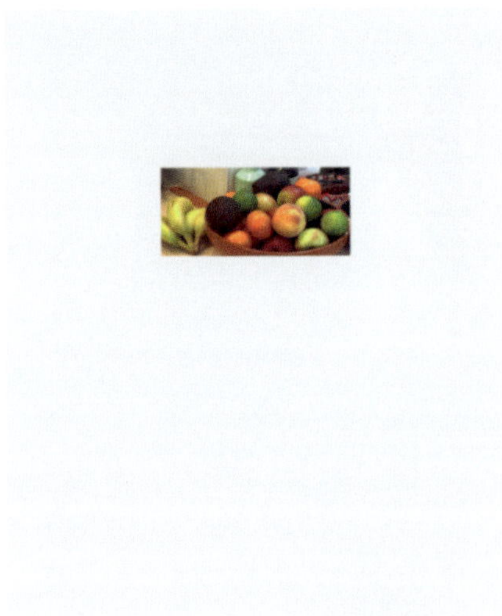

Kreative Übung

Entwerfen Sie mit dem Sucher schnelle Skizzen, um verschiedene Szenen zu erfassen. Sie können realistisch oder abstrakt arbeiten. Probieren Sie zwei Optionen aus: »herangezoomt«, um sich auf ein kleineres Detail zu konzentrieren, und »herausgezoomt«, um mehr Kontext einzubeziehen.

Kreativer Schnellschuss

Versuchen Sie, nur einen Elementtyp zu isolieren, z. B. Linien, Formen oder Strukturen, während Sie durch den Sucher schauen. Skizzieren Sie, was Sie sehen.

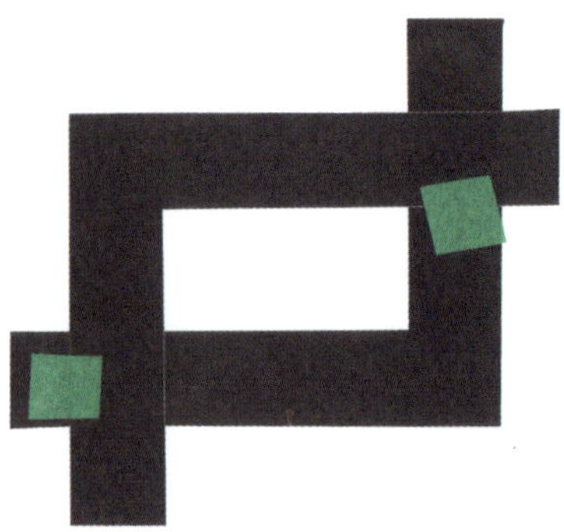

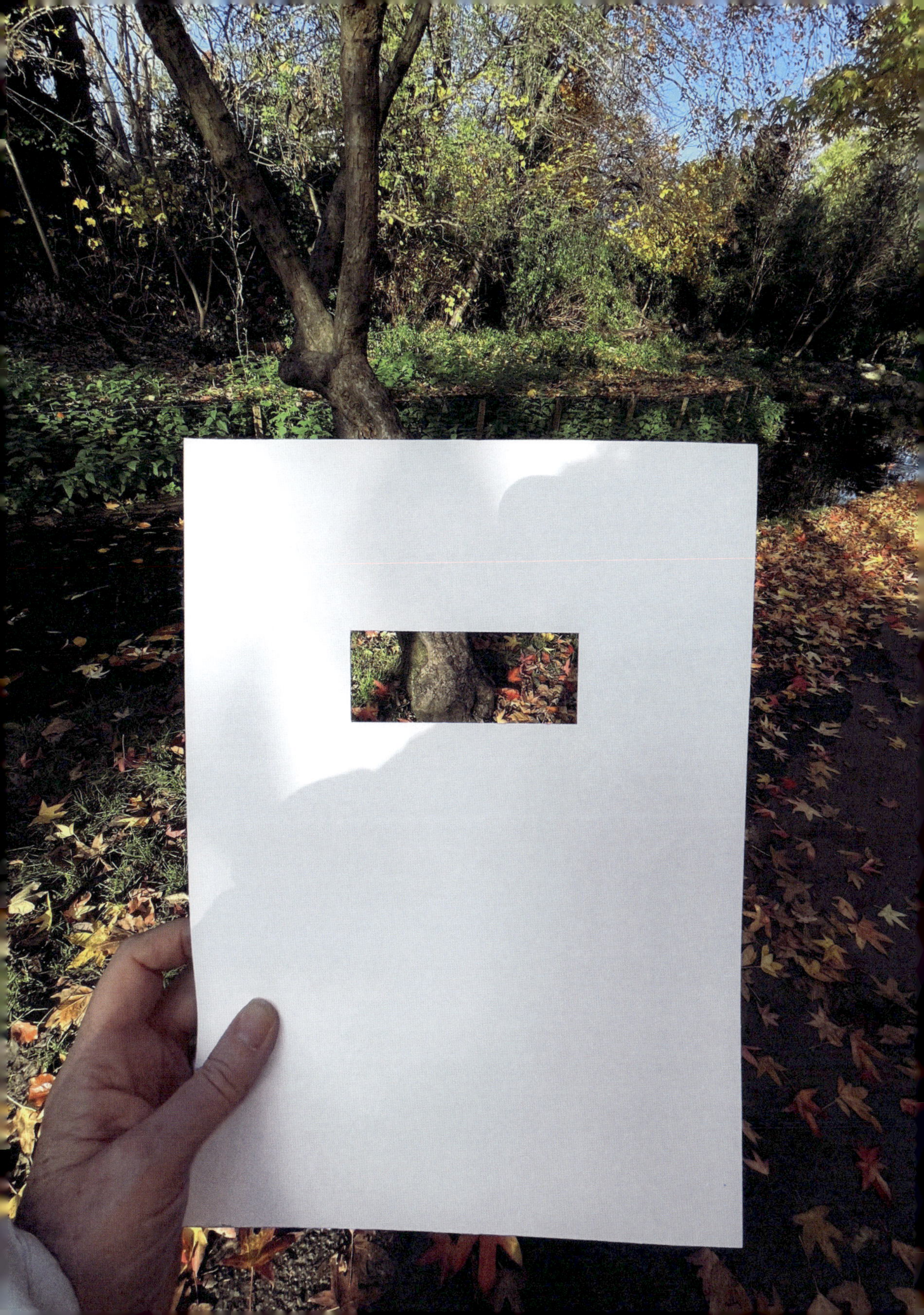

TUN SIE ES AUS LIEBE

Der Designer Milton Glaser sagte: »Arbeite für Menschen, die du liebst.« Es ist nicht immer möglich, Dinge aus Liebe zu tun, aber wenn ich es tue, spiegelt mein Werk dieses Gefühl wirklich wider. Wenn es mir schwerfällt, ein Kunstwerk zu beginnen oder zu vollenden, stelle ich mir vor, dass es für jemanden ist, der mir etwas bedeutet, den ich liebe oder den ich zutiefst bewundere. Aus dieser Perspektive heraus kann ich das Werk objektiver betrachten und leichter entscheiden, was funktioniert und was nicht.

KIESELSTEINE

STEINE BEMALEN

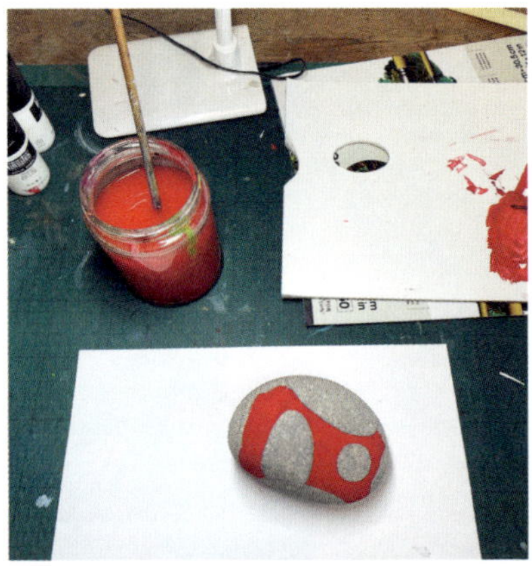

Steine und Kieselsteine haben mich schon immer fasziniert, jeder einzelne ist eine Miniatur-Zeitkapsel. Meine Kunst auf diesen Steinen neigt zum grafischen Minimalismus. Ich plane nicht im Voraus, sondern arbeite instinktiv, indem ich den Stein eine Weile in der Hand halte, bevor ich anfange. Manchmal verwende ich Acrylgouache zum Malen, ein anderes Mal einen Filzstift und Acryltinte für detaillierte Linienführung.

Kreative Übung

Sammeln Sie Steine oder Kieselsteine, wo es erlaubt ist, oder besorgen Sie sie in Gartenzentren. Verwenden Sie Klebeband, um Formen oder Linien zu zeichnen. Malen Sie und entfernen Sie dann das Tape. Wenn Sie sicherer werden, versuchen Sie, frei und intuitiv zu arbeiten. Jeder Stein ist einzigartig, und Ihr Kunstwerk wird es auch sein.

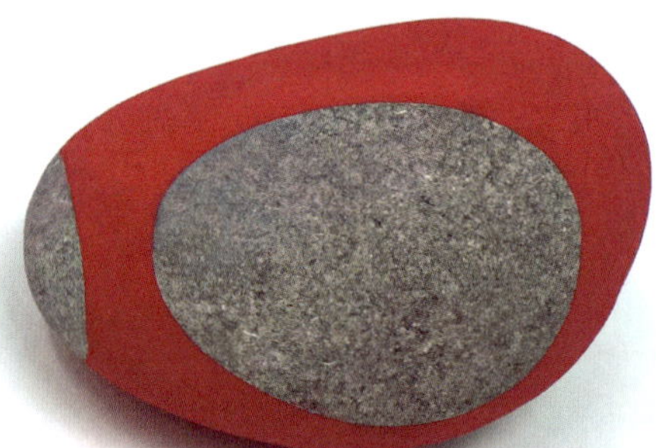

Kreativer Schnellschuss

Wandern Sie an einem Strand oder Flusslauf entlang und suchen Sie nach einer bestimmten Art oder Farbe von Steinen. Dies ist eine großartige Übung für Konzentration und Beobachtung.

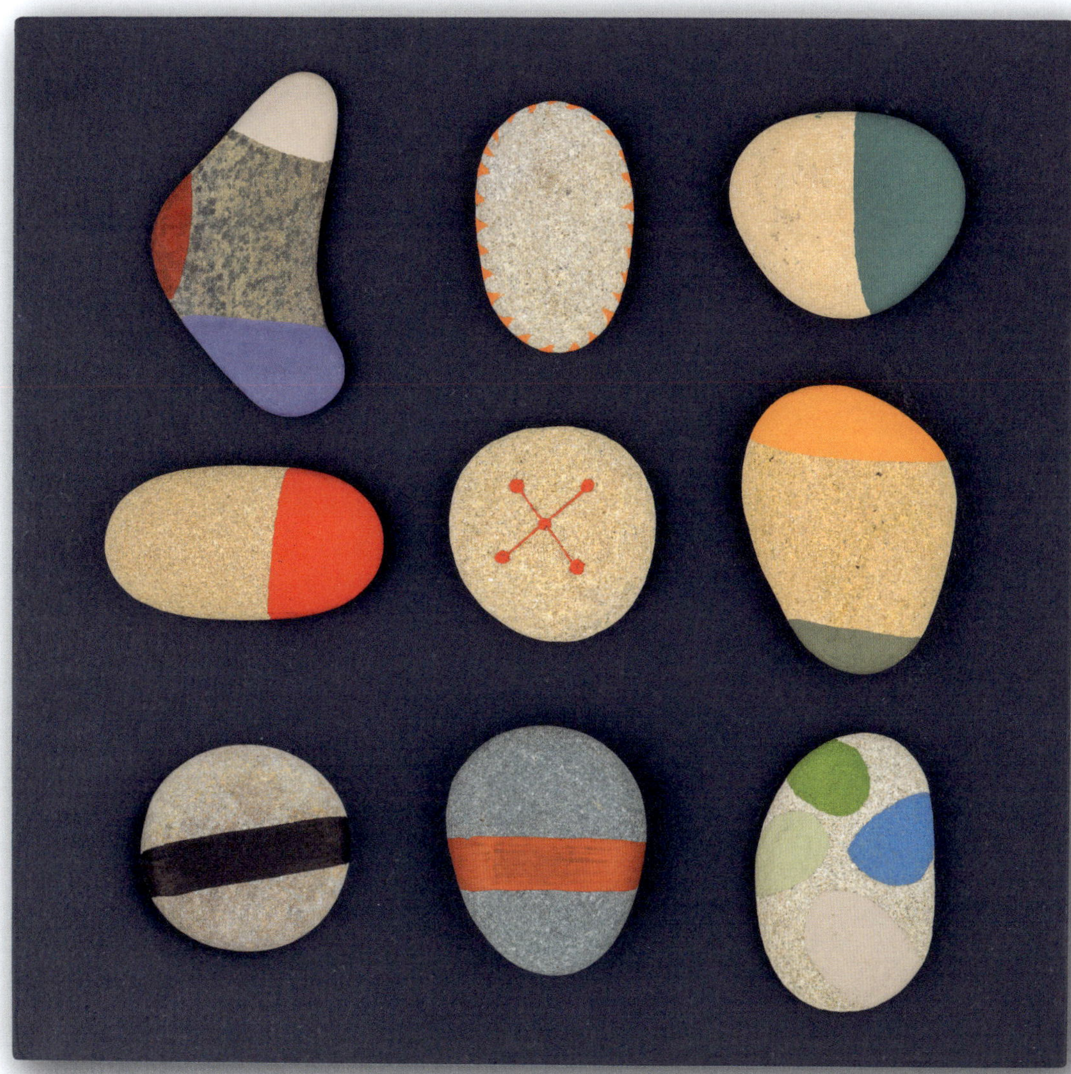

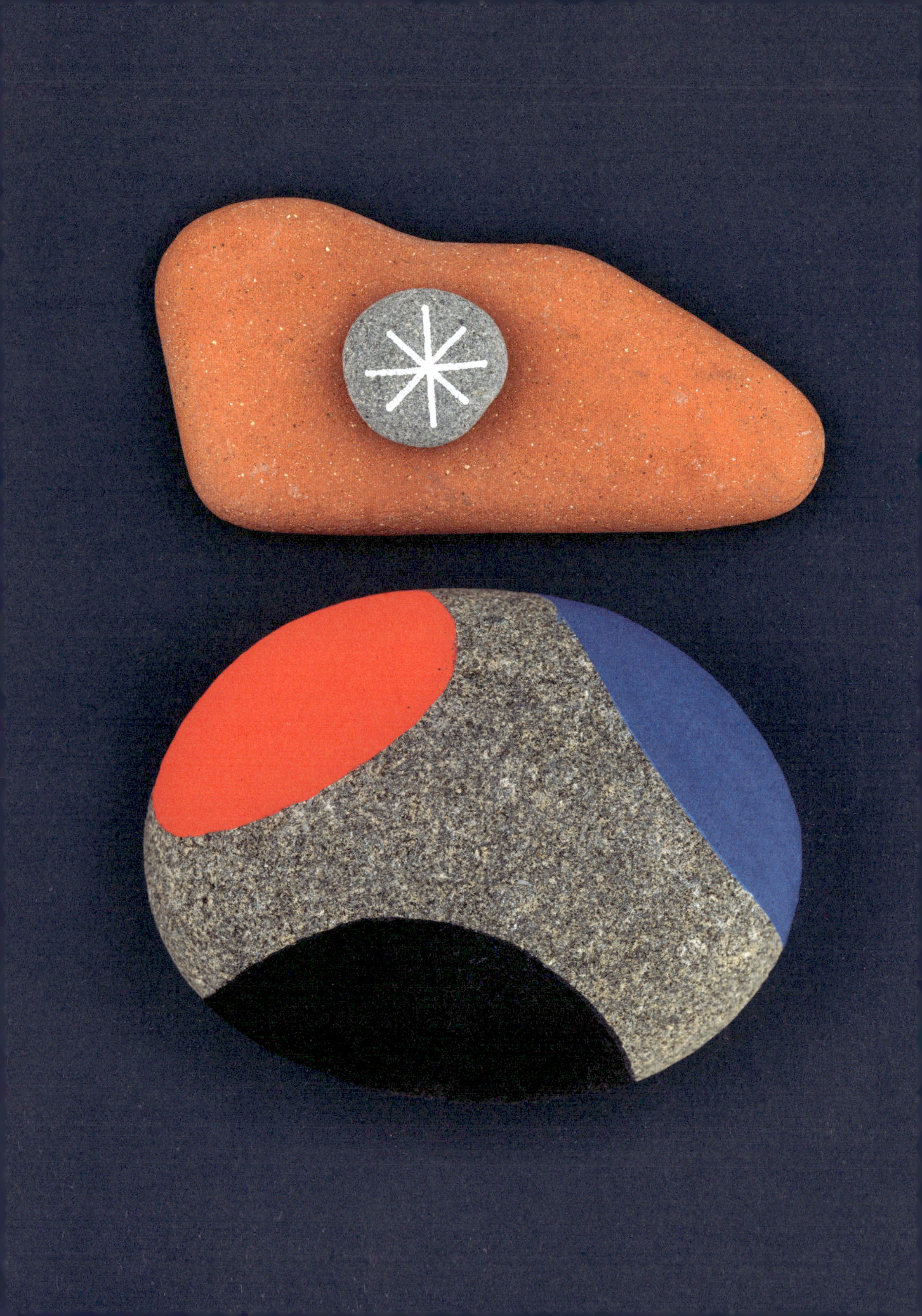

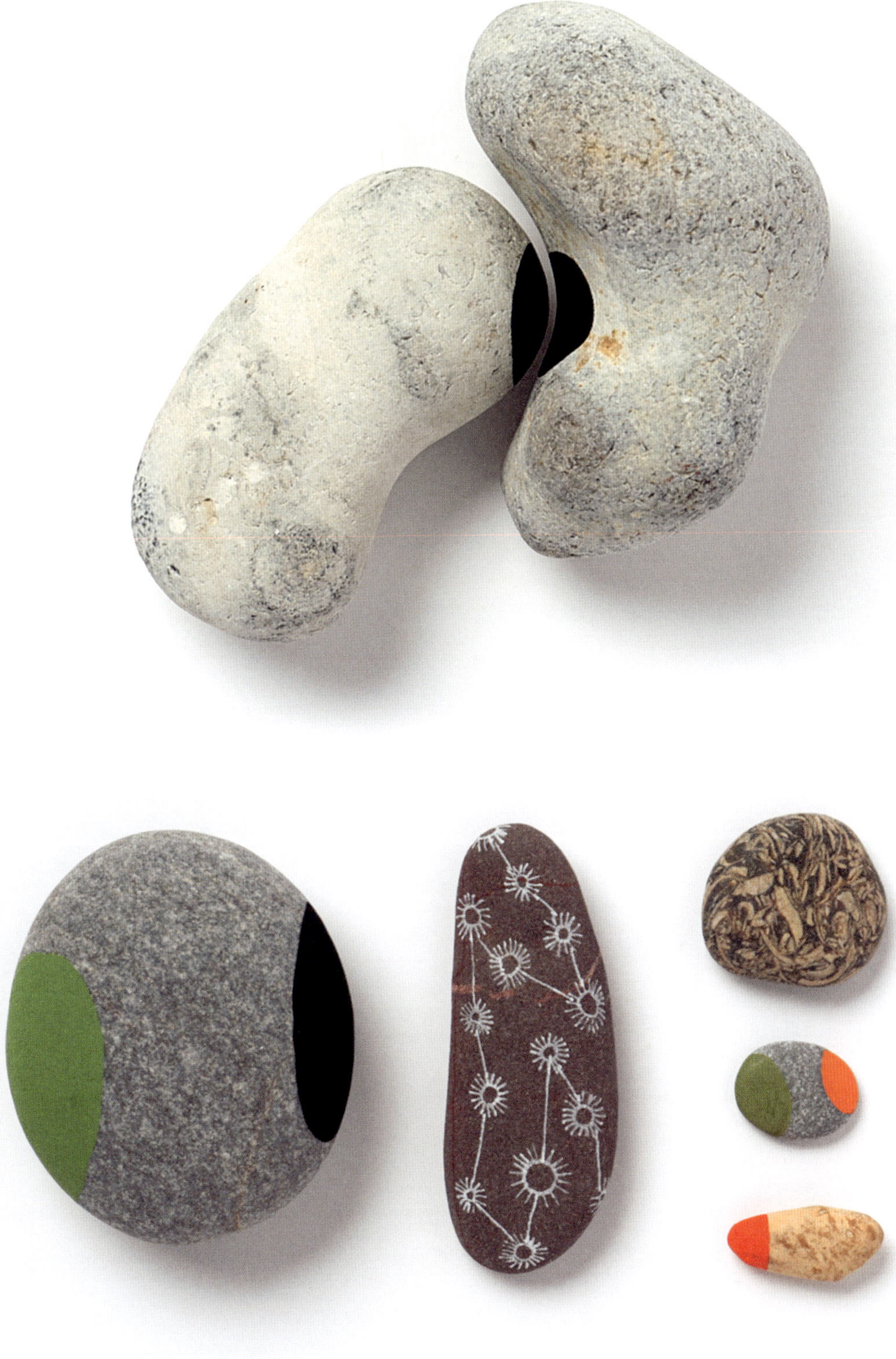

EINE TASSE TEE

ZEICHNEN AUF KERAMIK

Gestalten Sie Ihre eigene Tasse und Untertasse mit Zeichnungen oder Schriftzügen. Hier habe ich ein Diagramm gezeichnet, wie man die perfekte schottische Tasse Tee zubereitet. Sie brauchen einen Keramikmalstift auf Ölbasis, der ungiftig ist. Es gibt sie in vielen verschiedenen Farben. Außerdem brauchen Sie eine leere Keramiktasse oder einen Teller. Befolgen Sie die Anweisungen des Herstellers – manche müssen 30 Minuten im Ofen aushärten.

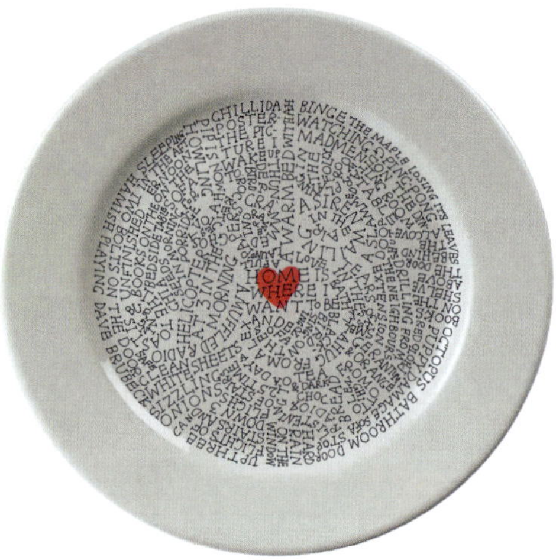

Kreative Übung

Ich habe einen Teller entworfen, der von meinem Konzept von »Zuhause« inspiriert ist und Worte enthält, die zeigen, was Heimat für mich bedeutet. Gestalten Sie Ihren eigenen Teller, der Ihre Vorstellung von Heimat widerspiegelt, in der Essen oft eine große Rolle spielt.

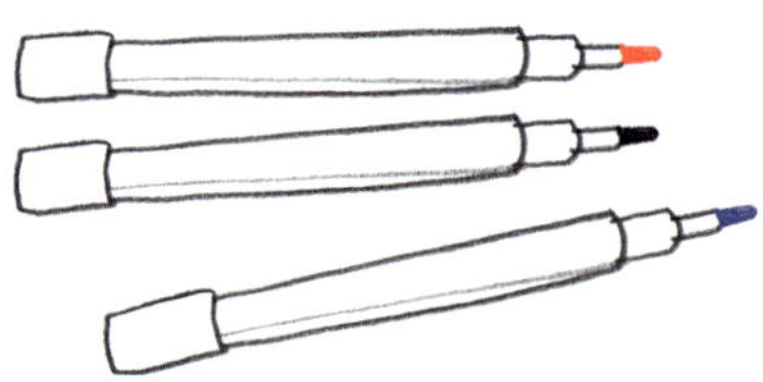

Kreative Inspiration

Die bemalten Formen der Malerin Lubaina Himid.

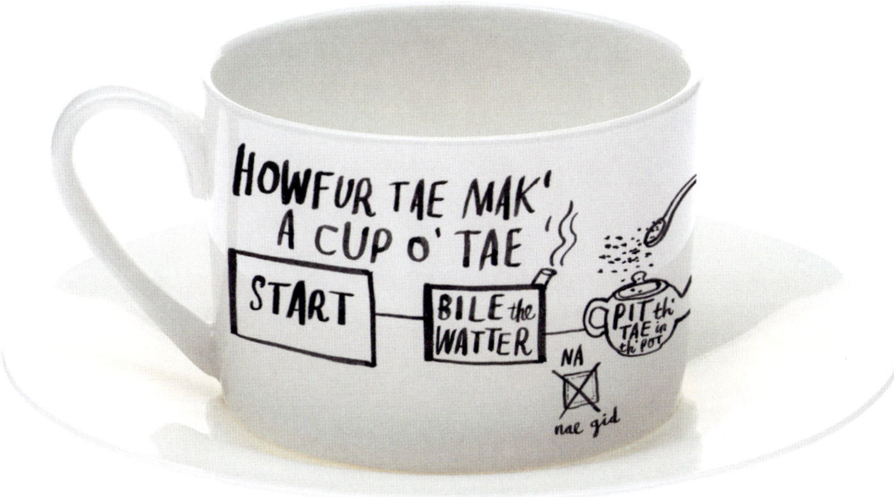
HOWFUR TAE MAK' A CUP O' TAE
START
BILE the WATTER
PIT th' TAE in th' POT
NA
nae gid

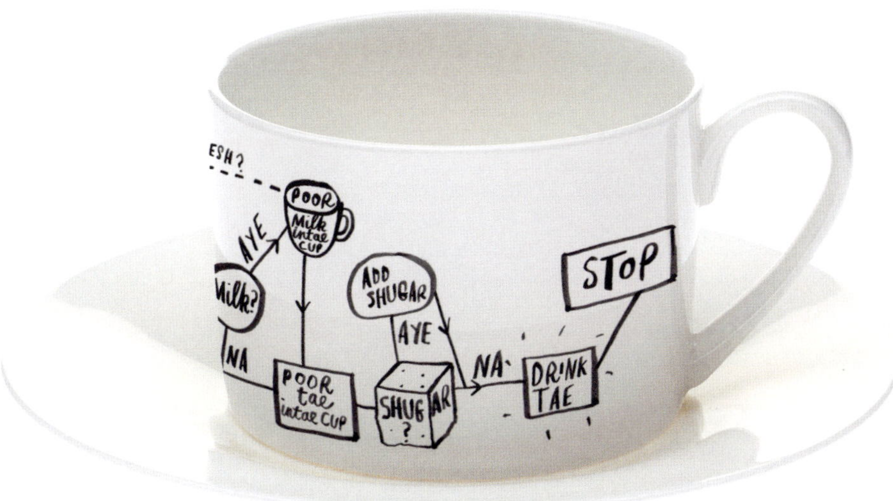
POOR Milk intae CUP
AYE
Milk?
NA
POOR tae intae CUP
ADD SHUGAR
AYE
SHUGAR ?
NA
DRINK TAE
STOP

IMMER WIEDER

EINFACH WIEDERHOLTE MUSTER

Mit digitalen Werkzeugen ist es zwar einfach, eine Rapportschablone zu erstellen, aber es macht auch Spaß, sie von Hand anzufertigen. Die manuelle Methode zu lernen, bereichert Ihr Verständnis für den kreativen Prozess. Nachdem Sie Ihre Vorlage erstellt haben, können Sie sie ganz einfach mit einem Handy oder Scanner einscannen. Von dort aus können Sie sie mit Ihrem Drucker zu Hause oder in einer professionellen Druckerei ausdrucken. Diese Rapportmuster können für Textildesign, Tapeten, Schreibwaren, Keramikfliesen oder digitale Hintergründe verwendet werden – um nur ein paar Beispiele zu nennen!

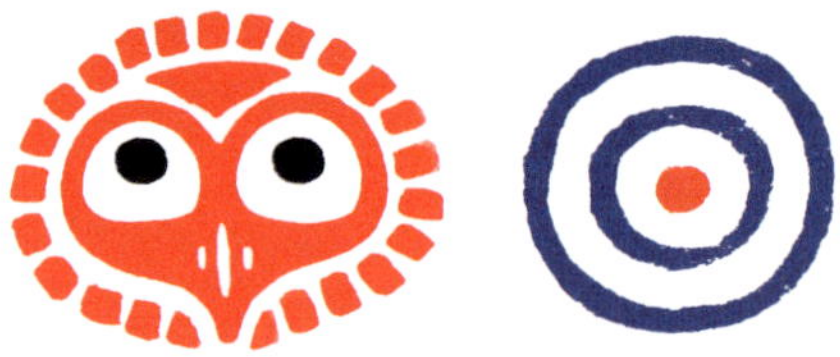

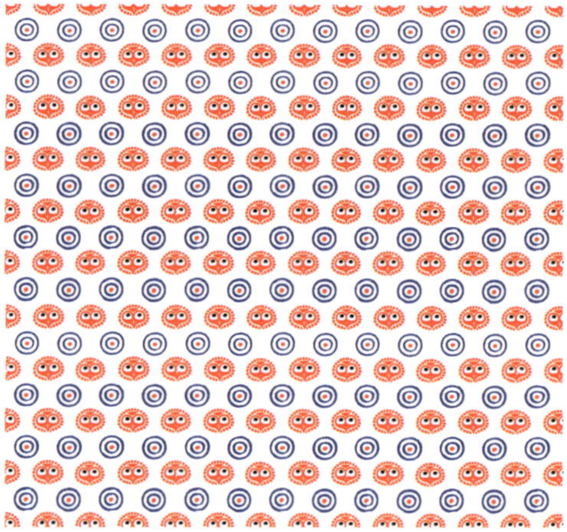

Kreative Übung

Wählen Sie ein Thema oder einen Kunststil und nutzen Sie das als Inspiration, um ein Design für Geschenkpapier herzustellen.

Kreative Inspiration

Die Werke von Anni Albers oder die alten persischen oder indischen Paisley-Muster.

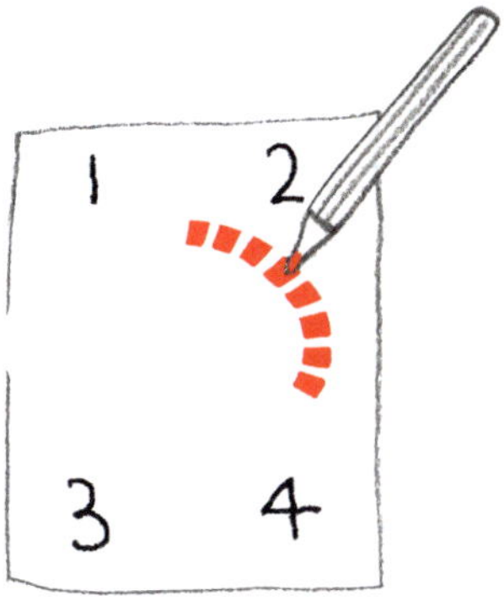

1. Nummerieren Sie ein Blatt mit Bleistift und zeichnen Sie Ihr Design in die Mitte.

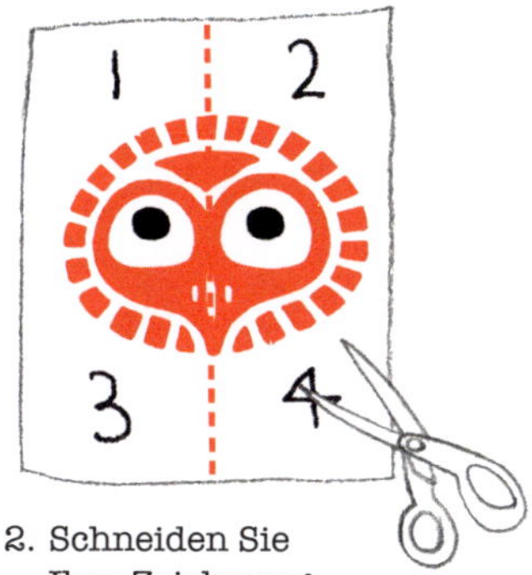

2. Schneiden Sie Ihre Zeichnung längs in zwei Hälften.

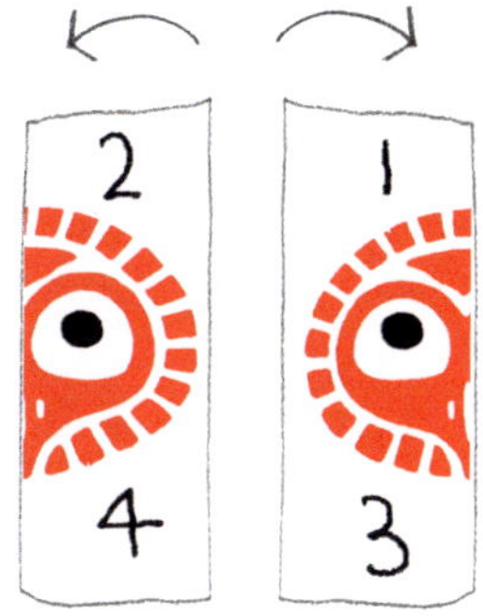

3. Vertauschen Sie die beiden Hälften.

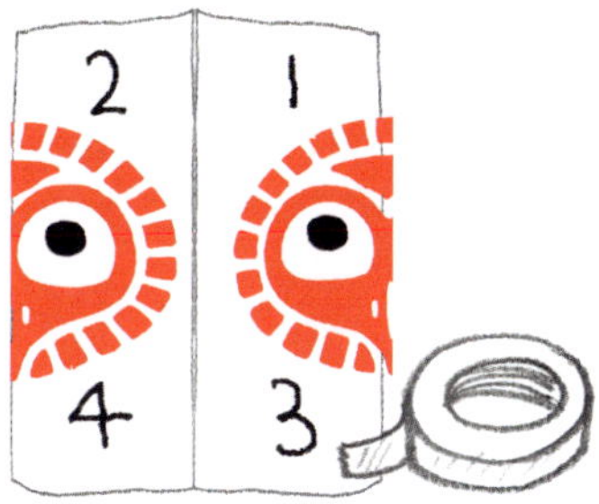

4. Kleben Sie sie aneinander.

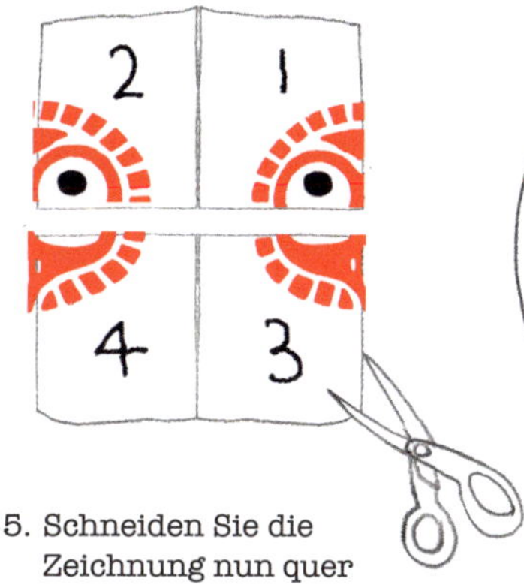

5. Schneiden Sie die Zeichnung nun quer in zwei Hälften.

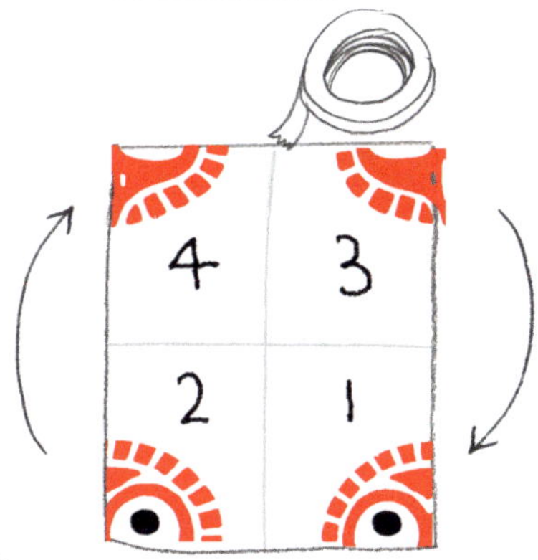

6. Vertauschen Sie das obere und untere Teil und kleben Sie sie wieder zusammen.

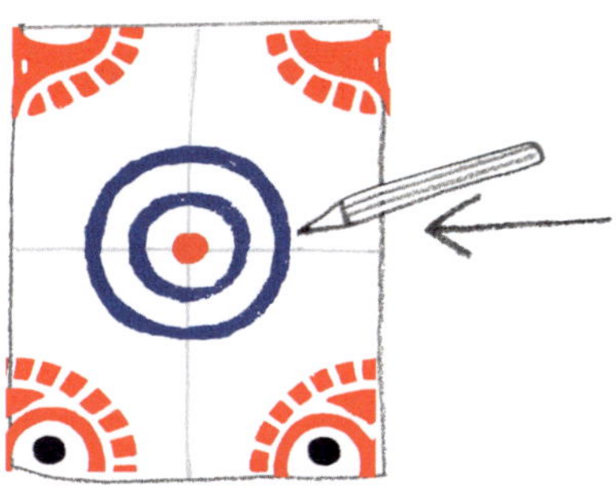

7. Zeichnen Sie ein Design in die Mitte. Radieren Sie die Zahlen aus. Nun ist die Fliese fertig. Drucken Sie sie erneut und fügen Sie die Drucke seitlich an.

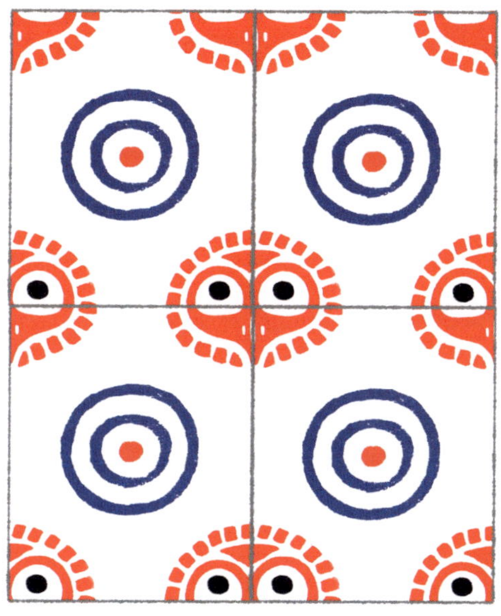

UMDREHEN

MIT DER RECHTEN HIRNHÄLFTE ZEICHNEN

Betty Edwards empfiehlt, ein Bild auf den Kopf zu stellen, bevor man versucht, es zu zeichnen. Dadurch wird es für das Gehirn schwieriger, vertraute Dinge wie Augen oder Nasen zu erkennen, und Sie können sich stattdessen auf einfache Formen und Linien konzentrieren. Ich habe diese Übung aus ihrem Buch *Drawing on the Right Side of the Brain* übernommen. Versuchen Sie, die Figur auf der gegenüberliegenden Seite zu zeichnen, ohne das Buch auf den Kopf zu stellen. Sie werden von den Ergebnissen überrascht sein. Sie können diese Übung auch mit anderen Zeichnungen oder Fotos ausprobieren.

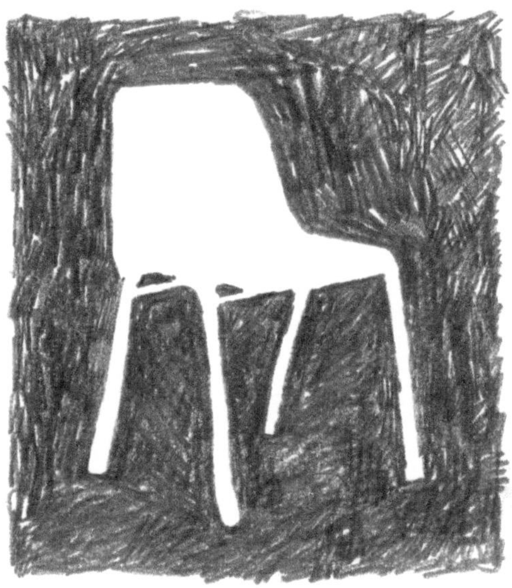

Kreative Übung

Zeichnen Sie einen Stuhl, aber konzentrieren Sie sich nicht auf den Stuhl selbst, sondern achten Sie auf die leeren Flächen um ihn herum. So können Sie die Form des Stuhls besser erkennen und Ihre Zeichenkünste verbessern.

Kreative Inspiration

Die Werke von Rachel Whiteread und Zarina Hashmi.

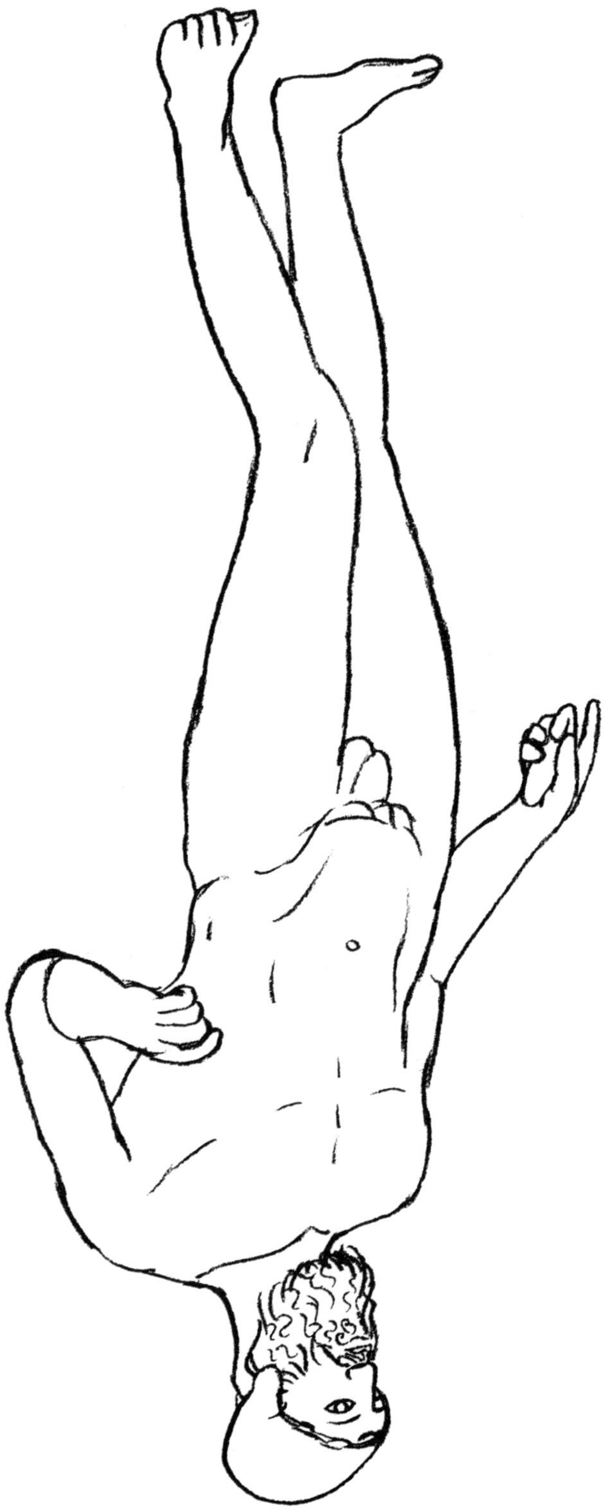

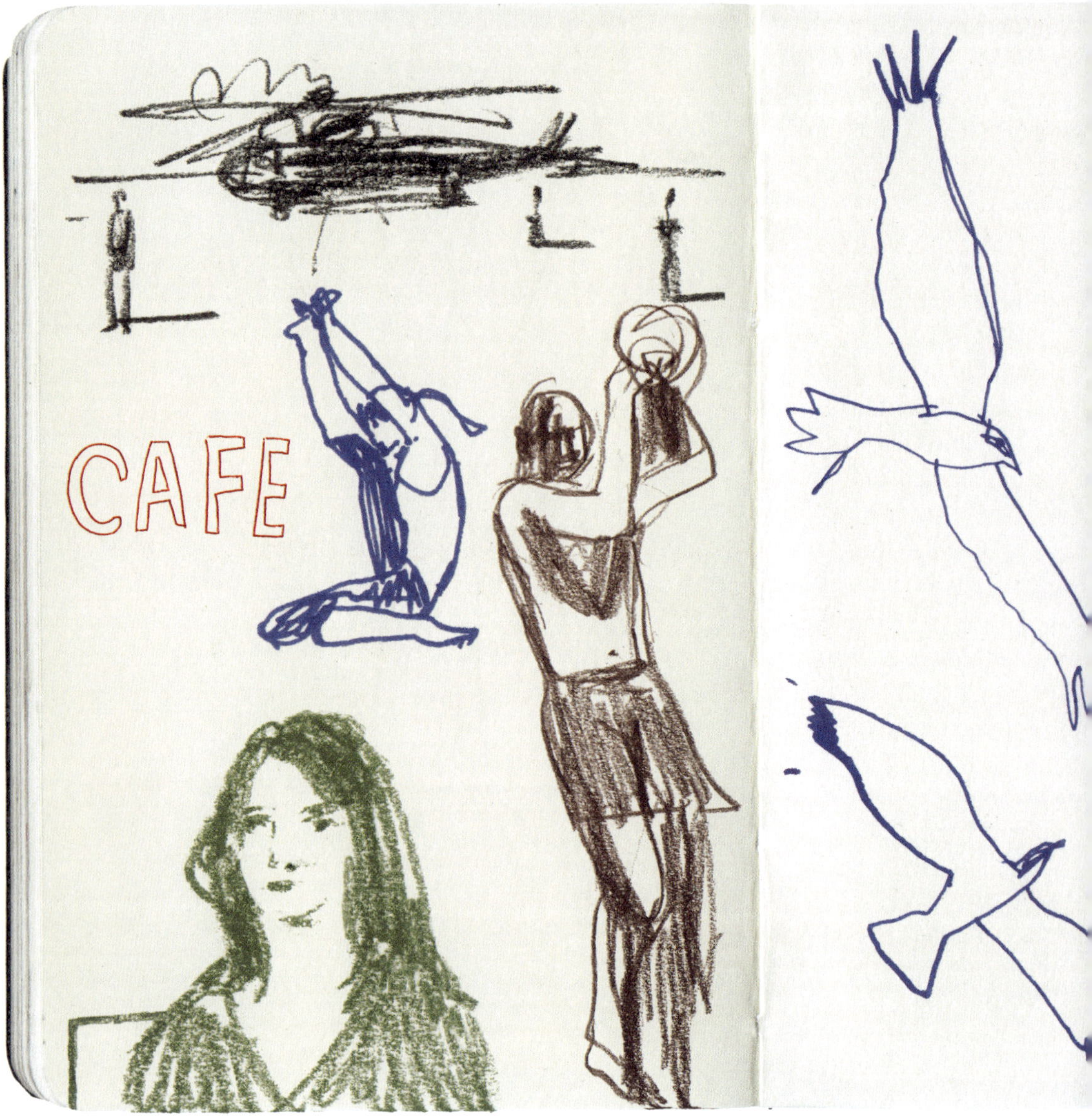
CAFE

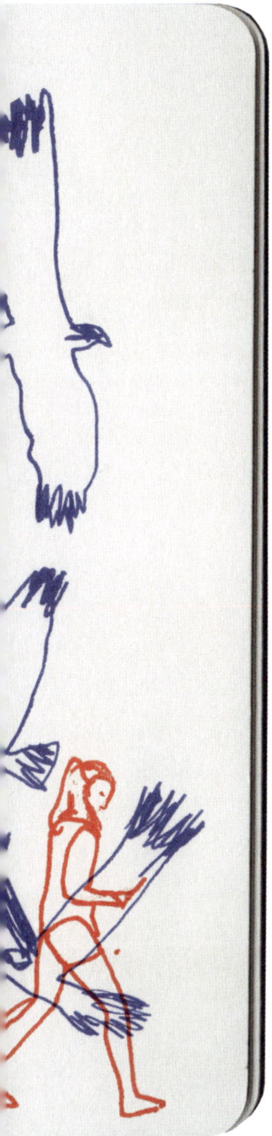

TV-SKIZZENBUCH

MEDIENWIRRWARR

Das Zeichnen vor dem Fernseher oder Computer kann sehr viel Spaß machen und ist eine gute Möglichkeit, ein Skizzenbuch mit Ideen zu füllen. Alles, was Sie brauchen, ist ein Skizzenbuch, einige Bunt- und Bleistifte und eine Möglichkeit, fernzusehen. Versuchen Sie, schnell zu zeichnen und wechseln Sie häufig den Kanal oder den Stream, um eine Seite Ihres Skizzenbuchs mit zufälligen Bildern und Wörtern zu füllen.

Kreative Übung

Schreiben Sie nach demselben Prinzip alle Wörter auf, die Sie auf der Grundlage Ihrer Beobachtungen finden. Zum Beispiel: Krankenhaus, Hund, Hitzewelle, Café, Mann mit rosa Perücke, Polizeiauto, usw. Schreiben Sie Listen und verwenden Sie sie, um Ideen für Kurzgeschichten oder visuelle Kunstwerke zu entwickeln.

Kreative Inspiration

Die Skizzenbücher von Serge Bloch und die vielschichtigen Werke von Jean-Michel Basquiat und Kerry James Marshall.

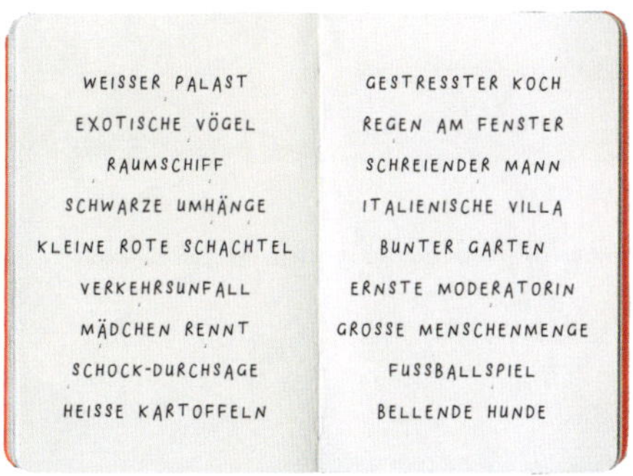

SONNENDRUCK

FOTOABZÜGE MIT SONNENLICHT

Ein Sonnendruck ist eine einfache Variante der traditionellen Cyanotypie, eines fotografischen Abzugs, der mit UV-Licht hergestellt wird. Wenn Sie das Sunprint-Papier dem Sonnenlicht aussetzen, färben sich die Chemikalien in ein tiefes, dunkles Blau. Alles, was Sie auf das Papier legen, blockiert das Licht, und das Papier darunter bleibt weiß, sodass Sie ein Negativbild erhalten. Sie können in den meisten Bastelgeschäften ein Sunprint-Kit kaufen. Es ist eine großartige Methode, um stimmungsvolle Bilder zu erschaffen.

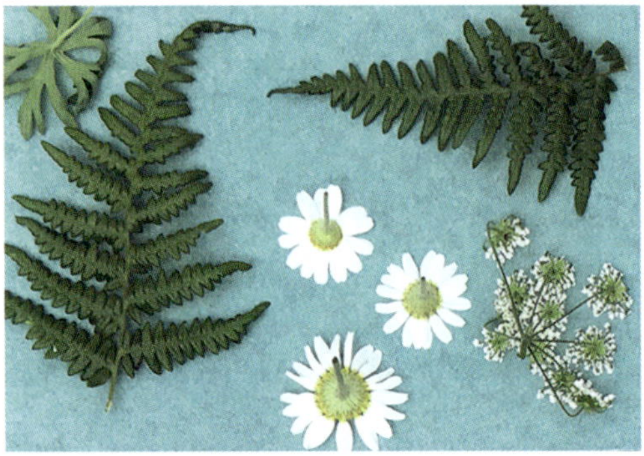

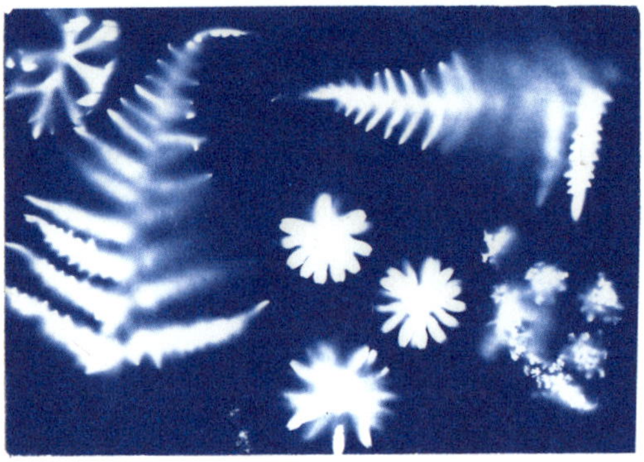

Kreative Übung

Sammeln Sie Gegenstände wie Pflanzen, Schlüssel, Scherenschnitte, Netze und Federn und ordnen Sie diese auf Ihrem Sunprint-Papier an. Setzen Sie das Papier 10 Minuten lang direktem Sonnenlicht aus, entfernen Sie die Objekte und spülen Sie das Papier. Lassen Sie es trocknen, um ein wunderschönes, blaues und weißes Bild zu erhalten.

Kreative Inspiration

Die Cyanotypien von Anna Atkins, John Herschel, Robert Rauschenberg und Susan Weil.

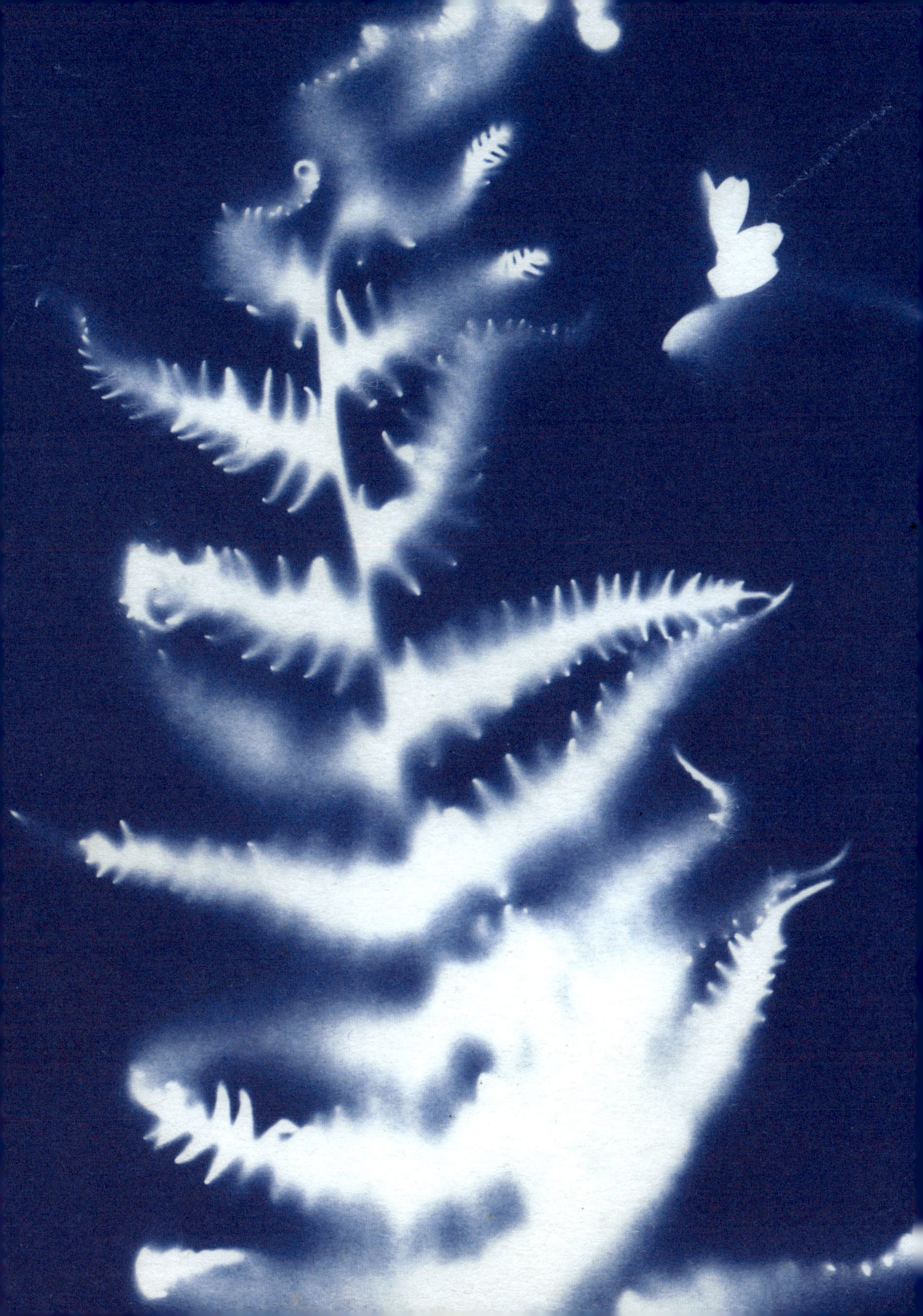

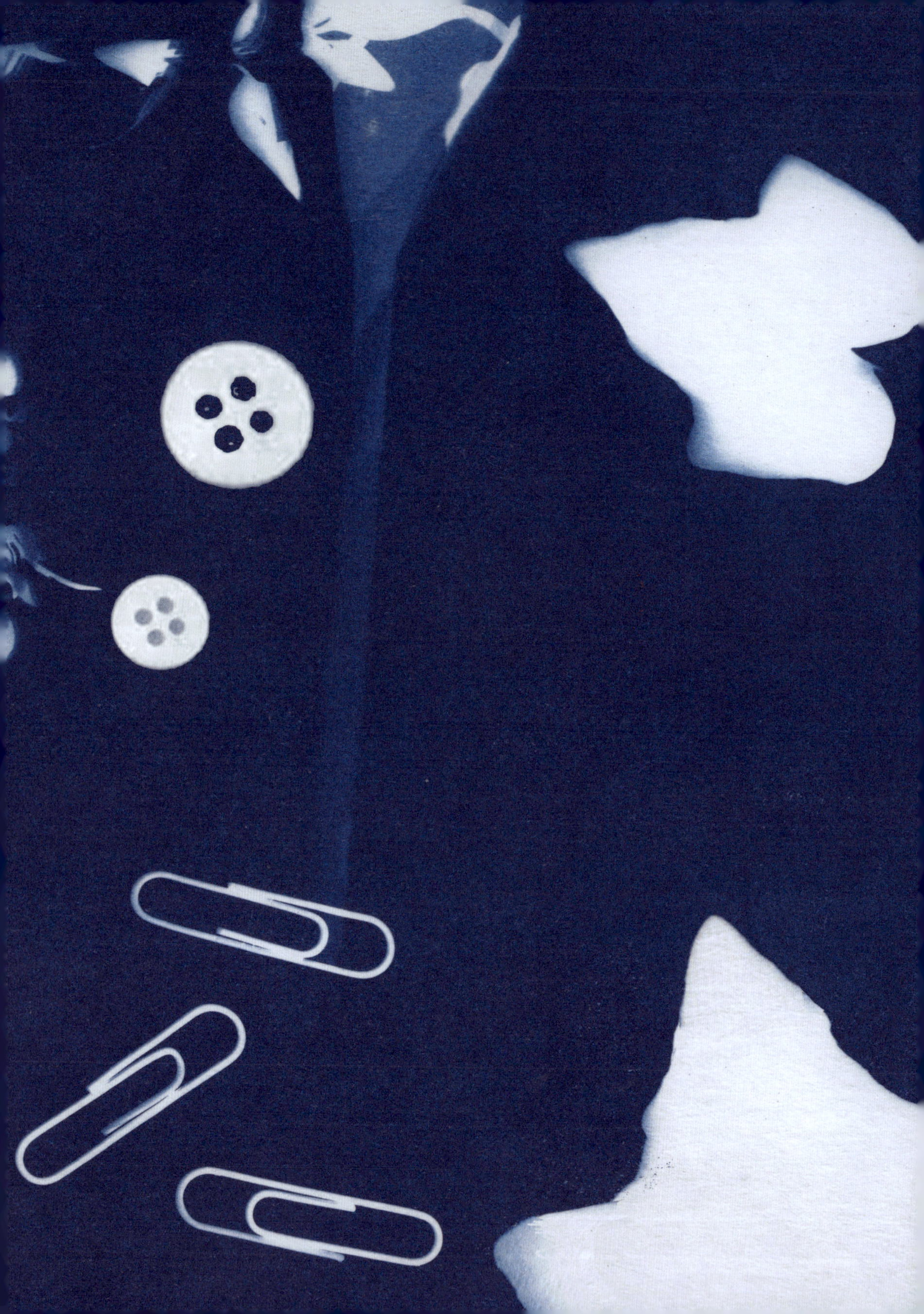

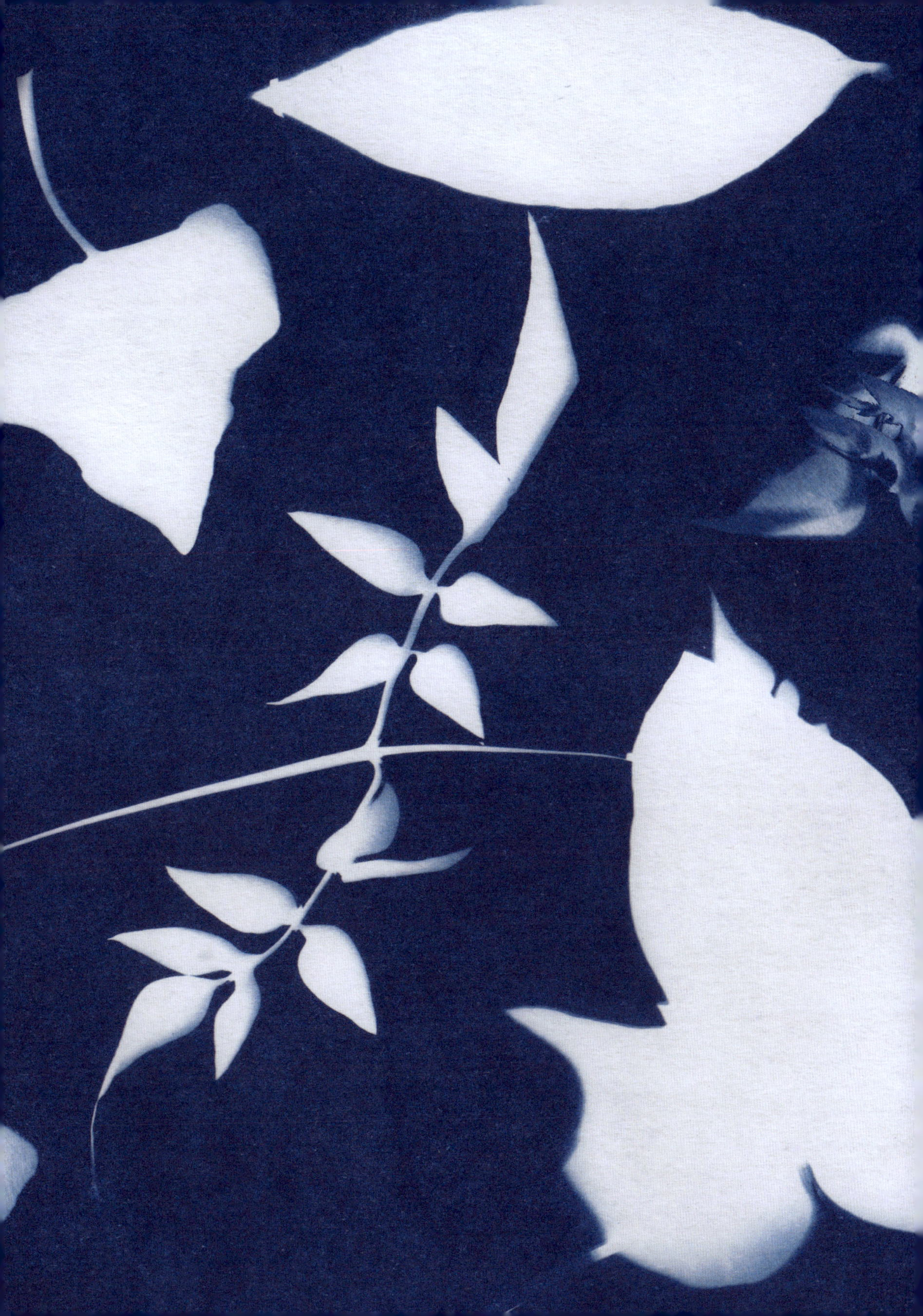

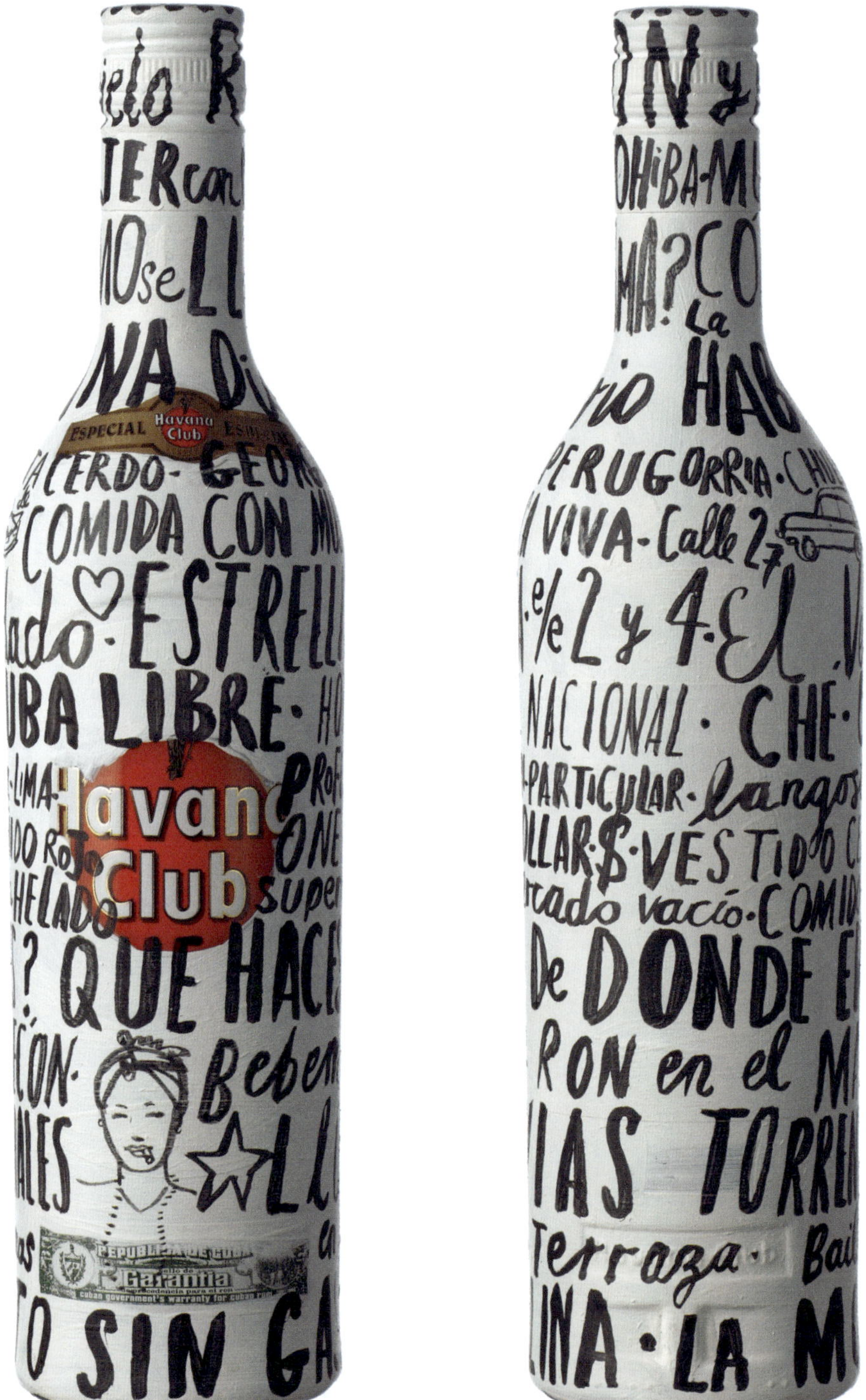

ESPECIAL
Havana Club
COMIDA CON
ESTRELL
CUBA LIBRE
Havana Club
? QUE HACE
Beben
REPUBLICA DE CUBA
Garantia
cuban government's warranty for cuban rum
O SIN GA
COHIBA
HAB
PERUGORRIA
VIVA · Calle 27
e/e 2 y 4 · El
NACIONAL · CHE
PARTICULAR
OLLAR $ · VESTIDO
rcado vacío · COMID
De DONDE
RON en el
IAS TORR
Terraza
LINA · LA

KUNST AUF DER FLASCHE

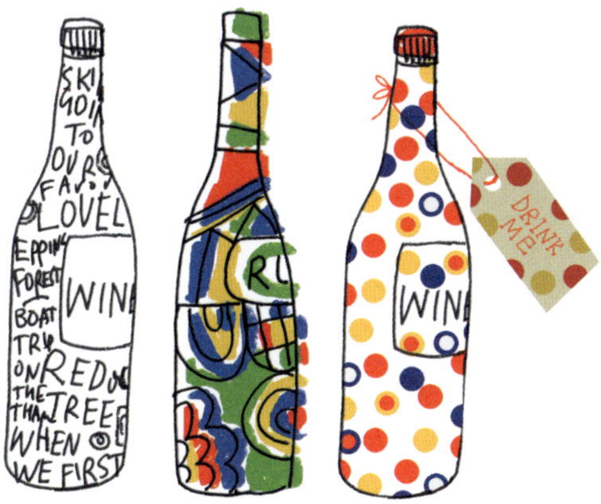

OBJEKTE WERDEN KUNSTWERKE

Ich male gerne auf gebrauchten Gegenständen, von alten Schmuckkästchen bis hin zu Flaschen. Meine Kuba-Reise hat diese Flasche inspiriert. Sie ist mit weißem Acryl überzogen und enthält Schriftzüge und Zeichnungen, die auf meiner Reise entstanden sind. Ich habe ähnliche Flaschen als Geschenke gestaltet und die Themen an den Empfänger angepasst; sie sind ein schönes, persönliches Geschenk. Acrylmalstifte funktionieren gut auf Glas.

Kreative Übung

Beschriften Sie eine Flasche für einen Freund oder eine Freundin mit schönen Erinnerungen oder persönlichen Botschaften. Gestalten Sie ein zusätzliches »Trink mich«-Etikett: Stanzen Sie ein Loch in ein Stück steifes Papier oder Karton, verzieren Sie es und befestigen Sie es mit einer Schnur an der Flasche.

Kreative Inspiration

Die Werke von Betye Saar und Außenseitern wie Howard Finster.

WILDES KRAUT

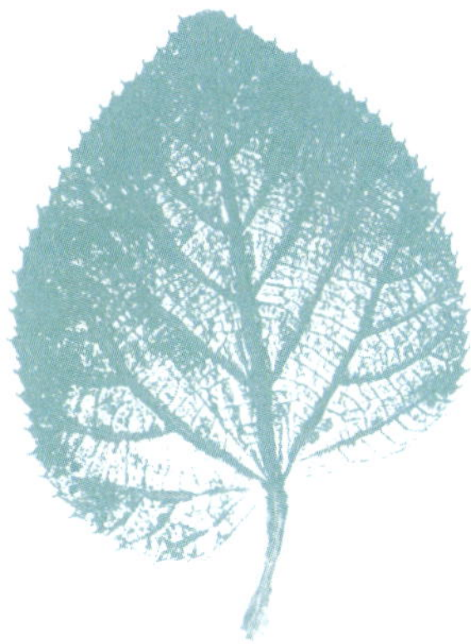

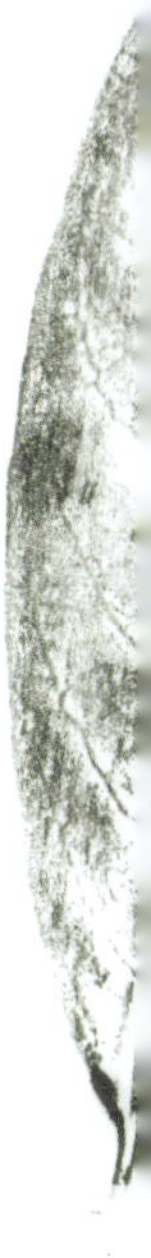

BLÄTTER DRUCKEN

Für mich war die Rückbesinnung auf diese kindliche Beschäftigung unglaublich lohnend. Ich verbrachte viele Tage damit, Formen von Blättern, Unkraut und Gras zu finden. Die Blätter und Blumen, die ich hier gedruckt habe, wurden alle mit farbigen Stempelkissen von guter Qualität gedruckt, die mehr Textur als Farbe aufnehmen. Bei kleinen Blättern oder Blumen drückt man sie in das Stempelkissen, bei größeren tupft man das Blatt mit dem Stempelkissen ab. Auch die Verwendung von dünnem, glattem Papier ist hilfreich; die meisten dieser Bilder wurden auf billigem Kopierpapier gedruckt.

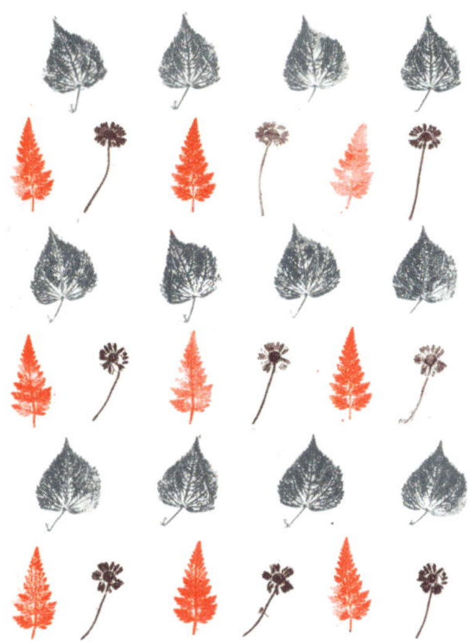

Kreative Übung

Wenn Sie viele Blätter und Blüten gedruckt haben, ordnen Sie diese als Muster oder Collage auf einem großen Papier an.

Kreativer Schnellschuss

Sammeln Sie Blätter, ohne sie zu drucken. Allein das lohnt sich bereits.

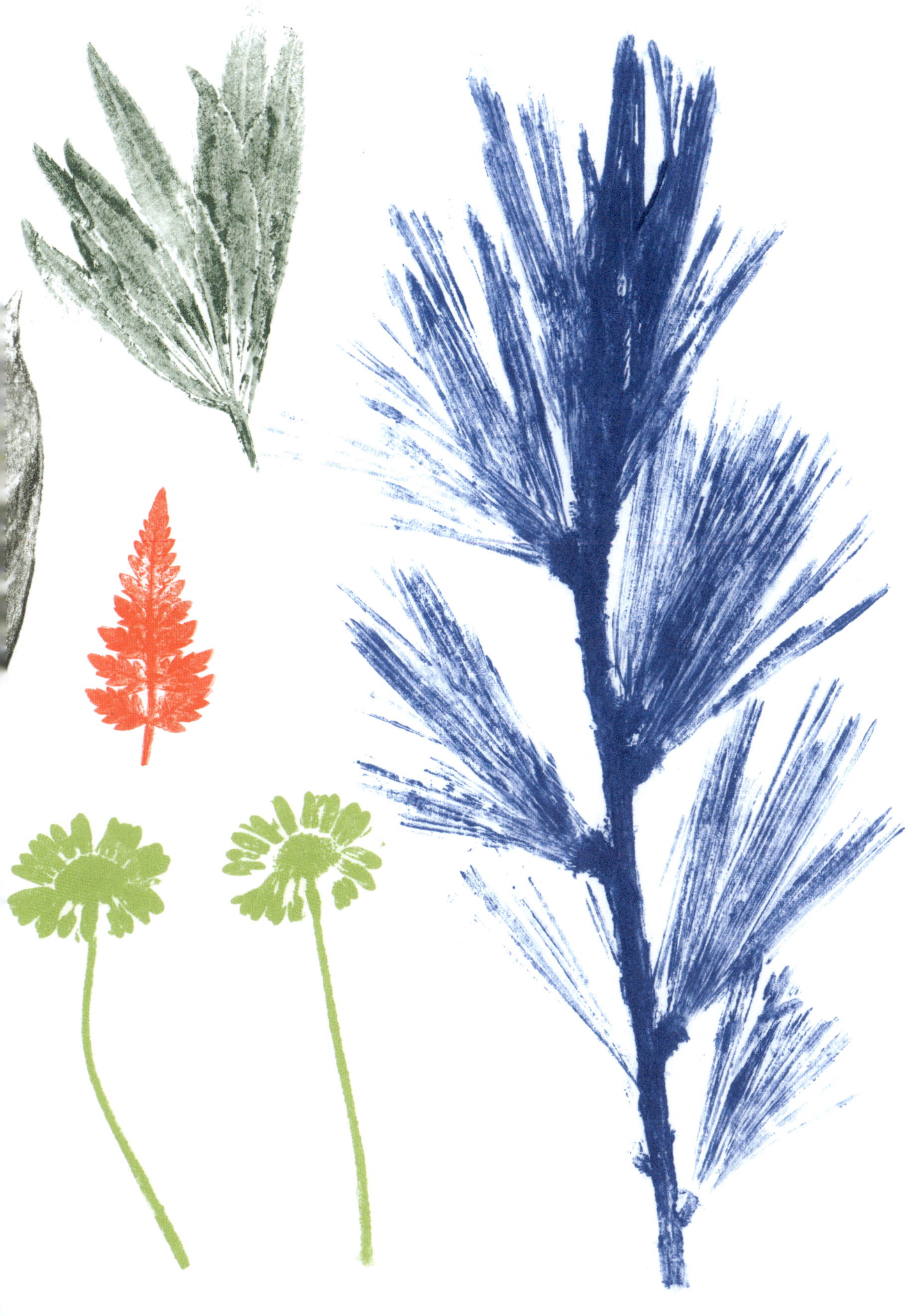

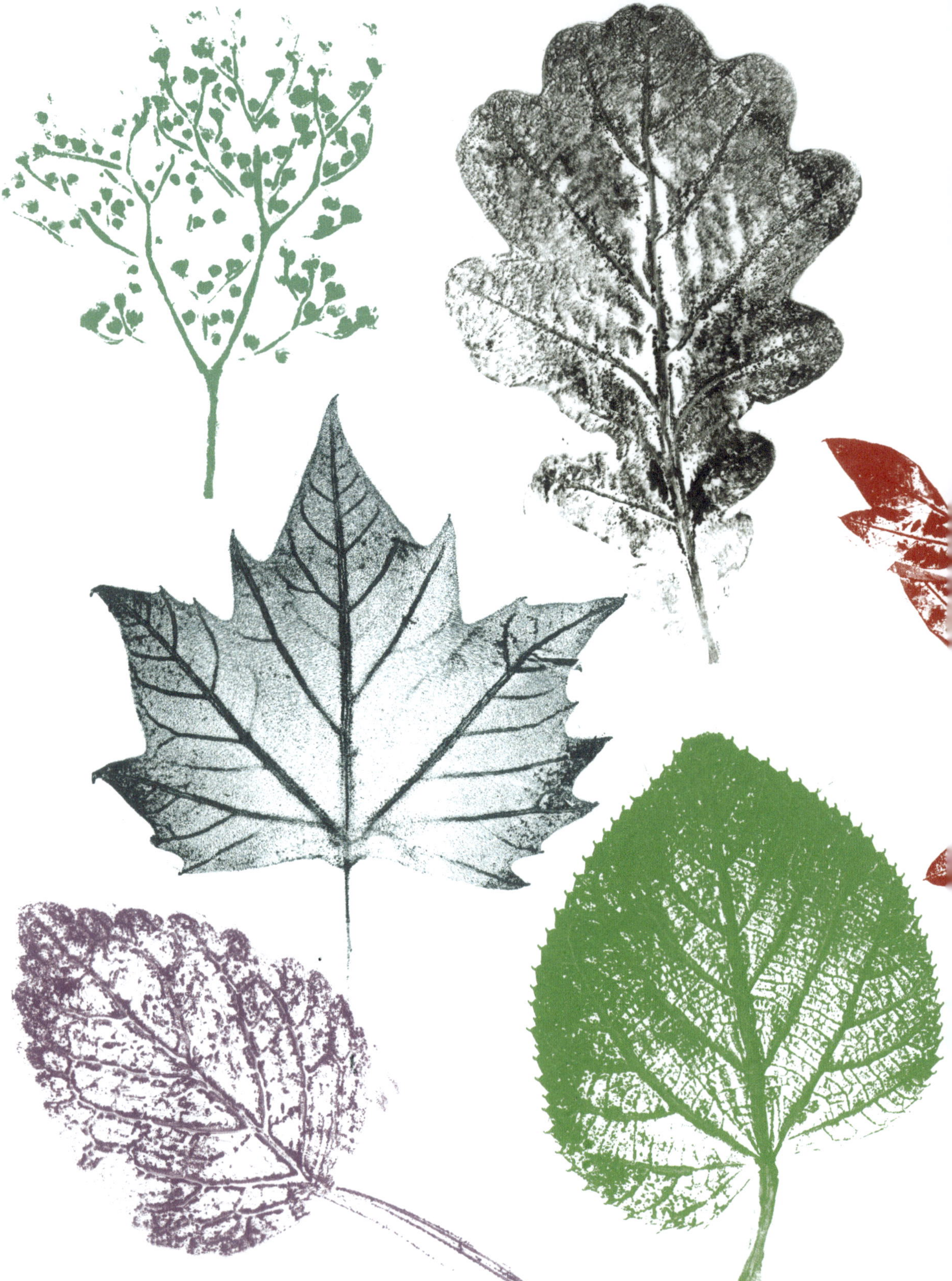

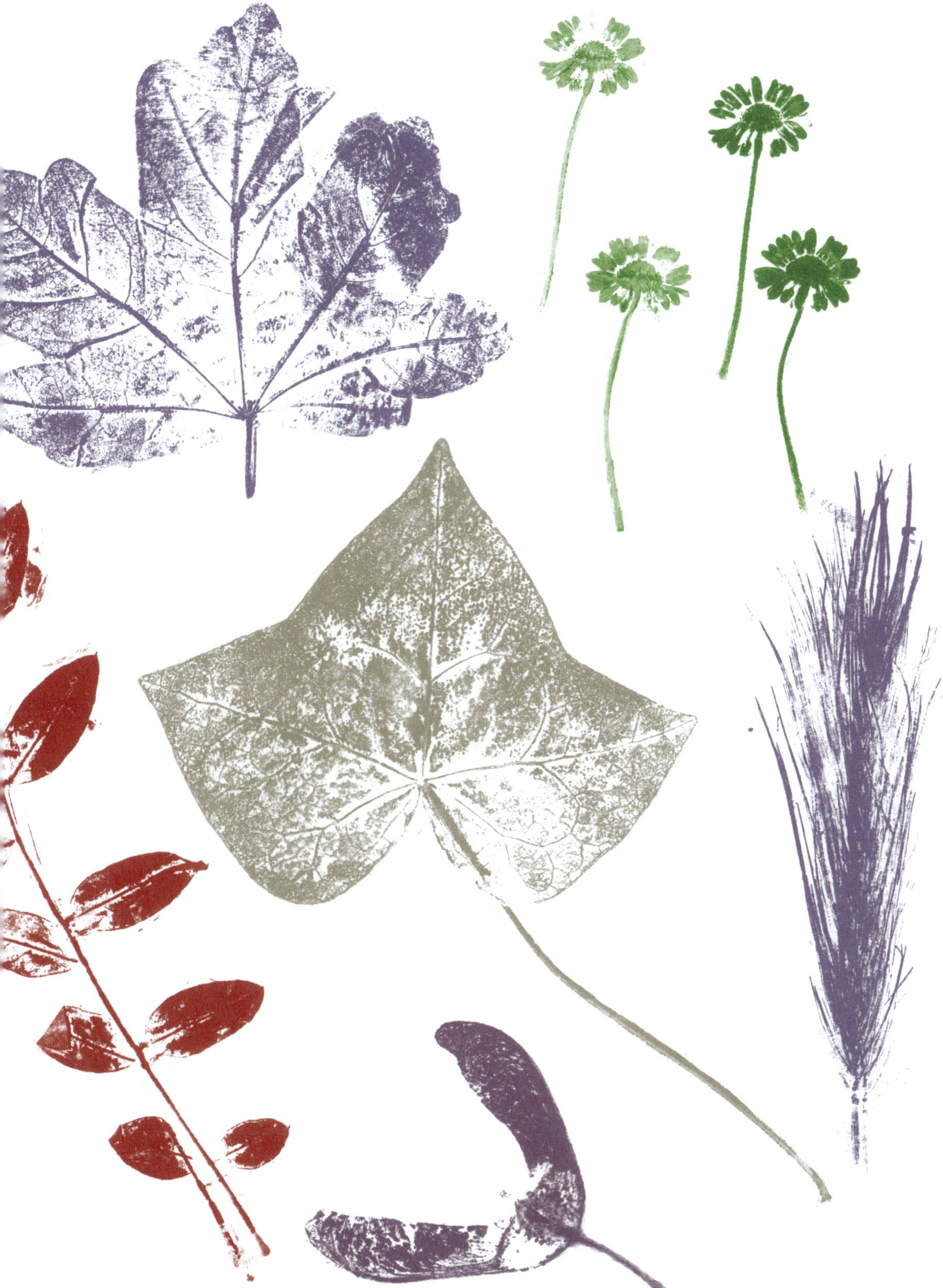

BLICK NACH OBEN

EINE HÖRÜBUNG

Wir hören jeden Tag Hintergrundgeräusche, aber wir nehmen sie selten wirklich wahr. Nehmen Sie sich 30 Minuten Zeit, um sich voll und ganz auf alle Geräusche in Ihrer Umgebung zu konzentrieren. Sie können dabei spazieren gehen oder in einem Raum sitzen. Es spielt keine Rolle, ob es sich um unangenehme Geräusche handelt – das Dröhnen eines Automotors, das Schreien eines Menschen oder ein Flugzeug über Ihnen. Das Nebeneinander dieser Art von Geräuschen mit Vogelgezwitscher oder dem sanften Fallen des Regens wird Teil der Klangsinfonie des Tages.

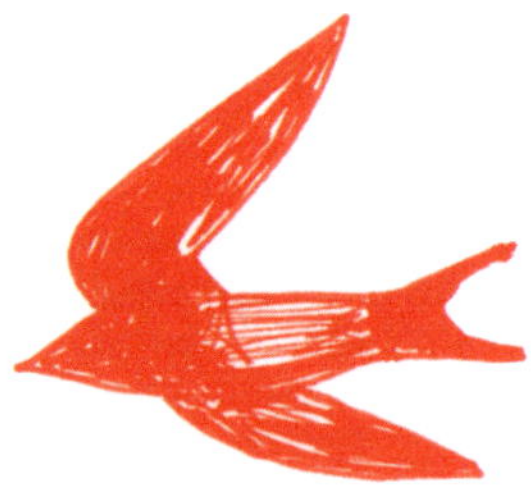

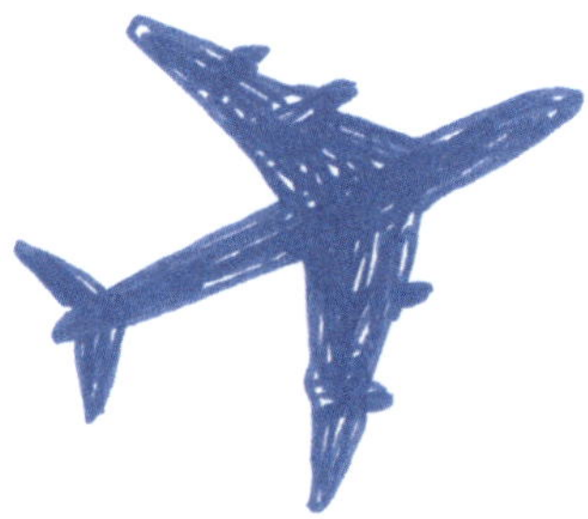

Kreative Übung

Hören Sie 3 Minuten lang ein Lied oder Soundtrack und lassen Sie sich von nichts ablenken. Spielen Sie es noch einmal ab und malen Sie diesmal mit Stift und Papier oder Ihrem Skizzenbuch einige Zeichen, von denen Sie glauben, dass sie mit den Klängen zusammenhängen.

Kreative Inspiration

John Cage sagte: »Alles, was wir tun, ist Musik.« Hören Sie seine Musik.

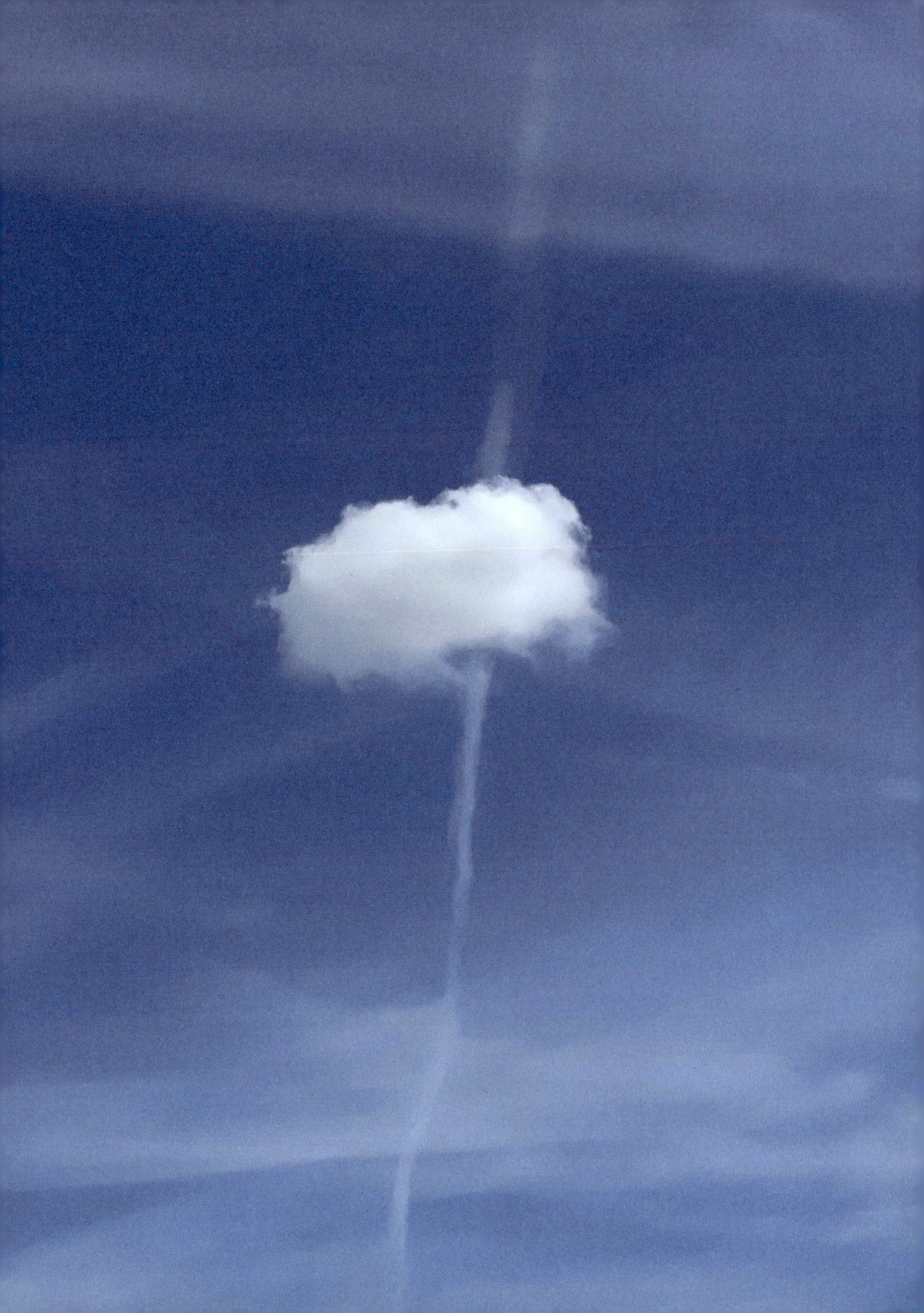

Jeden Tag kreativ sein

© 2025

2. Auflage

Midas Collection
ISBN 978-3-03876-299-7

Übersetzung: Claudia Koch
Lektorat: Dr. Friederike Römhild
Layout: Ulrich Borstelmann
Projektleitung: Gregory C. Zäch

Midas Verlag AG, Dunantstrasse 3, CH 8044 Zürich
Webseite: www.midas.ch, E-Mail: kontakt@midas.ch

Midas Büro Berlin, Mommsenstraße 43, D 10629 Berlin
E-Mail: berlin@midasverlag.com (GPSR)

Englische Originalausgabe:
»Make Every Day Creative«,
© 2024 Thames & Hudson Ltd, London
Text und Illustrationen © M. Deuchars Ltd 2024

Printed in China

Die deutsche Nationalbibliothek verzeichnet diese Publikation in der Deutschen Nationalbibliografie; detaillierte bibliografische Daten sind im Internet unter www.dnb.de abrufbar.